国家社会科学基金项目“农村优秀教师职业生涯与成长模式研究
基于质性资料的收集与分析”（CFA120126）成果

Qualitative Research on the Growth Mode of Career as
Excellent Teachers in Rural Areas

农村优秀教师职业生涯与成长模式
基于质性资料的收集与分析

林李楠　吴佳莉　著

科学出版社
北　京

内 容 简 介

探讨农村教育新的知识生长点，应立足于更适合农村、更依赖农村的教师职业生涯实证资料。本书运用质性研究方法收集教师职业生涯中的叙事性资料，以更清楚地理解优秀教师在各个职业生涯发展阶段呈现出来的不同身心特点、发展需要及职业发展障碍等。在理论上，本书通过采用民族志与叙事研究等范式，展开对更适合农村教育社会环境、农村教师发展的地方性知识的理论探索。在实践上，本书可为教师提供职业生涯发展规划指导，助其实现更有意义的人生；可为学校和教育管理部门激发教师积极性、促进教师职业发展提供决策参考，为教师进修培训设计等提供参考，以实现教师和学校的双目标同步发展，建立更具实践意义、更适合农村学校的校本发展策略与发展模式，将教师发展的校本模式落到实处。

本书对中小学教师、学校管理者和教育管理部门工作人员有重要参考价值，同时对从事教师进修与培训的工作人员有参考价值。

图书在版编目（CIP）数据

农村优秀教师职业生涯与成长模式：基于质性资料的收集与分析/林李楠，吴佳莉著. —北京：科学出版社，2018.12

ISBN 978-7-03-060085-1

Ⅰ.①农… Ⅱ.①林… ②吴… Ⅲ.①农村－师资培养－研究－中国 Ⅳ.①G451.2

中国版本图书馆 CIP 数据核字（2018）第 291004 号

责任编辑：孙文影　卢　森／责任校对：王晓茜

责任印制：徐晓晨／封面设计：润一文化

编辑部电话：010-64033934

E-mail: edu_psy@mail.sciencep.com

科学出版社出版

北京东黄城根北街 16 号

邮政编码：100717

http: //www.sciencep.com

北京建宏印刷有限公司印刷

科学出版社发行　各地新华书店经销

*

2018 年 12 月第　一　版　开本：720×1000　B5

2018 年 12 月第一次印刷　印张：14

字数：250 000

定价：89.00 元

（如有印装质量问题，我社负责调换）

前言

农村教师队伍的发展状况对我国义务教育均衡发展具有全局性影响。本书通过实证研究方法，对农村优秀教师职业生涯历程进行实证资料的收集与整理，发掘影响其职业生涯状态与最终职业成就的各种因素，从而构筑其概括性的成长模式，是一项富有理论与现实意义的任务。

本书力图通过比较城乡骨干教师的职业生涯路径，探索城乡优秀教师专业成长模式及对其起决定作用的具体机制。在运用质性研究（qualitative research）方法分析、研究农村教师的专业发展时，我们发现，在城乡教师的专业成长中，平台起着决定性作用。但同时，乡土中的农村教师专业发展还存在着“身份”、“恩”与“报”、“谦让—合作—互助”文化等几种特别的因素。

一般来说，职业生涯是指人的一生中与职业相关的所有行为与活动，以及态度、价值观、愿望等连续性经历的过程。同时，它也是个体职业与职位的变迁及工作、理想的实现过程。职业生涯是一个动态的过程，但它并不包含职业上的成功与否，每个工作着的人都有其职业生涯。教师专业成长是教师职业生涯中的重要目标与诉求。就其内涵而言，专业成长包括了人本身所持的想法、知识内涵、技能、态度甚或是内在情意的改变；就其方式而言，涵盖了各种不同类型的活动与内容，包括各种正式或非正式的活动以及自身进修、研读与研究等。教师专业成长具有双重的积极意义，其不仅有利于教师个体自我价值的实现，同时也有利于学校教育理想的发展与教育质量的提升，并最终实现学校的发展目标。由此可见，教师专业成长在个体与组织层面上具有一致性。

与农村教师相比，城市教师的专业成长往往具有更好的平台优势，即城市学校中有更多支持与助推其专业成长的资源。而广大农村，尤其是偏远地区的中小学教师，不仅资源供给不足、质量较低，而且欠缺发展历练的舞台与成长机会。这些在本书前期的相关调研中已经得到比较充分的印证。诸多访谈对象屡屡提及平台在个人成长和学校发展中的作用，城市教师对平台的感恩与农村教师对平台的渴望形成鲜明的对比。

作为本书集中探讨的两个核心概念，职业生涯与教师专业发展均关涉个体纵向生命历程中的特定文化背景与社会情境。在这个意义上理解农村教师的成长历程，其所依托的成长环境、社区背景等，可以为探索其成长模式提供特别的要素。与城市社会相比，中国的农村社会代表着与“现代性”相对的另一端，即“乡土性”：与“现代”对应的“传统”；与“新”对应的“老”或“旧”；与“前卫”或“流行”对应的“保守”；与“与时俱进”的“动”对应的“岿然不动”的“静”；与“制度”对应的“情理”；与“知识”对应的“道德”，凡此种种。因此，要在农村社会中成长为优秀教师，随时间推移而逐年累积“扎根”“坚持”“口碑”“阅历”等内在经验或是其专业发展的主要模式。

鉴于本书所具有的探索性，关涉难以观察与测量的潜在结构与因素，因此笔者主要采取质性研究方法进行研究，其并不等同于国内常用的定性研究方法。质性研究是在自然情境下，采用多种资料收集方法，对研究现象进行深入的整体性探究，从原始资料中形成结论和理论，通过与研究对象互动，对其行为和意义建构获得解释性理解的一种活动。首先应用文献法，即查阅相关文献，确立研究的粗略假设。研究应用扎根理论的范式，形成农村优秀教师职业生涯与成长模式的新探索，所以需要确立粗略的研究假设，这也是扎根理论与其他质性研究方式的差别所在。其次，选取合适的农村优秀教师样本，对其进行参与观察与深度访谈，以及组织焦点小组访谈，收集质性资料。采用观察法，即指主要对优秀教师的课堂教学以及所在学校的教师文化等多个方面进行观察，同时将观察结果做记录。深度访谈是对优秀教师个案进行无结构式访谈，以收集有深度的材料。焦点小组法主要用于小组座谈，目的是使访谈对象间相互启发，并将个体经验加以概括总结。

在本书的基础性工作环节，项目组收集了分布在L省三个地市的数十位优秀农村中小学骨干教师的职业生涯访谈资料。为与城市教师专业成长模式进行比较，项目组同时选取了十余位城市中小学骨干教师进行访谈。通过将两者的职业生涯访谈资料进行比较，以辨别平台在教师专业成长中的作用机制与效果，以及是否真正存在农村教师专业成长的特别模式，或其成长模式中是否具有特别要素。

本书将基于质性资料的收集与分析对上述问题进行回答，并尝试以一种新的展示方式，即在内容呈现上创造出一种研究者与被研究者同时在场，作为双主体平行叙事的方式。在研究过程中，笔者深刻地意识到，在一个学术作品中，讲述者本人的逻辑经常被分析性的话语屏蔽，但实际上其言说也是极其重要的，必须同样呈现在文本中。就某种意义而言，研究者的专业性在于其位于语言的金字塔顶层与裁判端，因而表现为高级语言的阶序，处于支配的位置。本书反其道而行之，尝试将讲述者本人带到讲述中来，在格式上将一本书分成两部分，一部分是本书的研究写作，另一部分是优秀教师成长故事，即一方面是研究者的逻辑，另一方面则是讲述者的逻辑。二者不是研究与被研究的关系，而是一个平行的轨道。采取这种展示方式的目的在于强调一种平行的人生道路，而不只是研究者的自言自语。研究者与被研究者共同向读者讲述，从而激发了一种新的图景。在这个图景下，当下及未来的研究者们将建立起一种连贯的反思意识和危机意识，来反思公共政策的安排效率与结果。

林李楠　吴佳莉

2018年11月6日

目录

下 篇

上　　篇

第一章

绪　论

农村教师队伍的发展现状和农村教师的职业生涯与成长模式会对义务教育均衡发展产生全局性的影响。如何通过实证研究方法对农村优秀教师的职业生涯历程进行资料收集与整理，发掘影响其职业生涯状态与最终职业成就的各种因素，进而构筑其概括性的成长模式，是新时期一项意义重大且富有挑战性的任务。

为此，本书以三个研究任务为核心：①基于质性资料的收集与分析，挖掘影响农村教师职业成就的关键因素；②建立农村优秀教师职业生涯和不同成长模式的基本概括；③对农村教师队伍建设和专业发展提供有针对性的建议和对策。

本书的研究和写作初衷是期望通过质性资料的收集与分析发掘农村优秀教师职业生涯和成长模式中的特质。但与以往传统的师范教育学及教师教育学研究相比较，本书还包括一些反思性的探索。根本原因是，在研究过程中，研究者在反思视角与实践视角间不断切换。事实上，不论是作为研究者，还是一线践行者，或是作为受众的被教育者，我们长期以来都已经习惯于"现代"的教师形象：必需的、程式化的学习与职业准备；专业化的知识储备、相关技能与职业道德约束；符合"圈里人"和一般社会公众期望的特定工作场所与例行化的环节等。而正是这种惯常化的思维影响了我们对教师专业成长事实的判断。但事实上，我们应该不断省思的一个根本问题是：如此这般，会有必须警惕的风险与危机么？

正是因为要跳出这种惯常化思维的尝试，促使研究者去思考几个问题：我们已经习以为常的教师成长模式是其本应的样态吗？这种模式会有何风险？传统的师道精神与文化是否存在于现有的教师成长过程中？如存在，其是如何发挥作用的呢？

在研究中，课题组尝试运用质性研究方法，发掘作为文化深层结构的内容及其在农村优秀教师职业生涯与成长模式中的作用。与此同时，在方法论层面，我们尝试形成一种反思性成果。我们不仅反思教师成长的过程本身，也反思作为研究者的“我们”如何生成科学研究，自然而然地建立一种理性化的逻辑框架。

第一节　农村优秀教师职业生涯和成长模式的研究意义

随着九年义务教育的普及和农村教师这一特定群体逐渐进入公众视野，无论是体制内政策的制订还是公众意识的普遍提升，农村教师队伍的发展现状、农村教师职业生涯和成长模式都会对义务教育的均衡发展产生全局性的影响，尤其是在教育资源、教师资源相对稀缺的偏远农村地区。面对这一现状，如何从教育学的视角出发，在自然的社会情境之下，采用质性研究方法，深入到研究对象的生活环境中，收集和整理影响农村教师职业生涯和成长模式的各种要素，并进一步深入探索各种要素对农村教师职业生涯的影响，这些在教育资源均衡发展的新时期具有重大意义。

一、理论意义

在理论建设与发展层面，对于一门科学或是作为独立学科的教师教育学、师范教育学，更广泛地说，在可以涵盖整个教育学的知识研究领域内，相关研究都立足于普遍性的、主流的、城市的以及男性化的支配意识和立论观点。因此，在关于以上学科或教育学知识研究领域，我们无形地在某种意义上忽略了特殊的、农村的以及女性化的群体，即农村教师实际发展的体验，只是简单、笼统地以“城市的”及“主导的”专业知识领域的发展现状进行概括和替代。但是，对于我国教育发展的社会现状而言，农村教师作为教育学知识研究领域内不可或缺的重要群体，对其职业生涯、成长模式及其影响因素的探究，离不开对农村教师这一群体独特而又丰富的个体成长环境、职业生涯过程中的成长体验以及区别于城市教师的独特个性等方面的探究。在以往相关领域的研究中，有关农村教师职业生涯和成长模式的教育知识体系研究一直处于整个学科门类知识研究体系的边缘地带，甚至处于依附与从属地位。

因此，对于农村教师教育学知识体系研究新的知识生长点，研究者应将研究的关注点放在具有特殊性、属弱势群体的农村教师身上，所收集的实证研究资料也应更加依赖于农村教师职业生涯和成长模式的实际现状。具体而言，针对实证性的研究方法，我们需要立足于扎根理论的研究范式，深入到农村教师的自然成长环境之中，采用一种全新的研究视角和方法，即运用参与观察法、深度访谈法和焦点小组法等一系列实证性的质性研究方法开展研究。在运用这一系列研究方法之上，笔者继续辅以民族志和叙事性研究等研究范式，立足扎根于农村教师的职业生涯和成长模式的实际现状，开展一种更加适合探讨农村教师职业生涯和成长模式的教育学知识领域的研究。这一研究更加贴合农村教育环境、社会环境与农村教师发展的实际，是具有地方性教育学知识的理论探索，目的是对现存于广大农村地区的农村教师的职业生涯和成长模式进行新的理论性探索。

二、实践意义

在实际应用层面，在现代语境下，研究农村教师这一特定群体具有特殊意义。其不仅关系农村教育的质量，更关乎农村教育乃至整个农村社会的未来。在当下社会现代化与都市化、全球化齐头并进的时代背景下，农村教师能否真正地融入农村社会变迁，成为其社会生态的有机部分，仍然还是一个疑问。

长期以来，我国农村中小学教师队伍建设的指导思想主要是基于静态的、文献的角度形成的理论成果，未能基于实证资料，并以一种职业生涯成长模式的角度去审视和指导教师队伍的发展。在农村中小学教师的成长发展中，运用质性方法收集其职业生涯的叙事性资料，能够有助于我们对优秀教师职业生涯中不同发展阶段所表现出的差异化身心特点、发展需要与职业发展障碍等做出更深刻的剖析。在实践上，本书可以指导教师更好地做出个人职业生涯发展规划与实现人生意义；同时帮助学校和教育管理部门激发教师的工作积极性，促进教师职业发展；并有助于设计教师培训方案，最终实现学校发展与教师成长的双赢；从而建立更具实践意义、更适合农村学校的校本发展策略与发展模式，最终将教师发展的校本模式落到实处。

第二节　职业生涯与教师专业发展的解读

作为本书的核心概念，职业生涯与教师专业发展均关涉个体纵向生命历程中的特定文化背景与社会情境。在这个意义上理解农村教师的成长历程、其所依托的成长环境与社区背景等，可以为探讨其成长模式提供特别的要素。与城市社会相比，中国的农村社会代表着与“现代性”相对的另一端，即“乡土性”：与“现代”对应的“传统”；与“新”对应的“老”或“旧”；与“前卫”或“流行”对应的“保守”；与“与时俱进”的“动”对应的“岿然不动”的“静”；与“制度”对应的“情理”；与“知识”对应的“道德”。因此，在农村社会中成长为优秀教师，随时间推移而逐年累积“扎根”“坚持”“口碑”“阅历”等内在的“经验”，可能是农村优秀教师专业发展的主要模式。基于此，本书开始时的基本假设为：优秀教师专业发展模式存在明显的城乡差异；与城市教师专业发展的外显平台模式相比，农村优秀教师的成长表现出一定的乡土性，或存在内隐的经验模式。

一、职业生涯

（一）生涯

生，指活着，意味着与个体生命的联系；涯，指边界，意味着人生的经历、道路以及职业与事业等方面。在人生的少年、成年、老年三个主要阶段中，成年阶段是从事职业的时期，尤为重要。

（二）职业生涯

职业生涯的内涵在不同时期有着不同的表述。20 世纪 70 年代，其专指个人生活中与工作相关的各个方面。随着时代的发展，其又被注入了许多新的意义。如今，职业生涯的概念还包含生活中关于个人、集体与经济生活等诸多方面。

本书中的职业生涯主要是指一个连续性经历的过程。这一过程包含人一生中与职业相关的所有行为以及活动、态度、价值观、愿望等。同时，它也是个人生涯中职业、职位的变迁，以及工作、理想的实现过程。它是一个动态过程，是个人在工作岗位上体验的、与工作活动相关的连续性经历。但它并不意味着职业上的成功与否或成长进步的快慢。就个体而言，无论其职位高低、成功与否，每个工作着的人都有自己的职业生涯。同时，职业生涯是人一生中最重要的历程，决定着个体的人生价值。

（三）职业生涯规划

要使职业生涯规划合理并具有切实可行的指导意义，就必须在制订过程中以个人特点与行业特性为依据。

首先，职业发展目标要立足于个体的特点、兴趣与特长。职业生涯成功发展的关键取决于从事自身所擅长的工作以及对工作的兴趣度。如果一个人能够从事自己既喜欢又擅长的工作，那么其就能很快从工作中脱颖而出。

其次，职业生涯规划要考虑到实际情况，并具有可执行性。个人的职业规划要从实际出发，根据自身情况，脚踏实地，量力而为。

最后，职业生涯规划发展目标要具有可持续发展性。职业发展规划应该是贯穿个人整个职业发展生涯的远景展望，并具有可持续发展性。如果个人的职业发展目标不够深远，不仅会抑制个人的努力热情，更不利于其长远发展。

二、教师专业发展

教师专业发展是教师职业生涯中的重要目标与诉求。就其内涵而言，教师专业发展包括教师本身所持的想法、知识内涵、技能、态度或是内在情意的改变；就其方式而言，涵盖不同类型的活动与内容，包括各种正式与非正式的活动，以及自身的进修、研读与研究。教师专业发展对于个人和组织而言都具有积极意义。教师职业发展不仅有利于教师自我价值的实现，同时也有利于学校提升教育质量，实现教育理想，最终达成学校组织发展的目标。因此，教师专业发展有助于个体与组织两个层级的目标实现。与农村教师相比，城市教师专业发展往往有赖于客观条件上更好的平台优势，即在城市学校中，有更多的资源支持以助推其专业成长。而广大农村，尤其是偏远地区的中小学教师，不仅资源供给不足、质量较低，而且欠缺发展与历练的舞台和成长机会。这在本书的前期相关调研中已经得到比较充分的印证，诸多访谈对象屡屡提及“平台”在个人成长和学校发展中的作用，城市教师对平台的感恩与农村教师对平台的渴望形成了鲜明的对比。

（一）专业

从广泛意义上讲，所谓专业，主要是指随着人类社会科学技术的进步，在现实的社会生产生活实践过程中，具体描述个体职业生涯和成长过程之中的某一个阶段，或是从事某一行业的人群，使用的一种谋生或者理想实现的具体的工作业务操作规范。它的另外一层含义是指我国高等学校或中等专业学校以社会生活中的社会分工、国家建设的具体需要以及各高等学校具体的学校性质为依据所划分的学科类别或不同的专业。其中，各个专业都具备独立的教学计划和教学方针，以此来实现专业的培养目标和专业发展需求。在现代意义上，专业则是更为抽象的概念，人们广泛采用利伯曼对于“专业化”的解释，即所谓专业，主要应该满足下面一些基本条件：①从事的工作范围十分明确，近乎于独立地完成一份社会工作；②在从事某一工作的过程中，能够独立使用绝对专业化的技术；③在某一工作或学习领域之内，需要长期或终身的专业化教育发展；④在某一领域从事工作的个人或工作集体，均具有无需监督的、广泛存在的自律性和自觉性；⑤工作者在一定自律性的行动范围内能够独立地完成任务，对于出现的问题能够采取一定的行为，承担一定的责任；⑥在专业范围内所采取的行动应该是非营利性的，以无偿的服务为行动的动机；⑦在某一专业领域内拥有应用方式具体化的行动逻辑以及行动纲领。[①]

① 日本筑波大学教育学研究会．现代教育学基础．钟启泉译．上海：上海教育出版社，1986: 442.

教学工作是学校的中心任务，教学工作的好坏直接决定了学生的学习水平与学校的教学质量。教师是教学工作的主要从事者，是学校生存发展的主要资源之一，最大程度发挥教师这一教育资源的前提是重视教师的专业性，使教师的日常教学工作实践与教学研究等成为进一步促进教师专业持续发展、能力不断提升的有效途径。尤其是在我国广大的农村地区，农村教师的“专业”主要是指教师在从事教学工作当中采用专业的教学方法和技巧进行教学，对于教学工作中出现的问题能够用专业、理智的方法及时予以解决。“专业”教师在教学和生活中始终能够保持对教学工作的积极性和热情，努力地钻研教学方法，并进行理论研究等。

（二）专业化

与专业相比，专业化在广义上是指，在一些产业部门或学业领域之中，根据产品的生产分工程度和不同生产过程分成不同的业务部分，这一过程即我们所说的专业化。具体而言，专业化主要是指某一个职业群体在特定的工作领域中经过学习实践或专业研究，逐渐向专业标准接近，成为专业领域内的专业人员，并获得行业内一定专业地位的过程。作为教育领域内的专业教师，教师的专业化主要是指教师作为教育领域的专业工作者，在教师发展的过程中，不断地钻研、完善和发展自身职业内的专业知识、专业技能、专业思想和专业方法的过程，通常也将其称为专业新手教师逐渐发展为专家型教师的成长过程。更确切地说，教师专业化主要是指教师作为一种社会职业分工，在自身的职业工作内部具有区别于其他职业的要求和素质。在教师的专业成长过程中，具有针对教师教育专业的培养、培训方法，在教师教学活动过程中有专门的管理规章、制度。教师专业化就是教师个体专业教学水平逐渐发展、进步的动态过程以及最后取得的发展结果，是教师在职业生涯和成长过程中专业发展的内在根本。一言以蔽之，教师的专业化成长过程就是教师在专业化的成长和实践教学过程中，专业知识、专业能力、专业技巧和专业心理的全面发展过程。外在条件的满足是教师专业化发展的重要条件，但更为重要的是教师在内驱力的驱动下所形成的钻研精神和对教育事业的由衷热爱。在实现自身发展的同时，教师能够将教学水平的提升和学生的成长与进步作为专业化发展的目的，逐步实现自身专业化的过程。

在大量关于我国教师专业化的相关研究中，研究者普遍认为我国的教育现状存在明显的城乡差异。因此，农村教师的专业化过程对于我国整体教师队伍的专业化过程至关重要，农村教师专业化得以实现的决定性因素是教师教育能够为农村培养和培训出高素质专业教师群体的数量。教师专业化是探讨我国农村优秀教师职业生涯和成长模式所要首先明确的理论问题，也是进一步探讨推进农村优秀教师在教师教育过程中发展专业化的实践问题。毋庸置疑，我国农村教师专业化的过程也就是农村教师群体专业化的过程，农村教师专业化在具备所有教师专业化这一概念共性的同时，也具备区域性的专业化发展的独特性与特殊性，这一特质同时也从某一个侧面反映出农村教师专业化的特殊影响因素和特殊要求。从宏观意义上讲，由于工作、生活在农村地区，农村教师除具备教师身份之外，还受到农村地区经济、社会、文化和风俗等社会环境以及自然环境等其他众多要素的制约和影响。因此，农村教师的专业化发展过程也就是潜在的农村社会生产力的发展过程。同时，农村教师的专业化对于农村社会科学知识的发展起到了巨大作用。

（三）现代性与专业发展

所谓现代性，主要是由历史学家和社会学家定义的，是指自启蒙时代以来，大致从 18 世纪资本主义萌芽开始，一个区别于以往的全新的世界体系生成的时代。其主要具备以下时代特征：一是具有持续、进步、发展的趋势；二是发展进程是合理性的过程，而且这种发展进程是不可逆转的。从宏观意义上说，现代性过程推动了世界各个地区民主国家的历史实践进程，促进了民主国家法治观念和国家政治体系观念的建立，同时，也促进了一整套强调个体自由、平等、民主等政治核心的价值理念的形成。社会的协调运转建立起了高效率、有组织的社会组织体系机制。随着人类社会从原始荒蛮逐渐走向法制、民主、协调的社会组织机制的现代性社会，社会发展过程更加注重个体之间的分工明确化以及各个组织机构之间的协调配合，这就涉及了社会分工之中的专业性。就一般意义而言，专业性主要是指在某一职业领域的从事者需要经过系统的专门训练，掌握相对比较复杂的职业知识和技能等。专业性其实并不是现代社会独有的一种职业特征，不同历史时期都分别孕育着不同的专业性，也都顺应时代的需求，形成了不同时期的不同专业。相关学者在不同历史时期的社会专业实践的相关研究基础上，对专业性进行了明确的划分和界定。大部分学者认为专业观点可以分为三种：前现代时期的神圣型专业、现代意义上的专家技术型专业，以及后现代意义上的理念型专业。

在前现代时期，专业与神话、宗教相关，以神圣性为主要特征，如巫师、祭司等专业。现代社会的专业与自然科学和社会科学有关，主要以理性为时代特征，如工程师、建筑师等专业。后现代时期的专业与文化和理念相关，主要以文化和境域为时代特征，主要包括作家、教师、咨询师等专业。通过以上三个历史时期对专业特征的概括可知，不同历史时期的社会人文和自然环境对于不同社会分工之中的专业划分具有内部的规律性联系。不同社会时代具有不同社会背景与社会文化，社会背景蕴含着社会专业性的特征，如果某一特定的职业与专业性正好契合，就实现了专业化，相反则很难实现专业化。因此，要研究某一职业的专业化发展，就应该对特定历史时期的专业分工与这一职业的特点之间的相互关联性、契合性进行考察。本书所关注的是教师这一职业的专业发展。当今社会正处于市场经济和网络信息技术交织的高速发展时期，教师作为社会分工之中的一种具体职业分工，也是在社会大背景之下，为了满足文化和理念这一时代特征而具备了持续的、专业的发展特征。

在当今时代的现代性中，社会分工中的具体职业分工若想要通过一个具体机制实现专业发展，则需要建立在专业的科学知识和专业职业技术基础之上，并且这一职业能够在专业发展的过程之中产生实证性的效果。专业的发展使其职业分工的基础更加高深复杂，职业工作内容更具科学性，工作的结果对社会个体和社会整体的发展具有不可或缺性等。在现代社会，社会发展的现代性特征已经渗透到了专业发展的内涵之中，逐渐形成了不同专业发展的现代性标准，现代社会更加注重自然科学、知识技术、科学计算、实证性等时代特点。由此我们从某一侧面分析，现代社会的专业发展就是职业技术型的专业发展，即专业这一概念在现代社会和理性化、科学化、技术化具有同样的时代意义。因此，在现代社会中，现代性的专业具有如下特征。首先，专业具有高深复杂、自然理性的专业知识和技能。这种知识及技能是完全建立在现代自然科学基础之上的，这一专业的知识和技能的掌握需要经过制度性、系统、专业化的学习和培训，而并不是个体在自己生命历程中亲身经历和实践的个人感悟。专业的发展和培训一般都具有专业的学习环境和成熟的学科体制，这一专业技能和知识的发展往往会对自身的专业发展及良好的成效产生巨大的帮助。其次，专业的发展特征还表现在能够形成自身职业分工内专业的制度和体制。社会组织内部具有相应的专业自主权和专业地位，与此相匹配的就是如收入、地位、声望等的产生。最后，专业的发展应该展现出自愿服务社会的态度与奉献精神，并不以经济利益的最大化为专业发展的最终目的。以上现代社会中的专业发展逐渐成为现代社会中各种职业分工所追求的职业发展的目标。[①]

关于现代性与专业发展的论述，主要为在现代社会中时代发展的历史环境背景对各种职业分工的发展具有一定的契合性影响。教师作为一种具体的社会职业分工，并不是在现代社会才产生的，早在原始社会末期就已经出现了这一职位。刚开始的时候，教师并不是一种分工十分明确的职业，而是大多为兼职的形式，如中国的官师一体、西方社会的神父或者牧师等。教师并不是专业人员，教师这个职业也不是专门的职业。在第二次工业革命时期，教师逐渐开始成为专业人员。到了 20 世纪，教师职业的专业性开始得到普遍接受和认可。比较专业化的教师是随着学校的产生而出现的，随着专门的教育部门，即师范类教育机构的成立，教师的教学工作开始成为一门专业化的社会分工，并从其他社会职业分工中分化出来，逐渐形成和完善了自己的职业分工特征，现在的师范类教育就是教师职业专业化开始的标志。如今，教师这一职业就是一种社会专业化的职业。随着现代性渗透到各行各业之中，现代性对于教师的专业发展也产生了一些影响。时代的现代性特征强调科学、理性、自由、民主等，教师职业也在社会发展的进程中不断进行专业化发展，并以社会科学和自然科学、理性境域、奉献精神为专业化发展的基础。所以，现代性的教师专业化发展更加注重教师成长培训的系统性和制度的全面性，教师专业教学知识和技能的动态发展，教师综合素质可量化的衡量与测评，以及教师在教学过程中的奉献精神和学生主体意识等。专业的知识和技能是专业发展的基础，教师的专业化更应该建立在教育科学的基础之上。教育科学是现代社会人文科学的分支，同样更加强调教师职业专业化过程中的科学性这一影响要素。因此，现代社会的现代性对教师职业的专业化发展产生了一定影响。

（四）农村教师专业发展

关于教师专业发展相关问题的研究始于 20 世纪 80 年代的欧美国家。经过学者长达几十年的研究和演绎，人们越来越意识到教师专业发展在教师职业生涯和成长模式中的重要性，教师也越来越重视自身的成长、提升和专业发展。教师专业发展在一般意义上被视为师范教育或教师再教育的进一步拓展。教师专业素养

---

① 朱新卓. 教师专业化的现代性困境. 高等教育研究，2005（1）：47-52.

的发展与提升不仅有利于提高国家的教育水平、提升教师的整体素质，尤其是农村教师的专业发展对于农村教师队伍建设、教育资源均衡发展以及教育动态持续均衡发展具有决定性作用。教师专业发展是时代进步下的必然结果。现代社会处于不断发展、进步的变革之中，发展与变革成为现代教育的基本特征之一。2003年9月17日，国务院正式颁布《国务院关于进一步加强农村教育工作的决定》，其中第二十六条明确指出，要加强农村教师和校长的教育培训工作，构建农村教师终身教育体系，实施“农村教师素质提高工程”，开展以新课程、新知识、新技术、新方法为重点的新一轮教师全员培训和继续教育[①]。随着国家层面关于教师教育发展政策的出台，各级教育部门也陆续出台一系列有助于农村教师专业发展的政策与改革措施。其中，在具体措施方面，以“教师职业道德修养，新的课程改革，新的教学理念，新的教学技能，新的教学方法等”为改革目标的主题内容主要是积极组织教师到县城、省市参加教师培训，并且与时俱进，利用现代网络媒体对教师进行在线培训等。这些措施的实施进一步推动了农村教师的专业发展和城乡教育的均衡发展，在提高农村教师教学质量等方面起到了积极作用。在改革措施的推行下，面对学生个性差异、九年义务教育的普及、综合素质水平的提升与创新能力增长等现实要求，教师的教学角色发生了重大转变，单一的教书匠角色远远不能适应教师职业发展的时代要求。教师发展的新要求对广大农村教师的成长与发展具有积极的促进作用。越来越多的农村教师开始从传统的教师角色中转换出来，努力成为新课程的研究者、实践者和创新者，逐渐形成自我专业发展意识和专业发展能力，真正成为自身职业生涯和专业成长过程的主人。广大农村教师在开始注重内在素质提升的同时，也在自觉地寻求促进教师专业发展的新方式、新方法。

关于农村教师发展的众多研究认为，我国广大农村地区的学校普遍比较偏僻，教育理念相对落后，教育信息相对闭塞。在义务教育阶段，由于经济负担较轻，在子女的教育规划上，家长更愿意选择教学质量更高的学校。同时，随着进城务工队伍的不断壮大，研究更多聚焦在农民工群体和留守儿童的问题上。随着农民工子女进城读书政策的进一步放宽，大多数家长自然倾向于选择更加优质的教学资源，即送孩子进城学习。在教学环境较差、教学资源相对落后的情况下，生源的减少和流失使农村教育的发展雪上加霜，教师的专业发展

---

① 国务院关于进一步加强农村教育工作的决定.教育部网站. http://old.moe.gov.cn//publicfiles/business/htmlfiles/moe/moe_1001/200507/10297.html [2018-12-10].

也受到影响，出现了教师教学工作难度加大、心理承受能力降低、教学成果不显著等问题。简而言之，农村学生数量减少、学校发展缓慢、教师教学积极性不高等因素直接限制了农村教师的职业成长和专业发展。同时，部分研究者认为农村教师专业发展的主动性和积极性不高。有的农村教师不愿对专业知识进行深度的理论研究和教学探讨；在教学过程中缺乏独到的见解；缺少竞争意识；不重视自身能力的提高和专业发展；职业生涯规划尤为缺乏等。关于农村教师是否能够实现专业发展，一部分观点认为，正是职业的局限性制约了农村教师的专业发展。长期生活在农村地区的教师，面临所教授科目单一、教学方式千篇一律、没有与时俱进地进行必要的改变和更新等问题，导致农村教师与外界信息交流不畅，不利于教师实时更新知识体系与开阔眼界，从而限制了教师的专业化发展。与此同时，农村教师的专业培训与进修机会较少，大多数农村教师没有机会参与教育部门组织的教师学习，而且有时农村教师的专业培训和进修流于形式，没有真正促进农村教师的专业成长。在学生日益减少的情况下，农村教师的工作氛围不够浓厚，没有浓厚的教研、教学氛围。同时，农村地区一般地处偏远，教师队伍的新鲜血液补充不及时甚至较少，这些都导致农村教师很难实现专业发展。关于农村教师专业发展途径的相关研究认为，农村教师要想实现专业化发展，必须正视学校发展和个人专业发展间存在的必然联系。教师教学工作的展开是在一定的教学场所之内进行的，和谐的学校环境和良好的教学氛围会促进教师的专业化发展。所以，有研究建议农村教师主动为营造学校环境与教学氛围付出努力，积极提升自己的专业知识、素养以及专业能力等。教师虽然是社会简单分工中的一种职业划分，但也是在一个小区域内决定农村孩子命运的神圣职业，所以，教师的专业发展在很大程度上取决于教师自身对于教育工作的认识，因此，农村教师还应积极树立自己的职业理想。近年来，随着教育部门对于农村教育发展的重视，农村办学的硬件条件得到了改善。随着信息技术的迅速发展，针对农村教师的远程教育培训也成为可能，教师知识结构和教学视野等方面也得到了很大改观，农村教师队伍的专业发展有了一定程度的提高。

农村教师的专业发展是农村教育发展的关键，农村教育事业能否持续、动态地健康发展，与农村教师专业发展及其专业综合素质的提高息息相关。教育质量是社会发展、学校发展的核心要素，它主要取决于教师专业素质的高低，而教师的专业素质又是一个学校赖以生存和长远发展的生命线。教师的专业素质和教学水平高低集中体现在学生的学习成绩上，想获取较高的教学质量、提高学生的学习成绩就必然要促进教师的专业发展。同样，农村教师的专业发展是农村教育进一步发展的决定性因素，是城乡教育资源均衡发展的关键。农村教育发展是制约我国教育快速发展的主要因素，其不仅取决于农村的经济发展和教学管理方式，更与教师专业素质的高低密不可分。促进农村优秀教师专业发展和综合素质提升是解决我国农村地区教育发展的关键和有效途径。在城乡发展存在较大差异的背景下，国家一直大力支持广大农村地区的教育发展，使教育资源实现最大程度的均衡分布，但是实现城乡教育综合发展仍是眼前急需解决的现实问题。

第二章

为了农村教育进步和教师成长：一个典型省份的做法

国家对教育现代化政策的总体规划推动了 L 省教育现代化政策的实施，为 L 省推行现代化教育政策下的学校改革提供了可能。L 省在现代化教育下的教师培养与发展成果也为本书研究的顺利开展奠定了基础，L 省在农村教师培养中显现出的突出问题更强化了本书写作的必要性。

第一节 国家对教育现代化政策的总体规划

一、国家推行教育现代化政策的背景

（一）工业化是推动教育发展的直接动力

工业化是现代化的前提和基础，其在为教育发展提供物质保障的同时，也对教育发展提出了新的要求。现阶段，我国正处于全面建设小康社会、加快推进社会主义现代化建设的关键时期。我们主要依靠科技进步和创新、提高劳动者素质来推进工业化发展，这就对教育的知识服务能力、科技贡献水平、人才培养质量提出了新要求。教育的改革与发展应根据新型工业化发展进程，使高等教育与职业教育的专业设置、层次布局、规模结构更加适应经济结构战略性调整和产业升级的需要，更加适应当代科技创新、交叉融合和提升自主创新能力的需要，更加适应环境保护和生态建设的需要。

（二）信息化促进教育的变革与发展

信息化是当今社会的一个重要特征，信息化生产力是迄今为止人类最先进的生产力。信息化不仅是教育现代化的基础，同时也带动了教育的现代化发展，为我们展示了未来教育的美好前景。首先，信息化能够促使教育形式和学习方式发生重大变革；其次，信息化能够改变教育的时空关系，进一步拉近教育者与受教育者的距离；最后，信息化能够实现优质教育资源均衡配置，缩小城乡教育、区域教育之间的差距，促进教育公平。因此，我们应抓住教育信息化这一契机，不断探索优质教育资源开发和共享的新模式，提高教育管理的现代化水平。

（三）国际化为教育发展带来了新机遇

20 世纪 90 年代以来，在经济全球化的推动下，教育国际化蓬勃兴起。特别是高等教育的国际化，既为高校的发展提供了机遇，同时又为其带来了新的挑战。据测算，2020 年我国高等教育学龄人口将减少约 3600 万，即从目前的 1.23 亿下降到 8700 万人。同时，我国有出国留学意愿的学生数量大幅增加，许多国外院校看中了这一契机，加大在我国的招生力度，国内外高校生源竞争将更加激烈，这对高校创新办学方式带来了新机遇。国内许多高校充分利用这一机遇，增强办学实力，提升教育质量，争取取得未来竞争中的优势；不断加深与国际知名一流高校或研究机构的实质性交流合作、开展学校间的国际评估、寻求优质国际资源等途径，可以发挥好教育国际化对高校的辐射效应、溢出效应和带动效应，提升我国高等教育现代化水平。

可见，在工业化、信息化和国际化等几方面的共同作用下，我国的教育现代化之路势在必行。

二、国家教育现代化政策的发展

（一）国家教育现代化的萌芽

1977 年，邓小平在科学和教育工作座谈会上提出："我们要实现现代化，关键是科学技术要能上去。发展科学技术，不抓教育不行。靠空讲不能实现现代化，必须有知识，有人才。同发达国家相比，我们的科学技术和教育整整落后了 20 年。抓科技必须同时抓教育。"[①]由此开始，我国的教育优先发展思想不断深入人心，教育现代化思想也进入萌芽阶段。同时，教育部颁布了一系列教育改革措施。1979 年 6 月，教育部召开中小学学制改革讨论会，多数代表决定将十年制教育恢复至十二年制。中华人民共和国国民经济和社会发展第六个五年计划提出"充实加强小学、整顿提高初中、压缩普通高中、大力发展职业技术教育"的方针[②]。

---

① 罗平汉. 引领科教领域的拨乱反正：1977 年科教工作座谈会. 中国共产党新闻网. http://dangshi.people.com.cn/n/2015/0212/c85037-26555906.html[2018-12-10].

② 中华人民共和国国民经济和社会发展第六个五年计划（1981—1985）. 中国人大网.http://www.npc.gov.cn/wxzl/gongbao/1982-11/30/content_1478459.htm[2018-12-10].

1982 年 9 月，中国共产党第十二次全国代表大会举行，胡耀邦在大会上作《全面开创社会主义现代化建设的新局面》报告，提出了未来发展的任务："一定要牢牢抓住农业、能源和交通、教育和科学这几个根本环节，把它们作为经济发展的战略重点。"[①]1984 年 10 月，全国人民代表大会教育科学文化卫生委员会召开首次教育立法座谈会，提出教育立法是教育改革的必要条件，一定要做好教育立法工作[②]。1985 年 5 月，《中共中央关于教育体制改革的决定》发布，指出：教育必须为社会主义建设服务，社会主义建设必须依靠教育[③]。最早提出教育现代化的政策文件是 1993 年由中共中央、国务院颁布的《中国教育改革和发展纲要》，其中提出：再经过几十年的努力，建立起比较成熟和完善的社会主义教育体系，实现教育的现代化[④]。1996 年，江苏省委、省政府提出江苏要在全国范围率先基本实现教育现代化，由此拉开了我国区域教育现代化建设的序幕。

（二）国家教育现代化的推进

针对教育现代化，虽然本书始终以 L 省的教育现代化与农村教育现代化为蓝本进行分析，但总体来看，L 省教育现代化政策的变化始终是在全国教育政策引导下进行的。那么，究竟什么才是教育现代化以及如何才能实现教育现代化？回答这个问题则需要从教育现代化的指导方针与总体布局入手。2009 年 1 月 4 日，温家宝在科技领导小组会上作题为"百年大计 教育为本"的讲话，深刻地解读了教育现代化的政策背景、指导方针与总体布局，"规划是指导未来十二年教育改革和发展的纲领性文件，必须与经济社会发展的总体规划相适应，体现全局性、宏观性、长远性和战略性"[⑤]。也就是说，教育的发展在其发展水平、发展速度与发展维度上具有指向性，应始终与经济发展相适应，不能过快或过慢，在社会发展的整体截面中体现出同步、同速发展的规律，以此来

---

① 胡耀邦. 全面开创社会主义现代化建设的新局面：在中国共产党第十二次全国代表大会上的报告. 北京：人民出版社，1982.

② 全国人民代表大会教育科学文化卫生委员会. 教育立法座谈会. 1984.

③ 中共中央关于教育体制改革的决定. 教育部网站. http://old.moe.gov.cn/publicfiles/business/htmlfiles/moe/moe_177/200407/2482.html [2018-12-10].

④ 中国教育改革和发展纲要. 教育部网站. http://old.moe.gov.cn/publicfiles/business/htmlfiles/moe/moe_177/200407/2484.html [2018-12-10].

⑤ 温家宝在科技领导小组会讲话：百年大计教育为本.人民网. http://politics.people.com.cn/GB/1024/8618150.html[2018-12-10].

保证社会内部各群体间协调发展与运行。同时，针对经济发展规划与教育发展规范的双向入手，应在教育发展中体现全局性。这里的全局性不仅是社会宏观层面，如经济、政治、文化、社会等多方面的同步发展，也应切入教育内部，从城乡教育、地区教育等多方向入手，在教育科技、教育技术、教育理念等方面保持同步发展。在顶层设计上，这种发展并非是一种任由经济带动、处于被动地位的发展，其应伴随经济发展的趋势进行预测，并积极地针对当前经济发展水平与未来经济发展趋势制定行之有效的教育发展规划，最终体现规划的长远性与战略性，并在内涵中体现客观性与科学性的原则。

同时，教育现代化应全面、细致，并与教育整体规划相呼应，使教育改革和发展具有系统性和连续性。教育改革和发展的多项工作需要先行，可通过试点、试验，反复验证、实施。在规划主线的过程中，教育部门需要坚持几个方面：第一，要坚持面向未来、面向世界、面向现代化；第二，要坚持改革创新精神；第三，要坚持教育优先发展的战略；第四，要坚持以人为本的核心要求；第五，要坚持立足基本国情。总体的规划路线体现出其科学性内涵所在，应确保规划内部的整体系统中具有系统性与协调性，在实际操作中具有连续发展的可能。另外，其总体规划要与世界未来发展规划一致，总体上契合现代化发展步伐。同时，在发展过程中，其发展规划不是一成不变的。相反，其规划制定过程不仅需要不断更新、改革，同时应时刻体现创新精神。在这一过程中，教育优先发展的地位显得尤为重要，其并非只是局限于教育技术与教育理念的发展，根本上应以人本思想为核心，教育最终要服务于人，教育方案、教育规划、教育引导政策在制订时需时刻围绕人本中心，在服务于人的过程中完善教育政策的制定。结合 L 省教育现代化与农村教育计划的实际研究背景，我们对义务教育、农村教育、职业教育、高等教育、教学改革、办学体制、教师培养、教育保障八个方面有选择地进行了深入研究。

1. 义务教育现代化

义务教育中优质教育资源分布不均衡问题亟待解决。教育的发展需要全社会共同关注，而且需要更多的教育资金来源。所谓有教无类，就是教育公平，教育公平的问题会影响人的一生。我们在重视教育资源公平配置的同时，也要注意不同学校的办学特色。总的来看，在义务教育发展的总体规划中，教育公平的核心地位不容置疑。然而，究竟怎样的公平才是真正的公平确实是值得探讨的。公平并不意味着平庸与雷同，教育资源分配的平等并不意味着学校如同大蒸汽机时代下制造的零件一样，雷同且毫无新意与特色。教育公平本质在于每所学校、每名学生、每位教师所接收到的资源是相同的，但是发展轨迹与利用方法仍需带有学校特色。从孔子的有教无类观点的应用不难看出，今后的教育思想依旧不能忘“本”，即使义务教育的政策规划面向现代化，服务于社会主义建设，但是传统教育思想、教育理念的根基地位仍不能动摇。传统文化中，尤其是儒学中，关于教育平等方面的思想是值得肯定且继续发扬的。另外，鼓励企业家投资教育也同传统儒学中的观点极为契合。在传统儒学中，对道德的宣扬与学习极为重要。放眼当今社会，如果企业家带有道德观念、对社会怀有感恩之心、将盈利回馈于教育，就能将经济资本转化为文化资本再生产。这种生产转换在学理上可以称为从宏观上以经济发展带动文化发展，防止文化堕距。从实际运作来看，良好的道德品质与教育资源的平等分配机制均有利于和谐社会的建设，利于社会合理、稳定地运行。在国家的顶层设计中，对于义务教育的考虑并非仅是减轻贫困学生的经济压力问题。义务教育的强制性表明，接受教育是每个儿童所必须面对的，在这个过程中，家庭因素、经济因素、政治因素、社会因素都没有权力与资格去阻碍儿童接受教育。要解决农村教育资源缺乏的问题，农村教师应发挥关键作用。当前，农村教师主要面临两大难题：待遇问题与素质问题。这两个问题是相互联系和作用的。农村教师的工资、职称、住房等待遇问题在今后都应逐步得以解决。同时，应注重提高农村教师的素质，号召和引导大学生到农村去任教。农村教育的问题显然不是简单的扶贫、扶弱、国家关怀等问题。教育作为发展之基，农村教育从根本上影响了未来农村的发展水平与农民素质。所以，农村教育是提高农村发展水平、统筹城乡发展最坚实的一步。而农村的教育改革要从软件、硬件两个方面来看。现存的教师素质问题表明，农村教师团队内部难以迸发出发展活力，这种发展活力应该源于外部，也就是说，引导大学生去农村任教才是为农村教师团队注入新鲜血液的根本举措。但是，大学生支教必然涉及待遇问题，也就是涉及农村教育发展的客观问题，主要包括工作环境与工资待遇等方面。2009 年 1 月 1 日起，国家在义务教育学校实施绩效工资制度，这体现了国家对于发展农村教育的倾斜。但是，这仍无法改变农村教育水平较低、教师待遇较低的问题。解决这个问题不是简单地提高工资待遇，而在于拓宽晋升空间。我们引用韦伯的“权力—财富—声望”模式进行分析，个人层次的衡量指标在于以上三点，即使在工资待遇提高的情况下，农村教师的晋升空间依旧有限，较少有平台能给予他们展现与发挥能力的机会，发展平台更多受就业年限、运气等非个人主导因素影响，可能会令大学生对于农村教师的职位敬而远之[①]。

2. 教师培养现代化

教师是教育的关键性因素。在教育现代化过程中，我们要建设一支甘于奉献的高素质教师队伍。教育规划应将其作为一个重要内容，进行大力宣传，采取有力措施吸引最优秀的人才当教师，切实提高教师队伍素质，尤其是农村教师队伍的整体素质。我们应在全社会大力倡导尊师重教，使得尊师重教的美德蔚然成风。如此一来，教师培养就回到了一个本质问题上——怎样培养教师？从理论上讲，给予教师充分的培训、实践与自我展现机会，确保每名教师的权利与义务是相同的，这是必须保证的。但在实际的操作过程中，我们可以看到，即使在法律法规面前教师拥有相同的权利与义务，教师所面临的平台依旧是不同的，这种差距主要体现在城乡资源差距上。

长期以来，我国广大教师，特别是农村和边远贫困地区的教师，安贫乐道、默默耕耘，为祖国的教育事业无私奉献，用实际行动践行了“捧着一颗心来，不带半根草去”的崇高精神。教师的职业道德培养与个人发展意识是教师职业学习阶段所要养成的必备素质与良好习惯，但是在培训机会上，城市教师往往拥有更多的学习机会与发展空间。相比之下，部分农村教师很难以个人发展与职业晋升等来激发工作热情，他们拥有的是对教育事业的热忱及身为人民教师的工作责任感。这不仅是不公平的，并且在一定程度上也阻碍了农村教师的发展。没有平台展示，更少的就业机会，实质上难以真正提高的工资待遇，这些成为开展农村教师培训的最大困难。

3. 教育发展保障现代化

在教育发展保障现代化的进程中，国家应强调政府在教育投入上的责任，增加对教育的投入。在增加投入的同时，应重视教育投入的绩效，进一步深入研究教育资金的合理使用，提高教育资金的使用效益。在制定规划的过程中，很有多问题需要推敲、研究。只有通过全面分析、深入研究，找出问题症结，提出解决问题的方法与对策，才能使规划具有前瞻性、针对性和现实应用性，真正做到行之有效。可见，政策的发展虽然具有全面性和宏观性，但是在实际制订过程中，我们又要强调针对性与现实感，即行之有效。一方面，要避免天

① 韦伯. 经济与社会. 杭聪编译. 北京：北京出版社，2008：76-80.

马行空的美好假象，要明白政策可以具有全面性要求，但并不会总是面面俱到；另一方面，政策虽然具有宏观布局的一面，但也要强调其现实感，即政策预判与制订均要符合实际水平、满足实际需要。因此，政府对于政策的规划需要协调各方力量、听取各方声音。

教育规划的制订是一项社会系统工程，涉及面广、任务重、难度大。因此，在制订的具体过程中，必须加强组织领导，组建跨部门的工作班子。同时，应充分调动各方面的力量，建立一支有广泛代表性、能力突出的咨询专家队伍。工作班子和咨询专家的挑选要公开透明，充分体现科学性和民主性。教育是重大的民生问题，因此，在制订规划时要充分听取社会各界，尤其是校长、教师、学生和家长等的意见和建议。让全社会都参与到各类规划、重大问题的讨论和制订之中，在讨论中求得共识。在编制规划的过程中，必须统一思想、发扬民主、集思广益、凝聚共识。只有这样，制订出的规划才能获得社会各界的认可，才能具有长期性。其中，政策制订既要考虑身份差别，即校长、教师、学生、家长这四种与教育事业切实相关的群体的差别，同时也要考虑地域差别、城乡差别等多个方面。不同地区的特色教育和城乡间的具体教育差别表明，若要更好、更完善、更全面地制订教育政策，必须考虑各方声音、协调各方资源。

4. 国家教育现代化政策的深化

2010 年 7 月，我国发布《国家中长期教育改革和发展规划纲要（2010—2020 年）》，其中将“优先发展、育人为本、改革创新、促进公平、提高质量”作为工作方针，将“到 2020 年，基本实现教育现代化，基本形成学习型社会，进入人力资源强国行列”作为战略目标。可见，在新时期，国家的教育发展方向主要在于提高质量，以人为本，将教育作为国家发展的最主要任务和学生素质提高的最根本环节。在教育均衡发展方面，《国家中长期教育改革和发展规划纲要（2010—2020 年）》指出，均衡发展是义务教育的战略性任务；建立健全义务教育均衡发展保障机制；推进义务教育学校标准化建设，均衡配置教师、设备、图书、校舍等资源。此次教育均衡发展的目标在于资源均衡，以资源均衡带动教育机会和教育水平的均衡。

同时，关于教育均衡，政府提出要缩小校际差距、城乡差距与区域差距。在缩小校际差距方面，应着力解决择校问题，加快薄弱学校改造，着力提高师资水平。实行县（区）域内教师、校长交流制度。实行将优质普通高中和优质中等职业学校招生名额合理分配到区域内初中的办法。义务教育阶段不得设置重点学校和重点班。在保障适龄儿童少年就近进入公办学校就学的前提下，发展民办教育，提供选择机会，推进义务教育均衡发展。在缩小城乡差距方面，应统筹城乡发展，建立一体化义务教育发展机制，在财政拨款、学校建设、教师配置、信息资源等多方面加大农村投入力度。率先在县（区）域内实现城乡均衡发展，并逐步在更大范围内推进。在缩小区域差距方面，应对革命老区、民族地区、边疆地区、贫困地区义务教育加大转移支付力度。鼓励发达地区对欠发达地区的支援。总体看来，新时期的教育均衡发展形势主要在于以优带弱，即通过将优秀的教育资源、师资队伍向较为弱势的一方倾斜与转移，来促进教育均衡发展。其中，政府作为最主要的宏观调控者，并非仅是教育均衡的唯一推动力，公民私人办学与企业投资均是国家鼓励的均衡教育推动方式。①

2013 年 11 月，我国发布《中共中央关于全面深化改革若干重大问题的决定》，明确指出全面深化改革的总目标是完善和发展中国特色社会主义制度，推进国家治理体系和治理能力的现代化②。时隔两个月，在 2014 年全国教育工作会议上，教育部部长袁贵仁强调“深入学习贯彻十八大和十八届二中、三中全会精神，深入学习贯彻习近平总书记系列重要讲话精神”。③

2015 年，国家的教育现代化政策得到进一步深化。2015 年 8 月 26 日，国务院总理李克强主持召开国务院常务会议。会议指出，“十二五”时期，按照党中央、国务院决策部署，各方共同努力，我国教育改革发展取得显著成就，

---

① 国家中长期教育改革和发展规划纲要（2010—2020 年）.教育部网站. http://www.moe.edu.cn/srcsite/A01/s7048/201007/t20100729_171904.html[2018-12-10].

② 中共中央关于全面深化改革若干重大问题的决定.教育部网站. http://old.moe.gov.cn//publicfiles/business/htmlfiles/moe/moe_1778/201311/159502.html[2018-12-10].

③ 袁贵仁. 深化教育领域综合改革 加快推进教育治理体系和治理能力现代化——在 2014 年全国教育工作会议上的讲话. 教育部网站. http://old.moe.gov.cn/publicfiles/business/htmlfiles/moe/moe_176/201402/163736.html[2018-12-10].

“十三五”时期要继续把教育摆在优先发展的战略地位。会议通过的《国家教育事业发展“十三五”规划》确定以下内容。一是推进教育公平。推动义务教育东中西部均衡发展，尤其要提高义务教育巩固率。增加中西部、贫困地区、革命老区、民族和边疆地区教育投入。继续提高重点高校招收贫困地区学生比例。实施教育扶贫结对帮扶，实现每一所贫困地区学校都有对口支援学校。保障残疾少儿、家庭经济困难学生、随迁子女、留守儿童等特殊群体平等受教育权利。二是推进教育教学改革，促进提高学生创新和实践能力。落实学校办学自主权，鼓励有条件的普通高中实行“选课制”“走班制”。推行产教融合的职业教育模式，新增高等教育资源向新的城镇化地区、产业集聚区等延伸，探索建立适应弹性学习、学分制和主辅修制的本科教学制度，逐步建立基于平时学业和统一考试、参考综合素质评价的普通高中和高校招生录取机制。鼓励高校推进内设机构取消行政级别试点。依法保障和提高教师待遇，吸引一流人才从教。三是优化教育结构。在加强通识教育的同时，优先发展应用技术类和特色院校，新增高校招生计划主要向应用和技术技能型人才培养倾斜，加快培养现代农业、先进制造业、服务业等急需人才。四是扩大教育开放合作，鼓励社会力量和民间资本举办学校和教育机构，探索对非营利性和营利性民办学校实行差别化扶持，依法完善中外合作办学办法，提高教育国际交流合作水平。利用大数据、云计算等信息技术，推动“互联网+教育”发展，促进优质教育资源共建共享。[①]2017 年，继续沿着十三五规划的正确方向，教育工作的总体要求体现为：高举中国特色社会主义伟大旗帜，全面贯彻党的十八大和十八届三中、四中、五中、六中全会精神，以邓小平理论、“三个代表”重要思想、科学发展观为指导，深入学习贯彻习近平总书记系列重要讲话精神和治国理政新理念新思想新战略，按照“五位一体”总体布局和“四个全面”战略布局，牢固树立和贯彻落实创新、协调、绿色、开放、共享的发展理念，主动适应经济发展新常态，全面贯彻党的教育方针，坚持稳中求进工作总基调，注重内涵发

① 中共中央关于制定国民经济和社会发展第十三个五年规划的建议.教育部网站. http://www.moe.gov.cn/jyb_xxgk/moe_1777/moe_1778/201511/t20151104_217624.html[2018-12-10].

展，坚持发展抓公平、改革抓体制、安全抓责任、整体抓质量、保证抓党建，坚定不移沿着中国特色社会主义教育道路前进，加快推进教育现代化。[①]

第二节 L省教育现代化政策的具体方针

一、L省推行教育现代化政策的背景

L省作为工业大省，教育在其现代化转型过程中发挥着重要的作用，成为“科教兴国”最真实的写照。作为国家教育发展的主力军，L省的教育事业一直受到省委、省政府和全社会的高度重视，始终做到“坚持教育要面向现代化、面向世界、面向未来”“把教育摆在优先发展的战略地位，努力提高全民族的思想道德素质和科学文化水平”这两个方面。从近50年L省的教育发展来看，L省走过了一个“解放思想、深化改革、不断发展、不断提高”的道路，初步建立起一个具有中国特色的、面向21世纪的、与L省经济和社会发展相适应的规模适当、结构合理、科类齐全的教育体系。从L省教育现代化发展的背景来看，L省的教育现代化发展方向紧跟国家步伐，且一定程度上表现优异。尤其是L省作为工业大省，在社会转型过程中难免面临诸多困难，其中，教育现代化政策在提高L省人才素质、增强L省精英活力等方面作用显著。

从世情分析，世界大环境下，新一轮科技革命和产业变革蓄势待发，互联网、云计算、大数据、智能机器人、三维（3D）打印等现代技术深刻改变着人类的思维、生产、生活和学习方式，科技和人才日益成为国际竞争的焦点；面对日益严峻的资源、环境、发展、和平问题，国际社会日益强化了人类命运共同体意识，突出了教育的责任担当与使命意识。世界教育正在发生革命性变化，确保包容、公平和有质量的教育，促进全民享有终身学习机会，成为世界教育发展新

① 教育部关于印发《教育部2017年工作要点》的通知.教育部网站. http://www.moe.gov.cn/srcsite/A02/s7049/201702/t20170214_296174.html[2018-12-10].

目标。这些都在催生教育理念、功能、模式、形态、机制的深度变革。

从国情分析，我国正聚焦于“两个一百年”的奋斗目标，适应新常态，实施创新驱动战略，推进经济转型和产业升级，实施区域协同发展战略，打造新的增长极，以“一带一路”倡议为主线，全面提升我国的对外开放水平，着力鼓励创新创业，推动大众创业、万众创新等一系列战略部署，这些都进一步凸显了教育的基础性、全局性和战略性地位。

从省情分析，L 省贯彻落实新理念、“四个着力”和“三个推进”的要求，以推进供给侧结构性改革为主线，以提高发展质量和效益为中心，以振兴实体经济为重点，深入实施“四个驱动”战略，培育壮大“六个新增长点”，加快推进先进装备制造业基地、重大技术装备战略基地、国家新型原材料基地、现代农业生产基地、重要技术创新与研发基地建设，以及国家自主创新示范区和沈阳市国家全面创新改革试验区建设，对教育引领、支撑振兴发展的能力提出了新的更高要求。

从教情分析，以“双一流”建设为标志的新一轮科技、人才竞争全面展开，省域教育的竞争力、影响力、贡献力都面临重新洗牌，城镇化进程的推进、二孩政策的实施增加了教育公共服务全覆盖的不确定性，新增人口趋缓、老龄化程度提高和人才流失加剧交互作用，这些对教育促进人力资源开发的功能和效力提出了新的挑战，教育面临着夯实基础、创新模式、提高质量与促进公平等多重压力。

综上所述，L 省的教育现代化对于 L 省的发展起着至关重要的作用，是不可忽视的必然趋势。

二、L 省教育现代化政策的发展

（一）L 省教育现代化的萌芽

L 省教育现代化的萌芽始于 1977 年。1977 年 10 月，国家做出恢复高考制度的决定，自此，中断了 11 年的高考重新启动。1977 年 11 月 1 日，L 省革命委员会批转了省高等学校招生委员会《关于一九七七年高等学校、中等专业学校招生工作的补充意见》，对招生对象条件、报名考试办法等都作出了详细规定。自此，L 省打开了教育现代化的大门。

（二）L省教育现代化的推进

1986 年 3 月 17 日，在 L 省第六届人民代表大会常务委员会第二十次会议上，经委员会商议决定，会议通过了《L 省九年制义务教育条例》。该条例首先肯定了义务教育的地位及基本实践范围与相关涉事部门。为了实施《中华人民共和国义务教育法》，结合 L 省实际，全省到 1995 年基本普及九年制义务教育。各级人民政府根据本地经济、文化发展状况制订普及九年制义务教育规划，并组织实施。九年制义务教育分为初等教育和初级中等教育两个阶段。普及初级中等教育必须在普及初等教育的基础上进行。[①]可见，在政策出台背景与指导方针上，L 省对于教育现代化的践行过程是坚定且执着的，不仅在总体方针上积极肯定国家的政策意见，同时在本土化、特色化方面对自身经济、文化发展状况做了较为全面的分析且制定了意见，具体分为以下几方面。

1. 学生培养现代化

L 省这种以执行为指向的政策指导是坚定且透彻的。同时，L 省在对涉事相关部门给予要求、结合本地特色发展教育后，也对教育的主要对象——学生提出要求，这主要关乎学校教育环节。义务教育必须贯彻国家的教育方针，努力提高教育质量，使学生在品德、智力、体质等方面全面发展，为提高全省各族人民的素质，培养有理想、有道德、有文化、有纪律的社会主义建设人才奠定基础。[①]可见，L 省对于学生的教育定位是全面且高要求的，其对于学生的教育不仅定位在简单的素质教育上，更多地在于培养学生德、智、体、美、劳全面发展，同时其培养定位在于为社会主义建设服务，不仅对学生的基本课程培养具有硬性要求，同时满足国家对于“四有”公民的培养要求。

这种义务教育性培养，重点并非是义务的、免费的，而在于这一决策在政策的影响下具有强制性、法定性优势，这对于儿童教育来说既是一种监督，又是一种保障。凡年满六周岁的儿童，不分性别、民族、种族，应当入学接受义务教育。不具备条件的地区，可以推迟到七周岁入学。从现行七周岁过渡到六周岁入学，各级人民政府要积极创造条件，有计划、有步骤地施行。国家、社会、学校和家庭必须依法保障适龄儿童、少年接受义务教育的权利。[①]也就是说，只要年满六周岁的中国公民儿童，均有条件去学校进行学习，且这种学习

① 辽宁省人民代表大会常务委员会. 辽宁省九年制义务教育条例. 1986-07-01.

不应该受到经济、文化、地区以及家庭的限制，针对确实没有条件学习的儿童来说，其接受教育的过程需要各级政府、国家、社会、学校与家庭来提供保障，在国家政府的帮助下，儿童最晚七周岁入学，不存在由于外部原因而无法接受教育的儿童。同时，由于内部原因，部分弱势儿童，如残疾儿童等，政策也作了相关规定。各级人民政府要举办特殊教育学校（班），使盲、聋哑和弱智儿童、少年接受初等和初级中等教育或初级中等职业技术教育。[①]此外，考虑到部分弱势儿童的内部因素，国家根据其基本情况来举办特殊教育学校，从根本上保障了弱势儿童的教育问题，确保了教育的全面性与包容性，在传统中找到教育的价值，确保有教无类的教育理念贯彻实践环节。基于中国国情和 L 省本地少数民族较多的特色，政策提出：各级人民政府在师资、财政等方面帮助少数民族地区和少数民族学校实施九年制义务教育[①]，即少数民族儿童作为中国公民同汉族儿童同样享有接受义务教育的权利与义务。

2. 学生监管现代化

考虑到 L 省部分农村地区的教育现状，家庭环境可能导致儿童辍学，该法规对 L 省内的父母抚养儿童的义务教育权利纳入其中：父母或其他监护人有义务使其抚养或监护的适龄儿童、少年接受完义务教育。对无正当理由，经教育仍不履行此项义务者，由当地人民政府给以必要的处罚，并强制其履行义务。适龄儿童、少年因疾病等特殊原因需要延缓入学或者免于入学的，由其父母或其他监护人提出申请，经乡（镇）人民政府或街道办事处批准。[①]这是一种责任到个人的体现，每名儿童被登记在案后，需经人民政府与街道办事处的同意才能够选择延缓入学或免于入学，且仅限儿童因某些特殊情况而延缓入学。可以说，从政策引导上，L 省希望通过法律强制力与监督力来监督儿童入学，但在实际过程中，考虑到 L 省人口基数大、农村人口较多等特点，结合地区、环境等因素，在实际操作中对每名儿童的成长及入学进行监管实际上是非常困难的。

为加强监管力度，L 省主要通过正向监管与负向监管两个方面加强管理。一方面，禁止任何单位和个人招用未接受完当地规定年限义务教育的少年就业。违者由招用单位所在地的人民政府责令退回；情节严重的，可以并处罚款、责

---

① 辽宁省人民代表大会常务委员会. 辽宁省九年制义务教育条例. 1986-07-01.

令停止营业或者吊销营业执照。[①]这种较为严格的用工标准确保了学龄儿童不被雇佣，在外围帮助儿童回归校园。对于部分较为贫困的家庭来说，童工无法被雇佣意味着强制儿童辍学去打工等做法从根本上无法实施。另一方面，在正向拉力上，可以看到，政策对于学生的义务教育及贫困生的补助均可以在正向上给予学生拉力指引。国家对适龄儿童、少年接受实施义务教育，免收学费，并逐步做到免收杂费，实施步骤由当地人民政府根据财力状况决定。国家设立助学金，对家庭经济困难的学生给予补助。[①]也就是说，不仅学生接受的教育是义务的，一旦学生达到国家规定的贫困标准，那么在学杂费方面也可以获得减免。同时，国家会设立助学金，给予积极上学的贫困生一定的补助。可见，政策在制定过程中已经尽量减轻学生压力、提高上学吸引力。但是在具体的实施环节中，还是可以看到，部分学生的高额学杂费俨然不符合政策最初制定时的目的。同时，部分贫困村、贫困县由于贫困家庭较多，在贫困生审核方面门槛较高，部分规模较小的营利单位依旧存在雇佣童工的现象。总的来说，政策的实施环节需要更多的监管。

3. 校园教育环境现代化

在校园环境方面，为营造良好的教育环境，L省从人力、财力、物力等方面给予了政策支持，一切机关、团体、企事业单位和全体公民都有为小学和初级中等教育教学活动，保护儿童、少年健康成长，提供良好条件的义务，并从资金、人力、物资和精神产品等方面给予支持。任何单位和个人不得干扰学校的正常秩序，不得传播淫秽物品，不得在学生中或利用学校设施进行封建迷信活动，违者必须严肃处理。任何组织或个人不得利用宗教进行妨碍实施义务教育的活动。[①]在学校内部教学与校外环境方面，为保证义务教育质量，政府通过法规保障来确保义务教育的顺利进行。

4. 校园建设资金的现代化

另外，在校园建设资金方面，为了确保资金来源的广泛性与应用合理性，政策允许个人、社会力量资助办学。市、县（区）和乡（镇）人民政府根据国家规定，在城乡征收教育事业附加费，主要用于改善义务教育的办学条件。具体征收

---

① 辽宁省人民代表大会常务委员会. 辽宁省九年制义务教育条例. 1986-07-01.

办法由省人民政府制定。鼓励厂矿企业举办职工子弟小学和初级中学。鼓励各种社会力量和个人资助或兴办义务教育事业。[①]但是，教育事业费与资助教育发展的前提均在于由人民政府制定征收办法，当个人或团体进行义务教育资助时，必须将义务教育的政策贯彻到底，杜绝利用教育进行营利的行为。同时，L 省也为义务教育学校提供了保障、奖励办法。普及义务教育的合格标准由省教育行政部门制定。市、县（区）、乡（镇）的普及义务教育工作由上一级人民政府考核检查，合格的发给证书。对实施义务教育成绩优异、资助或兴建学校成绩突出的单位和个人给予表彰和奖励。[①] 义务教育投入者在市场准入过程中需要政府考核，且并非一种单向投入环节，政府对于较优秀的单位与个人依旧会提供表彰与奖励。对于企业家的道德作用给予肯定，加强社会范围内的道德模范作用。

（三）L 省教育现代化的深化

1. L 省教育现代化的总体成果

2015 年 4 月，《L 省教育事业发展“十二五”规划》公布，其中显示出这些年来 L 省在教育事业现代化与教育均衡发展中做出的成果。该规划首先对“十一五”规划的具体实施做了总结：义务教育实现较高水平的普及，普通高中与中等职业教育实现协调发展，高等教育实现跨越式发展，教育体制改革不断深化，对外开放取得突破性进展，与 L 省经济社会发展相适应的结构合理、科类齐全的现代国民教育体系基本形成，促进教育公平迈出了重大步伐，教育发展水平迈上了新台阶。[②]总体上，L 省的义务教育已经得到普及，同时，高等教育也得到了较大的发展，可以说，“十一五”规划中的教育预期基本得到实现：在受教育人口方面，2010 年全省受教育人口 738 万人，占全省人口 17%。15 岁以上人口人均受教育年限由 2005 年的 9.73 年提高到 10.77 年。[②] 2006 年农村开始普及 12 年教育，2007 年城市开始普及 15 年教育。在义务教育普及方面，2010 年拥有普通中、小学校 7180 所，其中小学 5523 所、初中 1657 所，在校生总规模为 345.5 万人。小学毛入学率达到 117.1%，升学率达到 99.9%；初中毛入学率达到 115.2%，升学率达到 92.4%。九年义务教育巩固率由

① 辽宁省人民代表大会常务委员会. 辽宁省九年制义务教育条例. 1986-07-01.

② 辽宁省教育事业发展“十二五”规划. 2015.

2005 年的 85%提高到 93.5%；在高中教育发展方面，2010 年，高中阶段教育学校 903 所，其中普通高中 419 所、中等职业学校 484 所；普通高中与中等职业教育的招生比例为 57∶43，在校生比例为 57∶43；高中阶段毛入学率由 2005 年的 59.9%提高到 92.6%。[①]可见，L 省的义务教育发展水平较高，尤其近些年来，义务教育普及程度大大增强，无论是学校总体数量还是人均受教育水平都较之前有显著提高。然而，学生、教师与校园在总体数量上的增加仍不能完全解决教育均衡问题。为了解决教育均衡问题，L 省提出部分保障政策，在方针上坚持公共资源向农村及 L 省西北地区、偏远地区倾斜，努力缩小教育发展城乡间、区域间的差距，促进城乡免费九年义务教育的全面普及，全面实施农村免费教科书政策等一系列措施。各级、各类学校针对家庭经济困难的学生资助政策进一步完善，农民工子女、农村留守儿童、残疾学生受教育权益得到更好保障。这表明，针对农村教育问题，其涵盖帮扶群体不仅在农村地区，更在于农村户籍。包括农民工子女、留守儿童等，均一并同残疾儿童划入需要被帮扶的对象中。公共资源的倾斜帮扶表明，L 省教育均衡政策的主要发展方向在于将资源推出去、广泛分布，而不仅仅在于将学生引过来，要求学生围绕资源集中。这种送资源的方式在保障学生利益、方便学生受教育方面具有显著性意义。L 省在普及义务教育与教育均衡方面做出了很多的努力，尤其在政策设定上，从资源帮扶与政策倾斜两方面入手，尽量达到教育普及学生、教育方便学生、教育帮助学生的目的。

L 省首先基于省情，对当前形势进行总结，指出当前教育发展的主要矛盾在于教育服务经济社会发展的能力亟须增强，在深入推进素质教育方面还存在诸多问题，城乡义务教育均衡发展任务艰巨，创新型和技能型人才培养能力相对薄弱，学前教育和继续教育有待加强，教育投入与教育发展需求的差距较为明显等问题。也就是说，在义务教育方面，主要问题在于三点：一是素质教育问题；二是城乡均衡发展问题；三是教育投入与教育发展需求差距大问题。农村地区的学生依旧难以享受到较好的资源，仅有的教育资源刚刚能够满足学生的基础应试教育需要。但在素质教育方面，无论是教育设备，还是师资力量方面，均有不足。同时，在具体的实践过程中，部分地区为了节约资源而将下发的补助资源集中在县城内部，这对于周边的村镇家庭的儿童来说，从财力与精力上都难以保证持续接受义务教育并享受教育资源，最后往往造成教育资源浪费的现象。

① 辽宁省教育事业发展“十二五”规划. 2015.

基于上述教育投入与发展需求差异大、教育资源浪费的现象，在最新的教育均衡政策规划中，主要原则是将育人为本放在首位。这也正是针对目前的问题而提出的重要原则之一。育人以学生为本，坚持德育为先，能力为重；牢固树立健康第一的指导思想，促进学生德、智、体、美全面发展；办学以教师为本，通过人才强校，促进教育教学水平的不断提高。教育终究服务于学生，不应仅仅为了资源分配方便，便以一种刻板的资源分配方式达到表面上的合理，而终究要以为学生服务为原则。因此，这种教育不仅是方便学生的，也是真正为了学生发展的。

2. L 省教育发展动力和教育公平的解读

L 省在教育发展动力上强调创新的重要性。已有的教育资源投入足以表明 L 省对于教育公平改革的决心，这种改革无法根本、全面解决问题的原因在于教育结构。应把改革作为贯穿教育工作的主线，把对外开放作为推动教育改革和发展的战略措施，继续冲破传统观念和体制的束缚，不断增强教育体系的生机与活力。[①]十三五规划提出了传统观念与体制束缚的问题。一方面，针对原有的中国传统教育观念，院校应跟随时代的步伐，培养符合时代要求的新型人才；另一方面，在教育方法上，考虑到当前教育体制的问题，在部分教师培养与学生培养、学校规划方面，必须提出改革的理念，这种改革应从教育体制根本进行改革，涉及校园设定、学生培养、教师培养等多个方面。这种结构调整的思想也是推动教育事业发展的主线，应全面调整教育的区域布局结构、人才培养层次结构、办学形式结构以及学科专业结构；进一步加强为主导产业、支柱产业提供服务与支撑的能力，实现教育与区域经济社会的协调发展和自身全面、协调、可持续发展。应设计一种三维调整模式，不能只是单纯的结构调整，还在于层次调整上。这也表明，目前教育结构的改革应该转向更加灵活、多面的方向，不仅在于对每个教育结构部分进行改革，更应该针对各个部分目前已有的状态，结合其未来预期，有层次、有重点地改革教育模式。

另外，教育公平被赋予了新的内涵，其与传统观念中单纯的城乡教育差距有所不同。这次对于教育差距之间的理解扩展至三个方面。首先，在区域范围内，应尽量缩小校园差距，名校招牌不仅违背教育公平的原则，更加容易在社会范围内掀起学区房、优秀教师补课等畸形经济发展，最终造成区域内的非良

---

① 辽宁省教育事业发展“十二五”规划. 2015.

性竞争关系。其次，在地区教育差距内，应区别其与城乡教育差距，地区差别往往指同等行政级别地域内的差距。如，L省内部的省会城市S市作为行政地区中心，往往由于占有更好的教师发展平台与教育资源，成为L省内家长的子女入学的首选对象。同时，L省内的D市，虽不是省会城市，但是由于城市内部经济水平发展较高，在教师吸引与教育资源吸引方面呈现较强竞争力，也一直被称为L省的教育发展重点地区。基于此，S市与D市在L省范围内被称为家长送子女入学的首选地区，在大量优秀学苗涌入的同时，无形中提高了S市与D市的教师吸引力与资源吸引力，二者之间不断循环，最终造成了L省地区间的教育差距。最后，虽然城乡差距问题并不完全等同于地区差距问题，但是，地区间的明显教育差距无形间加剧了城乡间的教育差距问题，最终呈现出一幅L省内教育整体发展差距大的局面。

3. 新时期L省教育现代化的具体举措

在具体举措上，结合“十一五”规划已取得的成就，在对当前教育发展的主要矛盾与基本原则进行充分解读的基础上，“十二五”规划的基础教育改革措施主要集中在学前教育、均衡教育、德育教育、信息化教育四个方面。

（1）L省学前教育的现代化

在学前教育上，L省倡导大力发展公办幼儿园，要求提供“广覆盖、保基本”的学前教育公共服务。同时，公办幼儿园要求政府主导，合理布局，加大投入，突出公办幼儿园的公益性和普惠性，新建、改建、扩建一批安全、适用的幼儿园。在幼儿园资源短缺的地区和城镇新建小区，新建、扩建一批幼儿园。利用中小学布局调整后的空余校舍，改扩建一批幼儿园。作为公共教育资源，城镇小区的配套幼儿园由当地政府统筹安排，将其创办为公办幼儿园或委托办成普惠性民办幼儿园。鼓励优质公办幼儿园创办分园连锁发展。可见，公办幼儿园的建立重点并非营利，而在于公平。利用中小学布局调整后的空余校舍建立幼儿园，不仅可以节省部分建筑成本，已有校园的地理位置必然已符合附近儿童的就学需要，因此，新建幼儿园在一定程度上降低了选址的困难，其周围已有固定的学龄儿童群体。在政府的统筹下安排连锁幼儿园，一定程度上可以降低幼儿园之间的地区差异问题，连锁性保证幼儿园在办学理念、宗旨、水平上的一致性，保证各地幼儿园的教育水平一致。

不容忽视的是，当前幼儿园建设重点在于农村，其目标在于建立“以县

（市）为主、县乡（镇）共管”的农村学前教育管理体制，逐步完善县、乡、村三级学前教育网络。实施农村乡镇中心幼儿园建设工程，将闲置资源加以利用，每年新建和改扩建 200 所左右公办的标准化乡镇中心幼儿园。这种新型的三级学前教育网络一定程度上扩大了农村九年义务教育的维度，确保政府走出帮助农村儿童教育的第一步。

同时，在考虑建立连锁幼儿园的同时，鼓励建立民办幼儿园，但其要符合政策要求。在鼓励民办幼儿园发展的过程中，坚持政府主导、社会参与、公办民办并举的原则，鼓励通过保证合理用地、减免税费等方式，扶持发展面向大众、收费较低的民办幼儿园。同时，采取政府购买服务、减免租金、以税代补、派驻公办教师等方式，引导、扶持其为社会大众提供普惠性服务。鼓励吸引国内外优质教育资源创办统一标准、协同管理，在办园思想、管理经验以及教育教学等方面资源共享的连锁幼儿园。可见，在扶持民办幼儿园方面，政府的采买政策要求、用地要求等加强了对民办幼儿园的管理，通过政策限制与国家帮扶的方式，尽量避免幼儿园的过度营利，同时又通过国家补助的方式来鼓励民办幼儿园的建立。民办幼儿园的建立往往是企业家与政府联合创办的，尤其是农村幼儿园，更多地体现其公益性，往往更需要发扬企业家的社会责任。但是，这并不意味着民办幼儿园的建立没有准入门槛。规划要求严格执行幼儿园准入制度和年检制度；制定不同类型幼儿园办园标准，建立健全安全管理和安全责任制度；合理制定并严格执行幼儿园收费标准，坚决查处乱收费；建立幼儿园保教质量评估监管体系；大力推进幼儿园标准化建设。也就是说，在政策方面，通过准入制度、年检制度要求民办幼儿园不仅要符合国家标准，更要服从国家安排，在收费、招生等方面进行严格要求。同时，在评估监管体系上，要求监管体系服从标准化建设的要求，避免“贵族幼儿园”这种违背教育公平原则的标签产生。

（2）L 省均衡教育的现代化

在均衡教育上，L 省主要从布局调整、课程改革与保障机制三个方面入手。在学校布局调整上，L 省推进农村义务教育学校布局调整。要求做到分区规划、分步实施、因地制宜地推进农村初中学校进县城办学，完善进县城就读的农村困难家庭初中学生生活费和交通费补助政策。对农村初中学校进县城办学后产生的闲置校舍等资源，用于本乡镇的农村小学集中办学；改造部分校舍创办农村乡镇中心幼儿园。这正体现了改革原则中的层次化改革要求，总的来说，针对不同地区应用不同的帮扶政策，针对不同家庭环境的学生应用有等级差别的补助政策。

在课程改革上，推行启发式、探究式、参与式教学，帮助学生学会学习、享受学习，培养其实践能力和创新精神。建立与义务教育课程改革相适应的评价制度，大力开展学生阳光体育运动，确保学生每天锻炼一小时。开展学校公共卫生教育，培养学生良好的生活习惯。大力倡导艺术教育，增强学生审美的体验与能力。加强推行国家通用语言文字教学，注重学生语言文字实用能力的培养和提高。参与式教学近年来备受城市校园的推崇，作为试验教学方式已推进了很长时间，且收效明显。但是考虑到农村地区的教育资源、师资储备等因素改革一直未得以开展。新课程改革不仅要求农村教师利用这种方式进行教学，同时在教学科目上，考虑到学生的身体素质、艺术教育等方面，通过基础科目教育与特长科目教育的同步改革，在帮助在校儿童接受基础教育的同时，能够强化其身体素质、提高其动手能力、发展其创新性思维、发掘其个人特长并对其进行特长教育等。

在均衡教育保障方面，《L省教育事业发展“十二五”规划》提出，均衡教育要具备完善的保障机制。尤其是在政府资源调配方面，应加强城乡义务教育学校标准化建设，由县（市、区）教育行政部门统一掌握和调配区域内教育资源，实现区域内学校校舍、设备、校长和教师配置均等化，使区域内中、小学生基本享有同等的学习生活条件。制定城乡统一的义务教育生均公用经费标准。扎实推进义务教育均衡发展示范县（市、区）建设工作。无论是在资源调配、教师配置方面，还是在学生补助方面，均衡教育的根本发起者与保障者均是政府，政府通过宏观调配的方式将资源分配到各区、各校，再由各区、各校分配至个人。尤其在农民工子女受教育方面，必须落实做好进城务工人员子女接受义务教育工作的具体措施，切实做到由流入地政府负责安排到公办中小学校就读，取消与入学挂钩的一切费用，享受农村学生的免教科书费及城市学生的中考指标到校政策。这正体现了育人为本的原则，农村教育帮扶政策涵盖范围不在于地域，而在于户籍。农村学生在学校过程中接受的资源处于较为薄弱状态，同时考虑到城市内教育成本偏高的问题，因此，农民工子女同农村学生一样，不仅享受免教科书费的政策，同时与城市学生一样享有中考指标到校的政策。

（3）L省德育教育的现代化

在德育教育上，“十二五”规划强调中华传统与革命文化教育的重要性。坚持把社会主义核心价值体系和德育教育融入教育全过程，增强德育工作的针对性、实效性、吸引力和感染力，培养学生具有符合中国特色社会主义建设要求的理想信念、公民素质和健全人格。完善学校、家庭、社会合力育人机制，构建“三位一体”的未成年人思想道德教育体系。可见，在德育教育上，其教育重点已经从课本转向实践，对培养学生的素质、信念以及人格有了更多的要求。同时，《L省教育事业发展“十二五”规划》在细则中指出，德育教育的重点应同时贯彻进城乡教育，其目的在于培养高素质人才，从整体上做到教育均衡发展。

（4）L省信息化教育的现代化

在信息化教育方面，应进一步完善农村中小学教育教学现代远程教育体系，改善农村中小学互通互联环境和计算机等设备配备薄弱的状况，缩小城乡数字化差距。关于信息化设备配备方面，信息化教育工程的重点依旧在农村地区。为农村中小学班级配备多媒体远程教学设备，提高中小学每百名学生拥有计算机台数。加强数字化校园建设，建设省级信息化公共服务平台、义务教育资源平台和资源库，实现优质教育资源共享。不断提升中小学教师教育技术能力，切实提高其应用信息技术水平。考虑到农村经济水平、科技水平及教师素质等原因，信息化教育总体上仍需要政府帮扶。同时，信息化教育并不单纯的指教育设备的信息化。为了保证教师培训方案的顺利进行，建立教师人才库，保证整体教师队伍的实时监控与动态调动，信息化教育建设应该具有更大的应用范围。

第三节　L省现代化教育政策下的学校改革

一、L省九年义务教育政策的实行

1986年7月1日，L省开始实行九年义务教育政策。其中针对农村教育政策明确指出：义务教育事业，由各级人民政府负责，实行分级管理。农村实行县、乡、村三级办学，县、乡两级管理的领导体制。城区小学和初级中学的领导体制，由各市人民政府自行确定。小学、初级中学的设置要统一规划，合理布局，保证儿童、少年就近入学。学校的开办、合办或停办，由县级以上教育行政部门审核，或同级人民政府批准。①也就是说，学校的开办、合办与停办均需要通过人民政府审核，符合相应指标后才能实施。同时，从政策引导上来看，虽然各市人民政府具有自行确定校址的权力，但最终应确保其符合统一规划、合理布局、就近入学等原则。这充分表明，政府在政策设计之初就考虑到了合并办校对于学生上课的影响，因此，在具体实施过程中，应始终以保证学生的权力与安全为根本准则。但就目前来看，在已有的校址分配中，部分农村地区为方便教学，已经将九年一贯制学校移入县城当中，这对于偏远地区的学生来说上学十分不便，同时伴随着偏远地区自身的局限性，这往往会造成农村学生上学难的问题。

另外，已有政策中对校舍的规定也有一定标准，城市和农村建设发展规划必须包括相应的义务教育设施。市区和县镇新建住宅区，必须同时配建或扩建小学和初级中学，所需投资由当地人民政府从城镇建设和住宅建设投资中筹措。农村小学和初级中学校舍建设投资，以乡（镇）、村自筹为主。对经济有困难的乡（镇），上级人民政府酌情予以补助。①在政策的制定上，其最初的目的是为农村学生提供良好的教学环境，确保每一个学生都有学上。可实际上，考虑到农村地区交通、通信、信息掌握等方面问题，农村地区的学生难以接触并享受这种辅助性政策。同时，虽然政策中具有资金补助性条件，但是对于村内经济状况评定、审核与资金发放等方面的问题均具有延时性、复杂性等特点。最终，在实际操作中，为方便办学、便于学生管理与学生贫困资格审核，农村地区往往将学校迁入县城内，实行九年一贯制教学。但给家庭住址偏远、没有交通工具、没有家长陪同上学的儿童造成上学压力。显然，这与学校最初建立时要方便儿童入学的初衷相悖。

二、L省对教育公平的改革

2008 年，教育公平成为 L 省政协全体会议的主要议题，委员们对教育公平进行了深入的讨论，最终得出教育公平问题需要“上下联动、合力助推”的结论。2010 年初，L 省政协十届三次会议确立了全省各级政府把建设农村九年一贯

---

① 辽宁省九年制义务教育条例. 1986.

制学校当作推进城乡义务教育均衡发展的一个重要举措来抓，采取行之有效的措施，大力推进农村九年一贯制学校的建设，促进农村义务教育的均衡发展，让广大农村群众共享教育改革发展的成果的方针。[①]在 L 省省会 S 市政协十三届三次会议上，委员建议多渠道筹措资金，确保农村九年一贯制学校的建设，尽快改善其办学条件；采取各种有效措施，建立骨干教师巡回授课、紧缺专业教师流动教学、城镇教师到农村学校任教服务期等几项制度，实现优质教学资源的共享。[②]教育公平的问题显然需要更多的思考与探索。L 省在总体方向上将教育公平问题推广至校园合并当中，通过九年一贯制的学校特色来促进整体上共享教育改革成果的实现，在农村范围内实现以县为单位的教育辐射点，这一建议总体上获得了 L 省政府的重视与采纳。因此，其主要的推广路线为政府主导，先县域，后市域，再为全省各地区之间、城乡之间的均衡发展创造必要条件。L 省加大总投入，保证了农村九年一贯制学校建设按计划实施，并实施了县以下农村中小学一校一名师范类本科生计划，公开招聘大量师范类毕业生到农村中小学工作；推动了农村九年一贯制学校建设，促进了义务教育学校之间教师资源的相对均衡。[①]此外，在农村学校建设方面，L 省实现了每个乡（镇）一所农村九年一贯制学校的总体目标，百万余名农村中小学生受益。L 省农村义务教育取得了重大发展，不仅总体上满足了农村义务教育发展的需求，同时在物质建设、政策引导等方面，也表现出 L 省对于教育公平投入的坚定性与决心。

三、L 省对薄弱学校的建设与改革

2011 年 2 月 25 日，L 省教育厅、L 省住房和城乡建设厅、L 省发展和改革委员会联合发布《关于印发基础教育强县建设配套标准的通知》，对关于九年一贯制教学的校园建设等方面的问题做出规定。要求中小学校布局调整合理，符合就近入学、相对集中和优化资源配置的原则。农村县区完成农村九年一贯制学校建设任务，城区消除薄弱学校。义务教育阶段，每一所学校办学条件均

---

① 王莹. 辽宁省全力推进义务教育均衡发展促进教育公平.中国政府网. http://www.gov.cn/jrzg/2010-11/04/content_1738314.htm[2018-11-02].

② 辽宁省沈阳市政协十三届三次会议决议. 2010.

达到《L 省义务教育学校办学标准》。民族学校要达到《L 省民族学校办学标准》，特殊教育学校达到《L 省特殊教育学校办学标准》。除了对学校基础建设的要求外，消除薄弱学校成为 L 省的办学亮点，并且同时成为未来 L 省在郊县范围内大批量建设九年一贯制学校建立的政策背景与法规支持。

2015 年 2 月，L 省教育厅发布《L 省 2014 年全面改善农村义务教育薄弱学校工作推进情况的报告》，该报告所展示的工作成果正是对 11 年 L 省工作指导的实践反馈。在资金方面确定了资金需求及分担机制。按照《教育部 国家发展改革委 财政部关于全面改善贫困地区义务教育薄弱学校基本办学条件的意见》及相关通知要求，省财政厅以校舍（含教学以内的 11 项内容）为核心，对纳入省以上资金支持范围的 40 个县（市）义务教育学校基本办学条件进行了摸底调查工作。根据初次上报的数据，省教育厅、财政厅组织人员分成四组，重点针对 10 个县上报的数据，有目的地抽取部分学校开展实际核查，并对数据调查填报存在的问题予以现场纠正。根据对上述县实际填报中存在的问题，重新组织全省 40 个县填报全面改薄资金需求。经过两轮核查后，根据财力情况，为确保完成改薄任务，省财政厅与教育厅研究确认需求为 46.9 亿元。在财政金额上，近 50 亿元补助资金显然是一个比较大额的资金支持。同时，在实际操作过程中，根据报告中的优化资源配置原则，在具体的金额分配过程中也具备着比例性优势。L 省将县城分为 4 类，其中西北 11 县为第一类，省、市、县承担比例为 8∶1∶1；省直管县为第二类，省、县承担比例为 9∶1；中等县城为第三类，省、市、县比例为 7∶2∶1；小县城为第四类，省、市、县比例为 6∶3∶1。这种分类是根据当地经济、政治、文化发展水平、人口数量与学龄儿童数量的比例而定的。①

另外，2014 年，L 省发布《关于编制全面改善农村地区义务教育薄弱学校基本办学条件项目规划（2014—2018 年）的通知》，其中，针对“全面改薄”项目有了更多的政策性指导。针对规划，L 省组织了全省“全面改薄”项目政策解读暨管理软件操作培训会议，详细讲解“全面改薄”工作的下一步工作重点和实施原则、规划目标与内容，要求各项目县将前期核实确定的资金需求逐个分解落实到具体学校，分解到具体项目上。各项目市、县严格按照文件要求，

① 辽宁省全面改善农村义务教育薄弱学校基本办学条件项目规划（2014—2018 年）. 2016-10-07.

认真遴选项目学校，截止到 2017 年，全省 40 个项目县已初步上报完成既定的项目规划，涉及项目学校 3044 所，总资金需求为 46.9 亿元，其中，校园校舍建设资金 31.3 亿元，设施设备购置资金 15.6 亿元。在校舍与设备的配比中，L 省对于“全面改薄”的举措重点在于建校，即通过建校来积聚学生，在积聚点上增强设备，提高学校实力，实现改薄举措。L 省的改薄活动是一种更为彻底的改薄行动，是一种全面改薄。这种改薄将原有分散的薄弱点拆除，新建较强的教育点，并将教育资源投入，一定程度上是一种积聚资源的举措，但是在具体过程中，这一彻底性改革是否具有成效仍需具体数据的支持。①

L 省在这次改薄行动中主要采取了三点举措。第一，在资金权限方面，L 省下放资金管理权限，增强县级管理自主性。严格贯彻义务教育阶段“以县为主”的管理体制，充分发挥地方的主动性，由各项目县按照“补足短板，兜住底线”的原则，对照基本办学标准和学校的实际需要，按照轻重缓急，合理安排年度项目学校，以便切实利用好上述资金，逐步改善本地区的办学条件。在教育资源分类上，其基本核心单位是县城，各地区内的教育资源核心均集中在县城周围，而且对于资金应用情况也并非是国家统一标准的，各县城可以运用自身的情况充分发挥主动性原则。同时，针对“补足短板、兜住底线”的原则，本次改薄行动的核心在于去薄，即提高短板、补足不齐，并非建立新型全面的校园。可以说，从某种程度上看，L 省在改薄过程中大批的合并资源、去旧校、建新校的行为似乎重点更在于拔高，而并非改薄。

第二，在监督方面，L 省要求改薄过程中指导与监督都要及时跟进。要指导各项目县及各部门、各学校在认真调研、分析论证基础上，按照实事求是、标准不降、硬件从实、软件从严的原则，认真填报相对薄弱学校基本信息，认真梳理薄弱学校存在问题，确定工作重点，制订阶段性工作计划，明确任务，细化措施；届时将按照因素法把下达的资金分解落实到项目并对不合理的任务坚决予以调整；严禁将财政资金过度集中投向少数学校，扩大教育差距。严禁举债建设义务教育学校和改善义务教育办学条件。省财政厅和教育厅对项目库中项目，采取“销号”方式管理，完成一所，注销一所，确保薄弱学校改造工作

---

① 辽宁省教育厅 辽宁省发展改革委 辽宁省财政厅关于制定全面改善贫困地区义务教育薄弱学校基本办学条件 实施方案的通知. 2016-12-14.

按时、高效、圆满完成。销号的管理方式可以说恰好符合 L 省销小号、建大号的工作举措。但在实际进行的过程中，L 省这种销号方式虽然可以达到地区间的平衡，但在县级单位下更小的单位内，其学生受制于经济、通信与交通等方面的因素，极其容易在销号的过程中被排除在教育环节之外，也就是说，高集中度的教育资源可能无法满足分散学生的学习需要。

第三，在考核方面，L 省主要采取一种绩效优先的考核方式。也就是说，L 省需要进一步加强监督管理全面改造薄弱学校工作，在按照国家要求实施双月报制度、季度调度会和半年总结的基础上，对县项目建设情况进行绩效检查，根据其项目执行情况，研究安排下一年项目资金，将资金使用管理和资金使用效果统筹在一起，切实提高资金使用效益，确保专款专用，依法合规。同时，充分发挥各级政府的教育督导作用，会同教育、财政、发展与改革委员会等部门定期对改薄任务进度进行专项督查，为确保完成年度薄弱学校改造任务奠定坚实的思想基础、组织保证和行动指南。按照正常的政策执行环节来看，考评环节是监督环节中不可缺失的一环，L 省的考评环节主要沿用国家方法，从总体来看，其亮点在于部门配合检查，这不仅符合权责分明的要求，也便于政府在整体上时刻监督整体资金流向。

总的来说，L 省教育去薄工作获得了阶段性胜利，L 省总体上采取目标管理和项目管理相结合的方式，按照国家要求督促各市县按照“实用、够用、安全、节俭”的要求将专项资金落实到项目，报省教育厅和省财政厅后，由省将项目批复到各市县后开展执行，以便全面掌握各项目的资金安排情况和整体完成情况。在最终的成果体现上，L 省原计划在全面改善农村义务教育薄弱学校专项资金下达后的短期内，由各市县上报具体项目资金落实情况。但由于教育部重新调整了“全面改薄”的任务分工和开展新一轮的规划编报工作，因此，L 省不得不暂时停止了全面改善农村义务教育薄弱学校专项资金申报审核工作，避免全面改善农村义务教育薄弱学校的实施项目与最终全面改善农村义务教育薄弱学校项目规划之间出现纰漏。这种短暂性暂停一定程度上影响了 L 省的工作进度，最终的工作完成时间晚于细则与决策要求。但总体来看，由于国家政策导向的调整，L 省的改变也是在所难免，且一定程度上避免了走弯路。

第四节 L 省现代化教育下的教师培养与发展

一、L 省现代化教育下的教师培养政策

（一）20 世纪 L 省现代化教育下的教师培养政策

1986 年 3 月 17 日，L 省第六届人民代表大会常务委员会第二十次会议对教师养成作出了初步的指导性意见。首先，在教师资格审核上，规定“小学、初级中学教师应具有高尚的思想品德，热爱教育事业，爱护学生，教书育人，严禁辱骂、体罚或变相体罚学生。教师须具备胜任工作的业务能力。限期分别达到具有中等师范、高等师范专科学校毕业的文化程度或同等学历。建立教师资格考核制度，对合格教师颁发资格证书”[①]，这既是对教师技能的要求，也是对教师素质与业务能力的考核。教师资格证的颁发恰恰就是为了满足国家这一政策性需要。教师作为一种职业技能性人才，在具备职业光环的同时，应该拥有更多的育人精神与为民情怀。

在教师待遇方面，L 省要求各级人民政府采取有效措施，提高小学和初级中学教师的社会地位，改善教师的物质待遇。城镇统建住宅要按比例分给小学和初级中学教师。各级人民政府增拨专款修建教职工住宅。农村教师修建住宅，优先提供房基地和建筑材料。民办教师实行工资制。民办教师的工资应逐步做到不低于当地同类公办教师的工资水平，其报酬除国家补助部分外，由乡（镇）或县（区）人民政府统筹解决。不得拖欠民办教师工资。农村教师不承担义务工。农村非农业户教师子女就业要优先安排。鼓励教师终身从事教育事业。对从事教学工作三十年以上者，由省人民政府颁发荣誉证书。鼓励教师从事农村教育工作。对由市区、县城定期去支援农村工作的教师，保留其城镇户

---

① 辽宁省人民代表大会常务委员会公报. 2010.

口，并由当地人民政府给予一定的生活补贴。[①]

工资待遇问题就是教师的生存问题，尤其对于教师来说，为确保其将精力全部放在工作上，更要解决其物质上的后顾之忧。为农村教师修建住宅解决了大部分农村教师居住条件差的问题。对于民办教师实行工资制，同时其工资标准也表明 L 省对于提高农村教师薪资水平的决心。而鼓励教师终身从教并颁发证书也是对于教师职业的肯定。为增添农村教师活力，鼓励市区教师支援农村，实施提供补贴、保留城镇户口等措施，这在总体上增加了农村教师职业的职业吸引力。为增加农村教师的工作认可感，在务工、子女就业等方面均有一定优惠政策。虽然从当前的政策环境与发展来看，子女工作安排等问题已难以实现，但是1986年的政策表现出对于农村教师的肯定与扶持。

在教师地位方面，为了提高教师的工作使命感与责任感，L省指出，“全社会要尊重教师。教师的合法权益受法律保护。对侵犯教师人身权利者，必须严肃处理，触犯刑律者，要依法惩处”。[①]通过国家的保护，维护教师的职业地位与权益早已不再是简单的社会公德，而是上升到法律层面，这也在政策中体现了社会主流价值观希望尊师重教的想法。

在教师准入方面，L省一直致力于加强和发展师范教育，办好师范院校和教师进修院校，并采取措施提高师范教育的质量和小学、初级中学教师的政治和业务素质，保证师资的来源和质量。中等师范、高等师范专科学校要扩大面向农村定向招生的比例，确保满足农村实施义务教育的需要。师范院校毕业生必须按照规定从事学校教育工作。中等师范、高等师范专科学校毕业生由市、县（区）教育行政部门统一分配，必须分别到小学、初级中学任教，不得截留或改变流向。小学和初级中学教师由县级以上教育行政部门管理。未经主管部门批准，任何机关和单位不得抽调合格教师改做其他工作。违者，要追究有关领导的责任。小学、初级中学领导干部须德才兼备，有领导和管理学校的能力，应分别达到具有中等师范、高等师范专科学校毕业的文化程度或同等学历。农村的初级中学和乡（镇）中心小学校长，由县教育行政部门考核并征求乡（镇）人民政府意见后任免。[①]

这种准入政策主要集中于两个重点：一是资格认定；二是能力认定。其中，对于教师的职业认定，一方面需要专业技能培训，另一方面需要根据国家法律规定进入校园。也就是说，师范生就业需要国家引导，而教师职业选择也需要符合

---

① 辽宁省人民代表大会常务委员会公报. 2010.

国家规定。同时，在教师与校园管理层面，校园内部管理者必须经由考核，能力优先，其工作认定与责任认定均需通过国家认可，一方面要通过国家筛选有用人才的标准；另一方面通过国家门槛，整体上提高校园管理人员的素质与能力。

（二）新时期L省现代化教育下的教师培养政策

2015年10月19日，L省人民政府办公厅发布了《L省乡村教师支持计划实施方案（2015—2020年）》，这将在一段时间内保证对L省农村教师的支持。其方案设定源于《国务院办公厅关于印发乡村教师支持计划（2015—2020年）的通知》。根本目的是加强农村教师队伍建设，缩小城乡师资水平差距，使农村孩子能够接受平等的教育。值得关注的是，本次方案特别指出，农村教师仅为农村地区的在编在岗教师。

从新时期政策的指导思想上看，L省的方案主要为了全面贯彻党的教育方针，从战略高度认识教师工作的重要性，重点解决影响当前农村教师队伍建设的突出问题。稳定农村教师队伍，吸引优秀人才在我省农村学校长期从教、终身从教，从而带动和促进农村教师队伍整体水平提高，促进教育公平、推动城乡一体化建设、推进社会主义新农村建设，努力为L省全面振兴做出新贡献。也就是说，L省设定本次方案主要在于突出教师尤其是农村教师的工作作用，吸引优秀人才进入农村教师队伍，增加农村教师队伍的体量与人才素质，增强其内部活力，推动城乡一体化建设，城乡协调发展。

从工作目标来看，L省主要是为了储蓄与培养人才，重点解决省内农村教师职业吸引力不强、师资补充渠道不畅、优质资源配置不足、结构不尽合理、整体素质不高等突出问题，努力拓宽农村学校优质教师来源渠道，完善农村教师资源配置，提升教师队伍教育教学能力水平，依法保障好教师各方面合理待遇，增强农村教师职业吸引力，逐步形成农村教师队伍下得去、留得住、教得好的局面。到2020年，努力打造一支结构合理、素质优良、甘于奉献、扎根农村的教师队伍，为基本实现教育现代化提供强有力的师资保障。也就是说，本次方案的设定并非只是为了解决L省的农村教师不足、质量不高等问题，其总体上是为了提高师资资源配置问题，最终目的在于促进教育现代化建设。因此，当前L省在教师能力、素质、工作热情与内部活力方面均需要提升，在市场调配的基础上，通过各级政府的宏观调合力来推动教育事业的发展。

从L省农村教师支持计划的基本原则来看，主要注重四点：师德为先，以德化人；规模适当，结构合理；提升质量，提高待遇；改革机制，激发活力。首先，在师德方面，依旧是教师的基础行业技能与行业素质要求。其次，在结构布局上，不仅表现在教师规模上，更在于资源分配上，尤其是在财力、物力与政策倾斜方向上，农村教师地区内部的教师结构明显不合理，因此，首要任务在于优化教师队伍结构。最后，教师待遇方面的基本原则，这是吸引教师进入农村的主要动力。按照“立足省情，聚焦农村教师队伍建设最关键领域、最紧迫任务，打出组合拳，多措并举，定向施策，精准发力，标本兼治，提升专业素质，提高地位待遇，不断改善农村教师的工作和生活条件”[①]的要求，重点依旧在于基于省情，从多方面，尤其是待遇、工作条件与生活条件三方面入手，提高教师的素质。农村由于交通、经济、通信等方面的因素，必须保证教师在农村内的生活条件，因此，可以给予农村教师适当的经济补偿。最后，在改革的动力机制上，其基本立足点必须在于保证改革信息不放松，创新突破农村原有的机制障碍问题。引进新教师是打破原有机制最有效的手段之一，可以在一定程度上提高职业吸引力，如越下基层、越是艰苦，地位待遇越高等。同时，也应伴有教师自身职业的责任感与荣誉感，这才能让教师事业成为一种真正的育人事业，而不是营利职业。

在具体措施上，L省实行“农村义务教育阶段学校教师特设岗位计划”，即特岗计划。实际上，特岗计划虽然早已萌芽，却始终增长缓慢。逐步扩大特岗计划，才能从根本上扩大农村教师数量。“省教育厅会同有关部门，逐步扩大‘特岗计划’实施规模，提高村小学、教学点特岗教师招聘比例，加大音体美等学科‘特岗计划’教师的招聘力度。”[②]也就是说，特岗计划并非只是单纯地提升农村学生的考试成绩等针对应试开展的培养计划，而在于对于学生德、智、体、美、劳以及兴趣特长等方面的培养。对于特岗教师来说，他们往往需要城市教师支援农村。因此，在奖励措施上，“特岗教师享受学费补偿和国家助学贷款代偿政策，特岗教师服务期满两年，其所申领的国家助学贷款本金和利息由政府代为偿还；服务期满四年，无国家助学贷款的特岗教师其学费由政府一次性返还。纳入‘特岗计划’的毕业生取消见习期，提前定职定级。教师总体超编的地区可待编安置特岗教师。按照有关规定做好各市、县（市、区）要切实保障特岗教师的待遇及工作生活条件，鼓励和吸引高校毕业生到农村任

① 辽宁省乡村教师支持计划实施方案（2015—2020年）. 2015.

② 辽宁省农村义务教育阶段学校教师特设岗位计划实施方案（2016—2020）. 2016.

教”。[①]这就说明，特岗教师的待遇问题紧紧地与深入基层程度、时限相挂钩，越是深入，待遇就越高。这种待遇并不只是在工资方面，更在于教师定职定级、个人荣誉感等方面。

在积极引入教师的同时，L省的农村教师支援计划同时也涵盖了教师本土化培养的问题。本土化培养的方式多种多样，主要在于由省内师范院校定向培养“一专多能”的农村教师。鼓励有志青年投身农村教育事业，力争使农村教师资源配置得到改善，教学能力水平得到稳步提升。农村教育发展的本土化培养依旧需要以注入新鲜血液为前提，在内生动力方面注入新的血液。这样才能以点带面，带动整体发展。针对城镇优秀教师，要积极鼓励其向农村学校流动。主要通过县管校聘的方式，“推动校长教师交流轮岗深入开展，重点引导优秀校长和骨干教师向农村学校流动，县域内重点推动县城学校教师到农村学校交流轮岗，乡镇范围内重点推动中心学校教师到村小学、教学点交流轮岗。县级教育行政部门在核定的岗位总量内，根据城镇教师到农村学校任教的实际需要，及时调整农村学校岗位设置方案，预留部分中、高级岗位专项用于聘任到农村学校、薄弱学校交流轮岗的教师，交流轮岗年限由各市、县（市、区）政府研究确定。在特级教师、县级及以上名师、学科带头人、骨干教师的评选工作中，要将在农村学校和薄弱学校工作经历作为重要的评选标准之一”。[②]

L省在将农村教师待遇的提高作为吸引城市教师支援农村的同时，也将农村支援经历作为城市教师考评的主要标准。这对于城市教师来说也是推动其支援农村的动力，而轮岗制度的建立也表明，农村学校可以经常注入新鲜血液，而城镇教师又可以不脱离自身土壤。对于城市教师来说，很多人不愿支援农村教育的主要原因在于不想离开已有的生活环境与家庭环境，那么轮岗制度就很容易解决这类顾虑。轮岗制度类似于送教下乡，鼓励优秀教师到农村支教。各市、县（市、区）优质学校定点帮扶本区域内一所或多所农村学校，省、市教学名师工作室组成成员要有农村教师代表。通过一系列措施的开展，切实提高农村教师的能力素质。同时，鼓励城镇退休的特级、高级教师到农村学校支教讲学。鼓励城镇退休教师下乡就是一种人力资源再利用的方式，一方面可以提高农村教育水平；另一方面也能利用老一辈教育者的教育热情来感染农村教育工作者们。

---

① 辽宁省农村义务教育阶段学校教师特设岗位计划实施方案（2016—2020）. 2016.

② 辽宁省乡村教师支持计划实施方案（2015—2020年）. 2015.

实际上，农村教师待遇改革的核心在于保障和提高农村教师的合理待遇，增强农村教师职业吸引力，促使农村教师长期从教。在待遇方面，政策文本也指出，各市、县（市、区）要依法依规落实农村教师工资待遇，依法为教师缴纳住房公积金和各项社会保险，保障农村教师平均工资水平不低于当地公务员并逐步提高。实施农村教师生活补助政策，依据学校艰苦边远程度实行差别化的补助政策，确定对农村教师尤其是老少边穷岛地区教师的补助标准并组织发放。省财政厅将各地农村教师生活补助政策落实情况纳入教育综合奖补政策。加快实施边远艰苦地区农村学校教师周转宿舍建设，按规定将符合条件的农村教师住房纳入当地住房保障范围，统筹加以解决。在现行制度架构内，做好农村教师重大疾病救助工作。[①]这意味着L省农村教师的基本待遇等同于L省公务员待遇。与此同时，其差别化补助、奖项政策等问题会让其待遇实际上高于当地公务员待遇。

在编制方面，农村教师具有统一的教职工编制标准。对于村小学、教学点编制，按照生师比和班师比相结合的方式核定。各级编制部门在编制核定和管理工作中要向农村学校尤其是边远艰苦地区农村学校倾斜。县级教育部门在中小学编制总量内，针对不同阶段学生规模变化、学校布局结构调整情况，按总量控制、结构调整、增减相抵的原则，统筹使用本地区教职工编制，并报同级机构编制部门备案。通过调剂编制、加强人员配备等方式进一步向人口稀少的教学点、村小学倾斜，重点解决教师全覆盖问题，保证开足、开齐国家规定课程。严禁教师缺员学校“有编不补”、长期使用临时聘用人员，严禁以任何形式挤占、挪用和截留农村中小学教职工编制。[①]这也就是说，教师编制将以人为单位，并非以学校为单位。总体在目标上达到有需要教师的地方就有教师，有教师的地方就有编制，在政策上为每一位教师提供编制，确保其福利待遇与评职评级的进行。因此，要通过备案与审核的方式来严格确保编制人员的档案，保证每一个在编人员都劳有所得。

在评职评级环节中，农村教师也具有一定的政策优势。在岗位结构比例设置上向农村学校倾斜。农村教师评聘专业技术职务不做外语成绩（外语教师除外）、发表论文的刚性要求，坚持育人为本、德育为先，注重师德素养，注重教育教学工作业绩，注重教育教学方法，注重教育教学一线实践经历。对在农村一线教学岗位上从教 30 年以上、任中级专业技术职务满 10 年、能够完成教

① 辽宁省乡村教师支持计划实施方案（2015—2020 年）. 2015.

学工作任务且目前仍在教学岗位工作，并取得副高级专业技术职务资格的教师，可直聘副高级专业技术岗位，不受岗位职数限制。城市中小学教师晋升高级专业技术职务，应有在农村学校或薄弱学校任教一年以上的工作经历。①对于农村教师，考虑到其教学环境与社会奉献问题，一定程度上减低其论文发表要求，更多的评级要求在于其具体业绩上，也就是其在日常工作中的表现。

对于城市教师来说，为了推动其支援农村的热情，将支援农村教育经历作为主要的考核标准，不仅可以保证农村教师队伍的活力，更加能够保证城市教师队伍的自愿自觉支援农村行动。当然，单纯的待遇与福利保障并非推动教师下乡支援的唯一因素，考虑到教师这一特殊职业所兼备的社会责任感与荣誉感，政策强调对于教师的表彰、宣扬力度。一般来说，教师荣誉制度是一种源自于国家层面的奖赏力度。如国家对在农村学校从教 30 年以上的教师、省政府对在农村学校从教 20 年以上的教师、县（市、区）政府对在农村学校从教 10 年以上的教师颁发荣誉证书予以鼓励。各级政府在评选表彰教育系统先进集体和先进个人等方面要向农村学校和教师倾斜。鼓励和引导社会力量建立专项基金，对长期在农村学校任教的优秀教师给予物质奖励。加大宣传力度，广泛宣传农村教师坚守岗位、默默奉献的崇高精神，大力营造关心支持农村教师和农村教育的浓厚氛围。①氛围建设可以说是农村教育事业发展的持久发动机，农村教育事业任重而道远，并非短期的轮岗制度可以解决，轮岗制度解决的是农村教育事业的活力问题，而农村教师荣誉制度解决的就是农村教师队伍的生命力问题。因此，对于能够长期坚守在农村一线的教师们给予一定的帮助，既是对农村教师工作吸引力的增加，也是对坚守教师的工作肯定，从政策高度提高全社会对于农村教师的工作艰苦性、高尚性的肯定。

在素质能力培养方面，L 省提出“农村教师素质提升计划”，要求市、县（市、区）政府要切实履行实施主体责任。预计到 2020 年，通过“农村教师走出来、名优教师走下去、网络空间联起来”等培训研修方式，构建省、市、县（市、区）、学区、学校五级联动的农村教师培训体系，对全省农村教师、校长进行 360 学时的培训。要把农村教师培训纳入基本公共服务体系，保障经费投入，确保农村教师培训的时间和质量。加强市、县（市、区）教师进修院校标准化建设，建立不少于 100 个农村教师“影子”培训基地学校，组建 1000 名农村教师导师团队，重点选拔培训 10 000 名农村骨干教师，打造农村教师校长专

---

① 辽宁省乡村教师支持计划实施方案（2015—2020 年）. 2015.

业发展支持服务体系。[1]同时，注重农村教师信息技术应用能力的培养和提高，推动现代信息技术在日常教学和工作中的有效应用。2017 年底前，L 省完成了对每名农村教师不少于 50 学时的信息技术应用能力专项培训。通过建立支持学校、教师使用信息设备的激励机制及提供经费保障，大力促进教育教学与信息技术二者的融合，着力解决农村优质教学资源不足的难题。加强农村音体美等师资紧缺学科教师和民族地区双语教师培训。鼓励农村教师通过在职学习、深造等方式不断提高学历层次。

培训内容主要包括教师德育、技能教育、双语教育等多个方面，其主要环节在于培训骨干教师与指导教师团队。对于农村教师队伍来说，其需要的不仅是育人，还需提高育人的道德感与育人技能。同时，学时指标作为一种考核标准，是确保教师技能达标的硬指标，这不仅为教师提供了发展的平台，更是一种对教师能力的考核。在教师管理上，基于国家关于教师资格证考试与定期注册制度的改革，省教育厅要积极推动省内中小学教师资格考试与认定工作加入国家的改革试点范围，按照促进教育公平、提高教育质量的要求，遵循教育规律和教师成长发展规律，建立体系完整、标准统一、认定规范、管理科学的教师职业准入制度，强化申请认定人员的教育教学能力考查，提升农村教师职业准入门槛，为教育改革发展提供人才保障。实施中小学教师定期注册制度，加强对农村教师入职后的工作考核和从教资格的定期核查，促进农村教师整体素质和水平的提高。[1]这也正表明，农村的教育资源虽然短缺，却依旧宁缺毋滥。对于农村教师来说，教师职业资格认证依旧是一个入职的硬指标，通过教师资格认证考核的教师必须要服从统一、科学的管理，同时，教师考核过程中的定期考核制度要求教师应同学生一起时刻处于学习、发展的状态。因此，教师考核的必要性主要在于时刻保证教师的能力与工作水平。

在思想政治素质教育与师德教育方面，建立健全农村教师政治理论学习制度，增强思想政治工作的针对性和实效性。切实加强农村教师队伍党建工作，充分发挥基层党组织的政治核心作用，切实加强农村教师队伍党建工作，适度加大发展党员力度。各级教育行政部门要通过开展多样化的师德教育，把教师职业理想、职业道德、法治教育、心理健康教育等融入农村教师职前培养、准入、职后培训和管理的全过程。同时，要建立健全师德考核制度，将师德表现与农村教师年度考核、职务评审、岗位聘用、实施奖惩等挂钩，实行一票否决

---

① 辽宁省乡村教师素质提升计划（2016—2020 年）. 2016.

制。各地各学校要严格执行教育部颁发的《中小学教师职业道德规范》，并结合实际情况，制定具体贯彻实施方案，加强制度建设，不断提高农村教师的思想政治素质和师德水平。在教师素质方面，L 省农村教师的基本素质不断向党员看齐，尤其是在教师队伍内部，党建工作的充分落实对教师的工作提出了更加严格的要求。另外，在教师聘用、考核与评审上，一票否决制也体现出教师队伍内部考核的科学性与严格性，时刻确保农村教师在职场培训、准入、考核三个环节以严格的道德素养来要求自己。

在农村教师支持方面，L 省主要从三个方面入手。①责任主体、经费保障与督导检查。在责任主体方面，各级政府是责任的主体。要加强组织领导，把实施工作列入重要议事日程，实行一把手负责制，细化任务分工，分解责任，推进各部门密切配合、形成合力，切实将计划落到实处。省、市有关部门要将实施农村教师支持计划情况纳入地方政府工作考核指标体系，加强考核和监督。教育行政部门要加强对农村教师队伍建设的统筹管理、规划和指导。发展与改革委员会、财政部门、地方编制委员会、人力资源和社会保障部门要按照职责分工主动履职，切实承担责任。要着力改革体制，鼓励和引导社会力量参与支持农村教师队伍建设。②在经费保障方面，各级政府要积极调整财政支出结构，加大投入力度，大力支持农村教师队伍建设。要把资金和投入用在农村教师队伍建设最薄弱、最迫切需要的领域，切实用好每一笔经费，提高资金使用效益，促进教育资源均衡配置。要制定严格的经费监管制度，规范经费使用，加强经费管理，强化监督检查，坚决杜绝截留、克扣、虚报、冒领等违法违纪行为的发生。③在督导检查方面，各级政府教育督导机构要会同有关部门，每年对农村教师支持计划实施情况进行专项督导，及时通报督导情况并适时公布。省政府有关部门应适时组织开展对农村教师支持计划实施情况的专项督导检查。对实施不到位、成效不明显的，要追究相关负责人的领导责任。各市政府要制订实施细则，找准支持重点，因地制宜地提出符合本地区农村教育实际的支持政策和有效措施，对该方案的要求进一步明确化、具体化。

总的来看，L 省目前关于支援农村教师的计划具有各部门联合的特点，尤其是在责任、保障与监督等环节。三个环节并非独立的，涉及部门也并非独立、单一的。因此，在具体政策指导上，无论是教师培训，还是任职管理，往往都是多个部门联合穿插在各个环节中，以推动决策实施。但是在具体考核标准中可以看到，其在奖励环节评选机制较为单一，大多以农村工作年限作为主要考核标准。同时，在技能评审过程中，农村工作经历极易成为城市教师的晋升跳板，但对于农村教师来说，其晋升与发展的平台较少。

二、新时期L省农村教师培养取得的成就

截至 2017 年，L 省在农村教育改革与农村教师支援方面仍在进行深入的探索。在 2012—2017 年的五年间，从 L 省下属市的改革举措中可以看到，目前 L 省在教育改革方面已经取得较大成就。具体表现在以下几个方面。

2012 年 5 月，L 省的 D 市牵头举办“省农培”活动，其目标是在 D 市北三市涉农地区建立校本研修互助培训网，创设教师任职学校、研修共同体、区（市）县教师进修学校、市教育学院四级研修网络系统。研修网络系统的基础平台是网络，这也是 L 省“十二五”规划中信息化教学的一部分，将研修教师环节承接在互联网平台中。从成果来看，以各方面条件相对较好的学校作为基地，以其为核心与周边几所学校组成了研修共同体。由优秀的骨干教师担任学科负责人，定期组织研修共同体内的教师开展研究活动，并请市区研修教师加以指导。2014 年，互助网扩展到 J 区、X 区和 C 县。目前，6 个区县共设立基地学校 114 所，辐射 412 所学校，学科负责人 952 人，辐射教师 20 696 人。[①]从活动辐射地区、参与校区与研修人数看，活动在 D 市范围内取得了较好成果，在广泛性上具有优势。同时，从教师满意率来看，教师群体对于研修的质量予以了肯定。

2013 年 9 月，L 省开办省级“L 省农村初中教师素质提升班”。其目的在于提升 L 省范围内的农村中小学教师的基本素质与专业能力。具体内容包含以下两个方面：①在教育学院的统筹安排下，各区设立研修基地及研修工作站，充分发挥区进修学校和市内优质初中的辐射带动作用；②在坚持理论培训的基础上，强化跟岗研修和校本实践两个环节，为每一位参训教师都安排一位跟岗研修的指导教师，参训教师全程参与备课、听课、说课、上课及评课，并要在任职学校开展不少于一个月的教学实践。活动重点在于培养农村教师，但是培养核心动力却在于市内优质初中，这符合 L 省改革内容中全面去薄工作的重点。

2014 年 6 月，L 省开展农村教师培训活动。其辐射范围涉及全省 6 个地区

---

① 张涛. 乡村教师互助式校本研修共同体创新实践研究. 课程 • 教材 • 教法，2016（11）：101-106.

的 13 个学科，D 市作为 L 省的教育大市，D 市教育学院成为此次活动的主办单位。此次活动主要依靠 D 市教育学院对 S 市、D 市、A 市、Q 市、P 市、Y 市 6 个地区 13 个学科，共 4000 名农村教师进行培训，以其良好的培训效果得到参训教师的欢迎和省教育厅的肯定。活动不仅培训农村教师的数量广，而且在此次活动过程中实现了三项创新工作：一是在各区设立研修基地及研修工作站，充分发挥区教师进修学校和市内优质初中的辐射带动作用；二是采用市、区、校三级指导的方式，强化学员跟岗研修和校本实践环节；三是为提高视导培训质量，学院领导率专家团队奔赴 A 市、P 市、Y 市等地对学员进行跟踪指导。硬件、软件的双向创新促使本次活动取得良好结果。最终，L 省完成 4000 名农村教师的培训任务，且学员满意率达到 99%。

2015 年 10 月，L 省开展农村中小学骨干教师素质培训活动，其目的在于培养一批能在本区域发挥引领和示范作用的，具有明确的发展方向、科学的学生认知、高超的教学技能的骨干教师，从而带动全省农村教师队伍整体素质的提高。从活动目的便可看出，活动核心体现在农村教师、素质教育两个方面，可以说全面覆盖了改薄活动的重点。在活动流程中，L 省共有 1400 名教师分五期参加培训，培训的内容重点在于理论提升、跟岗研修和校本实践三个模块，总计 120 课时，同时开展远程学习。理论提升模块涉及专业理念与师德、专业能力及应用、专业知识结构优化三大主题内容；跟岗研修模块以提升教师教学实践能力为目标，按学科分组，安排教师到优质学校进行为期 3 天的跟岗研修；校本实践模块是参训教师在任职学校开展一个学期的校本研修实践。从培训时长与培训内容上看，L 省的农村中小学骨干教师素质培训活动从教师理论及教师实践两个方面长期开展，以确保培训的有效性。

2016 年 11 月，L 省开办农村教师信息技术应用能力提升工程管理者高级研修班，采用集中培训和网络研修相结合的方式进行。通过培训提高各地管理者项目管理的专项能力和水平，管理人员能在网络研修和校本研修中发挥引领作用，在整个研修、测评的常态化工作中成为中坚力量。符合教师支援计划中的信息化教育的方针，这种信息化教育不只在学生，更在于对于教师的信息化管理与教育。在具体实施过程中，研修采用集中面授与网络研修相结合的方式。在集中面授阶段，采用专题讲座、案例分析、任务驱动、专家指导、实践活动等多种形式相结合的方法，突出情境式体验和参与式讨论的培训特征。集中面授结束后，再开展 30 学时的远程培训，其中 20 学时为线上学习，另外 10 学时为工作坊网络研修实践。网络研修实践的方式一方面可以帮助教师灵活处理时间；另一方面也可以提升农村教师尤其是农村老教师的计算机使用能力。

三、新时期L省农村教师培养存在的问题

一个国家和地区的教育政策安排，对于教育全面性和普遍性的提高，乃至纵深上的质量进步来说都是极其必要的。在一系列宏大制度的安排框架下，L省作为教育现代化程度较高的省份，其农村教育和教师的改善程度已经有了很大的进步。但与此同时，仍然还存在很多问题，其中一部分可谓是陈年旧疾。

（一）各种专业发展活动贯彻不彻底，一线教师重视程度和制度实际效果有限

在开展关于提升农村教师能力素质等方面的一系列活动中，内容和具体的实施方案制定得较明确，但在管理、监督方面还存在着不足，导致相关计划贯彻得不彻底。2013 年实施的全省农村中小学教师素质提升计划中，计划培训农村初中教师 5000 人，然而实际培训人数是 4000 人，仍然有 1000 人没有参与到活动中去。已经完成培训的部分，达标率、合格率均不理想。在农村教师网络研修与校本研修整合培训、实施方面，一些地方的国培计划项目仍然存在网上学习与网下研修分离、研修与实践结合度较低的问题。校本研修还没有得到网络优质资源的精准支持和隐藏在网络平台之后的专家团队的有效服务，这主要体现在：县域（重点指农村）缺乏相对稳定且专业化程度高的校本研修指导团队；缺乏优质的校本研修资源支持体系；许多区县教师发展中心还不具备开发建设优质培训课程和优质研修资源的能力。

（二）主动发展者不多，“目的不纯”“摊派”现象较严重

一线调研结果表明，很少有教师表示自己会百分百主动学习，大多数教师是半推半就，半主动半被动，甚至有的教师完全是被动的。培训经历越多的教师参与培训的积极性越低。多数教师愿意参加级别较高的培训（例如国培或省培），主要是因为这种培训正规，培训证书对晋升职称有利；而对县区一级的培训和校本培训，农村教师的态度则比较消极。培训人员往往也不是通过选拔

确认的，而是校长按指标指派，部分人员是靠摊派（因为没有人愿意参加）产生的。

（三）农村教师职业吸引力低，难以吸引和留住人才

调研表明，师范类大学生赴农村任教的愿望不强，而绝大多数农村教师的留守意愿较低，城镇教师前往交流的动力不足；农村教师的职业地位评价不高；虽然形成了政策洼地，享受诸多优惠，却因福利待遇、周转房、工资收入和职称晋升机会等原因，难以吸引和留住人才，由此导致“条件差师资差—学生流失—师资流失—条件更差”这样一个不断恶化的循环。

（四）“体制性”的编制死结无法解套

从 2001 年起，我国的义务教育管理体制实行以县为主。1994 年后，我国试行分税制改革，地方财政中的部分收入分成流出；2001 年又实行农村税费改革，县级财政状况持续恶化，很多县在农村师资补充上消极对待，即使教师名额紧缺，仍然不愿意招聘新教师，而是聘用代课教师充任，缺编不补。2001 年，我国将师生比作为测算教师编制化管理体制的基准，但农村学校分散、班型小，按照师生比测算后，每校实际得到批准的教师编制数低于实际教师需求数，使得很多农村地区处于即使实际教师数量不足，但仍然存在无编或超编的情况。

总的来说，国家教育现代化政策的总体规划推动了 L 省教育现代化政策的实施，促进了 L 省推行现代化教育政策下的学校改革。尽管 L 省在现代化教育下的教师培养与发展方面取得了一些进展，但农村教师培养中显现的突出问题仍亟需解决。

第三章

平台：成长的职场竞赛

优秀骨干教师专业成长的主导模式是平台模式，其作用方式、效果等诸多方面并不存在城乡差异。对平台的强调是大多数接受访谈的城乡优秀骨干教师频繁提及的观点。与个体知识储备、业务水平、职业操守等内在教师素质或技能相比，个体所工作的学校平台显得更为重要，这使得教师专业发展有时显露出时势造英雄的意味。在专业成长模式上，无论是来自于城市学校还是乡村学校，优秀骨干教师的职业生涯讲述均证明，平台模式是不可替代的主导模式，且其作用方式和效果不存在城乡差异。

第一节 所谓平台

平台一词由来已久，《新华字典》中的释义可分为三点。其一，古台名，在河南省商丘市东北。汉梁孝王筑，并曾与邹阳、枚乘等游此。南朝宋谢惠连在此作《雪赋》，故又名雪台。其二，供休憩、眺望等用的露天台榭。其三，生产和施工过程中为进行某种操作而设置的工作台，有的能移动和升降。可见，传统的平台始终被理解成为一个固态形象，如一块平板、一张工作台等。而今，随着社会的发展，在社会变迁中，向上流动的现象绝非少数。由此，人们开始愈发关注平台的重要性，此时的平台被赋予了新的内涵。在迈克尔·哈耶特的《平台：自媒体时代用影响力赢取惊人财富》一书中我们清晰可见，如今人们口中所述的平台更多地指向于一种展示平台，并非具象，而是一种个人在整个职业生涯中所处的位置。同时，不同的平台对个人的要求不同，能够提供的技能提升程度与展示程度也有所不同。

一、人脉平台

平台的存在可以是多维度的，其中最为常见的当属人脉平台，尤其是在乡村社会中，熟人社会的特点使得乡村内部的人脉平台应用更广。通过对访谈资料的分析，我们可以对这种人脉平台的角色进行简单定位，具体体现在以下几个方面。

（一）师生关系

对于师生关系的判断，需要基于调查对象所处的年代与环境，初步将其定位在 20 世纪 70 年代至 90 年代末的师生关系，彼时的师生关系更多地停留在传统意义上，二者之间并非简单的教育与被教育的关系，更没有正式的学费。具体来讲，这种关系更像是传统意义上在“手艺活儿”传承过程中的师徒关系。首先，在传授时间上，并不局限于课上，而是师生见面就说。其次，在传授方式上，并不局限于板书等教学方式，而是师父随想随教。再次，在传授方法上，师父也不受课堂的限制，可以随向为学生提出意见，且并不限于学业，也可渗透于生活之中。最后，师父并不收取正式的学费。因此，学生对师父的义务也并非是简单的学费，二者的关系更如同传统意义上的“一日为师，终身为父”的感情，从基本情感来讲，学生对师父始终心怀感恩之情。

> 如果没有我的老师，我自己还是在原地不动。有了那个工程，才让我认识到自己的优势和不足。师父引导我（发现）自己在哪方面还要努力。通过听课、评课，引导我往哪个教学模式走，往哪个教学风格走。一个人有多优秀要看他有谁指导，一个人要走多远你要看他和谁相伴。（C3）[①]

同样，学生对师父的感恩并不仅仅源于传统上的情感概念。一般来说，学生对师父的认可往往先是被师父的个人魅力及能力所吸引，即师父先通过指点、帮助和教学等方式令学生受益匪浅，进而学生发自内心地对师父产生尊敬的感情，并且这种尊敬因源自于个人的钦佩与感激之情等感情而得以长存，最终使得这种传统意义上的师生情感成为一种学生自发的内生情感，区别于当前简化意义上的师生关系。

> 我是我们校长的徒弟，他算是咱们身边儿的草根专家，在各地比较有名。得到他的帮助和引导之后，我觉得自身成长很快。师父让我明白，无论研究课题大小，科研是每名教师必须从事的工作，如果你不想只做一个经验型的教师，就要把实践和理论相结合，成为一名科研型教师。（C3）

此时，所谓的师父，并不需要是一位专业的教师。受访者提到，即使是一名草根专家，没有任何国家承认的资历证明，其对于受访者的帮助却可能很大，这取决于师父的专业能力和认真负责的态度。这也表明，在传统意义上的师生关系中，学习过程取决于师父的个人能力与授课态度。如果师父愿意帮

① 访谈是质性研究的方法之一。为了保持访谈材料的原汁原味，收入本书中的谈话只是修改了错别字和标点，没有对口语化的表述作调整。

忙，学生则可以少走弯路；如果师父不认真负责，那么对于学生来说将会是巨大的损失。对学生而言，师父的社会地位与背景也是十分重要的。如果师父具有较好的学科优势，在信息掌握、技能传授等方面可能会对学生带来更大的帮助。所以，在阐述师父这个概念时，必然要考虑师父所处的社会地位，考虑其所包含的社会资本。

> 领导也很关键。看你遇到什么样的领导，如果你遇到一个实干的、研究业务的领导，这是你的幸福。我的领导就是这样的，他每遇到一本好书都会推荐给我，而且他会督促我学习。你说你看了，不行，他会问你："有什么体会，感受是什么？咱俩交流交流。"就这样逼着你看，等你自己有体会了，你会对领导有很深的感激之情。现在这个领导已经退休了，但是他有一些好的东西还是会通过网络传给我，让我看一下。领导不是你能选择的，但朋友和师父是你能自己选择的。（A6）

由于教师所在学校、地区往往受到社会政策、社会环境和社会背景等多方面限制，相较于领导关系、同事关系等，师生关系的优势在于，师生关系给予在校教师更多的选择，学生通过自主选择师父的方式来寻找愿意且能够帮助自己提升教学技能的贵人。

（二）同事关系

在人脉平台的角色定位中，不仅应该考虑纵向的师生关系，还应该考虑横向的同事关系。在具体讨论环节中，较多教师反映听课是他们获取新的授课思路、获得技能提升的主要手段，而听课对象大多是受访者的同事。

> （我）能够成为名师，首先要感谢学校，如果没有学校这样一个大环境、大家庭，没有领导的关怀照顾、给我展示的机会，没有学校同行老师的帮助，我走不到今天。（C3）
>
> 我觉得我在经验方面不够，好在遇到挺好的同事。在我那届的老师很多都是名师，非常有名，他们非常有经验，他们会带着我。我刚开始考试考不好，考倒数第一，我天天上火。他们经常排解我，跟我说别着急，告诉应该怎么做。（E8）

我身边的老师，有的特别（愿意）钻研教学方法，他们都有一些积累。（我）确实向人家学过。随着年龄的增长，自己的思想也比较成熟了，在各方面都有累积。不是单独向几个老师学习，我当时向好多老师学习过。（D4）

在此，我们可以对同事关系的平台给予一定总结。同事间的互相交流与学习虽然不能简单地被概括为一种年龄优势，但大部分教师在提到请教同事问题时，都会强调年龄的优势，例如老教师、快退休的教师等。一方面，老教师具备更多的经验与技能技巧；另一方面，老教师在教师职业发展中已不具备竞争优势，甚至已经退出教师职业的竞争舞台，往往更有时间和精力去帮助年轻教师，也更加愿意去帮助年轻教师。这里包含了一个熟人社会中留下来的感情传统，即：老一辈的教师具有更好的职业责任感，在职业生涯中，由于时代与环境的局限，其职业竞争心理并不是很强。同时，在传统教育环境内，证书与培训并非衡量教师水平的主要标准。相反，职业技能与工作责任感成为衡量教师教育水平的重要依据。因此，很多受访者对于老教师的帮助给予了高度评价。

你还要向有经验的老教师学习，我觉得这个是非常重要的。因为老教师也是从年轻教师成长起来的，他的经历比你丰富得多，他给你指完道之后，在他的指导下，你就会少走弯路，走捷径，走向成功。但个人还得积极上进，外因再努力，你主因不努力也是白费的。（E2）

我们英语部有一个老教师，是咱们全县年龄最大的英语教师，感觉她对我的帮助最大，无论是在生活上，还是在教学上。因为每次讲公开课的时候，我都是写完一个教案之后请教她。她经历得多，因为她是从中学下来的，对于中学和小学的衔接肯定是要比我们了解得更多。我没教过初中的学生，小学也就是按课表来的，但她既有初中下来的教学经历，衔接特别紧密，又是刚从六年（级）下来接着教一年（级），每次我设计完课程思路试讲过一次之后，我都请她来帮我参考一下。还有就是迷茫的时候，想不开的时候，（我）就找她谈心。因为她人生经历多啊，教了一辈子英语，都 52（岁）了，她一句话两句话就能把我心头的郁闷解开。挺好的一个老师，我感觉她对我的帮助最大。（C4）

我觉得我这一生运气还是挺好的。刚下来工作的时候，遇见咱们学校一个教研员，他人特别好，因为年龄大了，对待我就像对待孩子一样，给我创造很多机会，给我上公开课的机会。教师上公开课的机会很重要，可能准备的过程很辛苦，但这是一个提升的过程。不仅仅是为了知名度，还有自己本身（的提高），名气毕竟还是虚的，公开课确实对专业能力有很大的提升。（D3）

从我音乐课这块，我现在印象还非常深，有一个高老师，他快退休了，每次来我们学校只听我的课，我就觉得这让我进步特别大。他给你指点每个环节去怎么上，然后你每个环节去怎么调动孩子的积极性，他都给你指点地特别到位。那时候我上班没几年，就已经得了优秀课。（C8）

同时，关于老教师对后辈的关怀得到了访谈结果的验证。一方面，老教师可能更加谦让，愿意将机会留给年轻人；另一方面，对于老教师个人而言，年龄和荣誉这两个因素对于其行为有着重要的影响，当其认为已经获得了一定的荣誉，且年龄较大时则会出现培养后辈和照顾后辈的想法。

刚去学校讲公开课的时候，我们学校的刘主任每次公开课都会给我机会讲，说“你年轻，你讲吧”。每次评课的时候（老师点评都）特别到位。老师指导的态度对我的影响特别大。（D2）

我觉得到了这个年龄，人就容易产生惰性。我就不想去那么争，跟刚才的 LMX 的想法就不一样。她比我年轻，她可能更有干劲。而且在咱们年组，我就（对年轻教师）说：“你去干吧，你年轻”。我们就有这种想法了。但是在细致的工作中、平时各班的管理中大家还都是一样的。但是真正要说是上课，一个是我们年龄大了，没有激情了；我觉得另外一个就是评委老听课，也希望看见一些新面孔。（E1）

也不是说非得想怎么样，但是领导安排这个任务了，只要是领导要求，我都积极响应去参加。现在岁数大了，我该评的职称也评完了，那这些就留给年轻人，给年轻人让让位，我就不想去争荣誉了。（E1）

诸如年龄限制与“让位给年轻人”等想法在老教师中较为普遍。一般来说，由于教师职业教书育人的特点，加之教师职业在中国传统社会中的职业声望等因素，教师自身会产生培养后辈和延续教育传统等想法。

（三）领导关系

许多教师对于领导的作用强调颇深。校园内的行政管理模式决定了，无论是在基础设施配备上，还是个人参与培训机会、参加竞赛机会等方面，领导几乎拥有完全的指定权。以下展示的是 L 省名师对于领导帮助的评价，几乎所有的教师在谈到获得升职、参赛和培训等机会时都强调了领导的重要作用。

> 我毕业的时候教英语，一直教英语，然后有这么个机会才当班主任的。这也是我的一个转折点吧。从当班主任开始，觉得自己还挺尽责任的，所以学校的领导们都挺重视我的。（他们）重视我，培养我，所以我才一步一步（成长）起来的。（E5）
>
> 当你有很多想法、抱负的时候，如果没有机会施展，就会很困惑，渴望人家发现你。后来我们的校长就很认可我，我有很多学习的机会，像参加市骨干培训，还被评选为 SY 市名师。（C5）
>
> （我）也遇到过一些困难，但是那时候学校领导特别支持我，没有什么阻力，有什么困难最后都能解决。当时的校长、书记对我都很支持，我要办什么活动，要请谁，他们都会告诉我到哪个部门找谁，学校内的各部门也很配合。时间长了我们就熟悉了，以前是领导帮我沟通，后来我自己就行了。我觉得那个时候大家这种氛围特别好。（C6）

毋庸置疑，在机会获取方面，领导的作用较大。当领导在听课、个人审核等方面对教师的职业水平与发展前景作出认可后，便会通过学校渠道为教师提供更多的展示机会。

> 对于我来说，一个好领导是非常重要的。刚刚参加工作的时候，我并不知道自己可以进入优秀教师这个队伍当中，只是觉得上面下来检查，我把这项工作给拿出来就行了。在教师进修学校（学习）时，当时的陆校长说："你这堂课是最好的。"他当时非常称赞我的课。然后在 Y 镇他就给我搭建了许多这样的平台去展示，极力推荐我。现在我和他也一起共事呢，他还是我们学校的大校长。我觉得无论是在工作上，还是生活上，他对我的影响都很大（点头）。（A7）
>
> 我 1993 年在文化宫上了一堂省级公开课。我的课还是有很多毛病，但是我这一生可能就那么唯一的一次机会上那么大规模的课了。就像我母亲，教了一辈子也不一定有那个机会去给 1000 多人上公开课。我很感谢那时候的领导给我很多机会和平台，在那么多人中他能选我。这也是一个转

折，那时候也达到了一个巅峰吧，在最好的年龄达到一个巅峰了。作为一个老师，我有一个这样展示自己的机会，我觉得已经知足了。说什么可能都没有用，你只有去做才可能成功。我得到了很多家长、学生的肯定，（他们）能受我的一点影响，我就很幸福了。（C6）

另一个不可忽视的方面是领导给予教师的建议。校领导往往兼具学科背景与教学背景，尤其是在义务教育阶段，校领导在承担行政岗位工作的同时往往也兼任教学岗位。另外，校领导的资格评定也与其授课水平相挂钩。所以，在领导帮助方面，领导的作用不仅在于提供岗位与平台，更在于通过旁观者的视角，加以个人的教学心得，给予教师启发与帮助。

领导去听我的课，当时就挑了好多毛病。因为我那时也没接受过正规指导，我就特别上火。备课时我那课也准备得很精心，但是我现在想来，人得在那种被别人指导、批评中不断发现错误，在错误中才能不断成长。因为那次，我懂得了启发式教学。可能很多时候我对那个理解的不是很深刻，但是经过主任给我指导，尽管语言很犀利，可能让我感觉很不舒服，但是我回去之后半夜 12 点起来想，突然有个想法，我赶紧到卫生间拿笔把它记下来，要不第二天早上起来就忘了。人就得需要这样一个过程，就得磨砺，才能在这个过程中不断成长。（C5）

我觉得无论什么机会你都应该抓住。就比方说参赛，领导说有什么大赛，你就报名，在准备的过程中即使没选上，你也提高了，再有人指导你，你不就更提高了吗？要抓住锻炼自己的机会，你就得到了历练。当没有人给你机会时，你就抓住那些平等的机会，每个人都有机会，他（指别人）可能不要，你要。还有刚毕业时，会有一些主任、校长给你导课，你要很谦虚，而且要多听别人的课，多请教，你就会提高。（C5）

总的来说，校领导的作用一般体现为提供机会和建议等方面，这对于教师的职业技能发展与职称评定来说意义重大。同时，校领导的认可往往不是通过随机方式产生的，对于怎样才能获得领导认可，教师认为：只有自己努力，才能够让校领导认可自己。

新教师要多参加公开课，多去锻炼自己，任何活动都要积极去做，还得耐得住默默无闻。其实你在默默无闻做事情的时候，所有老师都看在眼里了，包括领导。他们可能当时不表扬你，不说你，但是你一直坚持、一直很长时间地去做，他们都会有印象。当有个机遇适合你了，让你去锻炼、去展示的时候，一定会把机会给你。（E8）

现在年轻人很想领导多给机会。我认为机会不是给的，是你自己用你的行动和你的成果让领导看见了。一个人有了这样发展的平台，才能不断进步。在我的经历中，一是领导根本没让我做课改，而我自己默默地做。我也没告诉领导我做了，两年之后，别人都没有成果，而我有，而且用成绩证明我做得好。所以，就像我平时说的，用花证明你的存在，开花了它自然就会有果，对不？所以领导就会关注我。（C5）

一个人的成长需要平台，这个平台就是你要去参加培训，需要别人的指导。领导不会一下子就给你机会对不？因为你去参加个培训需要资格，这个资格需要你自己去争取。这个争取不是你去找领导、巴结他，而是让领导看见你行，给你这次机会你不会白去，你会给学校带来效益，你去了之后有了收获，回来你再影响其他老师，学校这钱就没白花。（C5）

（四）阳光平台与“阴影平台”

受访者的个人性格、职业生涯经历等因素可以从侧面映射出人脉平台的重要性。尽管有的受访者将人脉平台概括为“阴影平台”，即通过不正当手段获取的平台，但是人脉平台对教师发展的意义不言而喻。而且，人脉平台并非是完全“上不得台面的”，这取决于教师的个人性格因素与处事态度。

诚然，并不排除部分人利用人脉关系进行操作，但教师的考核指标基本都需要其通过参加比赛来证明，当面临不公平待遇时，教师最普遍的反应是愤怒。

我记得有一次参加一个省级比赛。当时是教师的基本功舞蹈大赛，预赛时我是第一名，但是决赛时我跟××编出了好多好舞蹈，他（另一位参赛老师）就没办法了。“赞誉赛”时是一个舞蹈，决赛还得换。但是舞蹈这个东西，你可能练了十年，上台就一分钟；你可能排了很长时间，人家就看一次，第二次人家就没有新鲜感了。所以我们每一次比赛都是拿新的舞蹈。他跟我学了一个舞蹈，最后成绩出来他第一，我第二。虽然也是一等奖，但是在排名次的时候，（这件事）挺打击人的。他跟我学的，很明显不如我，但他的教研员和其他教研员关系特别好。他们几个都给他打高

分，他成绩一下就上去了，比我高零点几分吧，他就第一名了。当时这在我的工作成长中给我的打击非常大。（C8）

正是受部分“阴影平台”的打击，有的教师不愿与他人过多交往，并以此作为衡量自己职业操守的标准之一。同时，有的教师将与他人过多的接触称为阿谀奉承。然而，即便是秉承着这种态度的受访者依旧承认人际关系的重要性。

最主要的是你得去工作，然后就是要搞好人际关系。我的失败就是不善于人际交往，你看你问我什么，我也不是回答得那么好，我就是即时表达的能力不是那么强。我不善于交往，所以说这是我工作失败的地方，你要是吸取经验就吸取这块吧。现在这个社会这是很重要的，但是我学不来。（C2）

相较于部分教师将人际交往划进阿谀奉承的范围，部分教师将其归结于奉献，即：新人作为后辈，应自觉与长辈处好关系，打理好日常生活，在办公室内充分展现自己勤快的一面。他们认为，这并不算是阿谀奉承，反而可以将其理解为对前辈的尊敬。

奉献，不要斤斤计较，今天领导给什么活了，别想着要获得什么报酬。可以说领导心中都有数，你和领导萍水相逢，领导凭什么对你好？是因为看你这孩子很好，你很上进，他觉得有发展前途，你就会有机会。给你分到一个教研组，组里都是老教师，你就勤快点，打点儿水，扫扫地，人家就觉得你这孩子很好，有些事他就愿意告诉你。刚毕业你会有好多事情不懂，有时候一个人多说一句话，你会少走很多弯路。但你为什么可以让人家为你多说一句话？因为他觉得你这孩子好。就像有时候领导让你去带一节晚课，你想要报酬吗？如果你说我没有时间我忙啊，那下回领导就不找你了，再有听课的机会还能找你不？有培训机会找你不？他也不找你。领导心中都有数，他不会让一个人永远吃亏光干活，却什么都不给你。你怎样博得领导的青睐？你前三年不进步，以后也就不能进步了。（C5）

此外，对于教师行业内部的竞争问题，大多数教师依旧秉承以教书育人为主、提升自我为辅的工作态度。换句话说，教师根据自身日常的工作状态和办公室氛围来判断行业内部的竞争问题，在极少数恶性竞争存在的同时，大多数教师往往全身心投入教育，而非竞争。

> 其实学校的差别对我来说不大，因为不管是哪里的学校，都贯彻统一的教育思想，和教师在教学上的付出都是同样的。就是说大多数教师，百分之九十五的教师，甚至是百分之九十八九的教师，其实还是挺热衷于教育的。就像咱们年组，大家都是默默无闻的，都在认真地做事。我觉得像网络中个别曝光的负面现象也就是个别现象。我认为就教师的主体来说，特别是班主任们，还是付出了很多辛苦的。（E1）

（五）校园平台

1. 竞赛模式

在竞赛模式中，竞赛准备是技能提升的重要环节。教师作为参赛者，为了获取更好的成绩，并借此获得更多培训和技能提升的机会，会非常积极地备赛，并通过各种渠道来完善参赛作品。在竞赛结果的自我确认方面，教师往往会对自己在参与过程中付出的努力给予肯定，同时，对于自己在备赛过程中语言、技能等方面的提升也给予肯定。

> 我来到这个学校之后参加了各种比赛，比赛对于自己有一定的提高作用。印象最深的是参加省内的教师技能大赛。当时因为年轻，也没参加过什么大型的比赛，所以我有很多地方不懂，就在网上和电教馆的老师沟通。（他们）教我课稿怎么写、每个环节得注意什么。我自己实实在在地付出了，也获得了收获，那次比赛得了第一名。对以后的比赛我心里也就有数了，不管是语言，还是台上的台风，或者从评委的角度也都心里有数了。（C3）

相较于竞赛前期的准备阶段，竞赛中的比拼过程也十分重要。对于大多数教师来说，竞赛过程中每位教师进行作品展示时就是取长补短的最佳时机，尤其是在授课方式、授课节奏等方面。教师们往往认为，参赛的最终目的不在于奖项的获得，而在于及时更新教学手段，并将其应用到自己的教学过程中，即通过观察他人的教学过程来提升自己的授课水平。

我经常参加咱们市里举办的、省里举办的各项活动，例如讲课、说课活动，对自身的提升有很大的帮助。参加现场会，全县老师过来听课，研讨的过程比结果重要，这个过程给你的提升特别快，一遍一遍地修改课件，一遍一遍地背你自己的教学设计，一遍一遍地斟酌你自己的教学环节，就是一个对自己的提升过程。（C4）

首先你要具有内在的动力，就是说理论要有，实践也得看。任何一节课你都不能照抄照搬过来，得有自己的东西，然后再跟别人对比着、参照着来。我们学校一开始是村小，没有这么多机会，后来并校了，变成一个大的中心小学，机会就多了。现在自己已经步入中年，每年学校都有青年教师基本功大赛、展示课、听课评课，理论知识考试，又有朗读比赛、书法比赛、论文比赛、演讲比赛，大概能有 10 项了吧。这些比赛不仅仅对于我，对年轻教师来说带来的进步都特别大。（A6）

在竞赛中，部分受访者对参赛过程中的隐性福利给予了肯定。对于教师来说，积极参与比赛、获得更多的奖项，可以作为其向领导证明自己职业技能、工作积极性的有力证据。因此，很多人在获得领导重视这一方面始终强调默默干好本职工作，通过实际行动证明自己，认为最终的效果要强于阿谀奉承。

其实就算没有人，没有哪个领导做后台，但你可以一步一步地靠你自己，证明你自己，让领导觉得不用你很可惜，领导需要你干活。其实我就是这样一个角色。（C5）

我觉得教学就是要脚踏实地、勤奋钻研和研究课，各种课型都要研究。有的时候难免会走很多弯路。当然，人都可能会走很多弯路，但是你需要有别人的指点，脚踏实地地勤奋研究，再加上别人的帮助和指导，这样就会成长地快一些。（E7）

最后，在竞赛的结果方面，良好的竞赛成绩将直接成为教师发展的垫脚石。通常情况下，竞赛可分为国、省、市、区等级别，对于教师来说，一方面，晋级竞赛无异于获得更多的展示平台；另一方面，教师的优秀表现更易获得评委对其的关注。无论教师最终是否晋级比赛或是被“贵人”赏识，这都将给予其直接走向更高平台的机会。

我得过的这些荣誉，像 D 市优秀教师，这个是有硬性条件的，例如你必须要有优秀课、市级论文、获得什么样的荣誉，这是我的优势，证明了我付出的努力。（D1）

（我）改教自然课，刚好教育局举办了一届说课大赛。那时候我刚参加工作，对说课也不是特别地熟悉。那时还用那种幻灯片，都是自己做的。我参加县里的说课大赛，然后就评上了，之后就去市里参加一个说课大赛，结果又被推荐到省里了，在比赛中获得了一等奖。通过这件事，就觉得自己对当教师这件事充满信心了，觉得自己可能还有更大的发展，开始承担班主任工作了。（E7）

2. 活动模式

对于教师而言，参与校内活动是学习他人、展现自我的机会。参加校内活动可能不会获得市级或者省级等奖励或证明，但在增进同事感情、学习他人长处等方面，参加校内活动则具有明显的优势。

我们学校每个月都有业务培训，有时候请一些专业知识比较强的教授讲课，让我们更新教育理念，获得理论上的提升。学校经常安排一些优秀的教师上课，试听观摩课。校内老师的观摩课，无论是语文、数学还是其他科，共性都是差不多的，就是讲的内容不一样，方式方法基本上我感觉都差不多，从他们身上能吸取好的经验。（C4）

刚毕业的时候，在教学上有一些困惑，例如在跟学生的沟通方面可能不是那么顺利，有些说话方式、上课教学的语言学生们不怎么乐于接受。因为我总是用和大人说话的方式，不是儿童的语言（与学生沟通）。后来在教学中因为经常上一些公开课，加上有学校的领导对自己进行指导，再通过各种形式的比赛，我慢慢地摸索出了自己的教学风格。（C3）

相较于多种多样的校内活动，观摩公开课这种形式被教师公认为是最直观、最快的学习过程。一方面，在观摩别人的授课过程中，教师可以通过学生视角来了解他人的教学模式，这比简单地理论阐述要直观得多；另一方面，公开课也可以作为一个教师自我展示的平台，将个人技能与热情展示给领导和同事们，塑造自己的良好形象。

我觉得最好的平台就是听课。你就记住，别的可以不参加，但是讲公开课的话你一定要参加。同样一节课，不同人讲课就有不同的观点，就算是再低水平的教师他也有值得学习的地方。你自己把教材、教参拿来，形成自己的见解，再去听课，优点吸取，缺点去掉，久而久之就形成了自己的东西。最后可能这些都用不上了，因为你自己脑袋已经有形儿了。你不能指望人家告诉你，他不能全都告诉你。有的时候你教给学生方法以后，他自己又有新的解法，那么这方法你一定要记住，可能这就是教学相长吧。（A3）

有一次公开课，就像是硬性听课一样，领导和几个老师想听我的课，我就说那就上吧。我把别人的一些思想结合我自己的东西融合在一起，上了这节课。这节课受到了市里包括省里教研员的认可，我自己也觉得挺光荣的，后来这节课又被拿到市里去展示，又送教下乡，我真的觉得自己挺了不起的。现在坐下来，自己细细想一想，还是自己认真钻研学习比较重要，要武装好自己，到了关键的时候才能爆发出来。（A1）

一个是自己钻研。因为我在工作中积攒了很多的经验，所以在遇到事情的时候我知道怎么去解决。再一个吧，就是学校的领导或老师。就像挖一口井似的，你没见到水的时候你不能停止，你得继续挖，不论别人怎么去说，这是你自己的职责——教书育人。一开始肯定是人家不认可你，你才刚毕业。这就需要你不断地去努力，去讲公开课。（D2）

同时，参与校内活动和参加校外竞赛一样，具有一个不言而喻的好处，就是获得领导的认可，即：在活动中表现得十分积极、优秀，可以获得领导的关注与认可。大多数教师都承认，参加校内活动能够加深领导对自己的正面印象。因此，在校外活动推举时，自己能够获得更多的参与机会。

他们那时搞了个城市分组教学，领导就点几个骨干教师去做示范。当时根本就没有我，但是我也做，因为那个培训我也参加了，虽然领导没点我，我也跟他们做。后来他们都黄了，都不做了。两年之后，我们校长听课，意外地发现我还在做，而且做得非常好，这是他第一次发现我。然后我们和外校联考，联考中历史不是中考科，我们校的成绩比别人低好多，只有我带的班比外校高好多，他就认识到了我，就觉得至少在这些刚毕业的年轻人中我不一般，很突出。像这样首先让领导先关注到你，然后陆续就有出去的机会了，就可以去参评优秀课了。（C5）

创造机会自己上课。如果有公开课的机会能给你，作为一个临时的老师，就得把握住，不管有没有回报，因为你是临时老师。所以在这一块上呢，就得自己有目标。毕竟这一辈子你在这待着了，你能拿走的就是一些经验、自己学到的东西，剩下的你什么也拿不走。你学到的东西，学到的一些知识，学到的真本事，这东西哪怕到你不做教师那天也有用。所以说，碰到机会就学点东西，能去展示点东西就大胆去。（E8）

一方面，教师在教学活动中崭露头角可以使校领导更快发现自己的闪光点，从而获得更大的平台；另一方面，对于部分实习教师来说，通过公开课展现自己的教学实力，可以帮助自己更快地走上正式的教师岗位。

二、地区平台

（一）应试模式

应试模式涉及更多因素，具体包括教师个人水平、资历和专业技能成绩等，同时宏观背景因素，即整体社会环境与政策环境也应当被考虑其中。宏观背景对社会人才需求与人才准入具有较大影响。

我觉得工作对我人生很重要。我当时是幼师毕业的，按道理是应该分到幼儿园的。我们学校的第一个校长就是看中了我的课和演讲才能，才把我招进来的，这个对于我的工作来说是一个转折。当时是要求艺术师范学校毕业的才能进小学，我在我们学校是第一个幼儿（师范学校毕业的）到这个学校的。（C8）

另外，参与我们本次调查的受访群体大多具有农村教师工作背景或农村生活背景，对于受访者而言，他们往往在应试环节的提问中提及自己的家庭情况，强调自己从农村步入城市的不易之处。同时，许多受访者对于当时的政策背景与社会环境始终抱有感恩之情，尤其是在行业准入方面，很多受访者表示，当时较为宽松的政策要求为他们提供了较大的便利。

我是非师范专业的，我是通过公开的教师招聘才考进来的。当时特别困难，因为简笔画、三笔字、朗诵这些教师基本功我都不会，还有实习的时候人家要试课，什么叫试课当时我都不知道，写教案也是照着别人抄。（A1）

在职场准入考试方面，部分教师认为受限于时间与考试政策等，考试仅限于考核理论部分，而相应地忽略了实践部分，最终导致部分教师在具体的工作环节中仅能发挥专业特长，无法掌握教育教学的基本技巧。

因为我家条件不算太好，父母帮不上忙，就得靠自己。但是挺幸运的，考试那年政策特别好，没有黑幕，也没有潜规则，全是按名次录取。俺们那没有像现在的面试，就是按成绩，第一天考试，第三天出榜，就录取前30名老师。（C4）

我学的是计算机专业，虽然我现在是计算机老师，我自己的电脑知识很明白，但是怎样把知识教授给孩子们还有一个技巧的问题。我当时只要有时间、有机会出去，我就赶紧跟人家去学习。可能对于专业的老师来说都不算什么，可是对于我来说，我什么都不懂，感觉就像是白纸一样。进入课堂你也会发现，怎样和孩子们沟通也是要学习的。有时你学的知识可能很多，却派不上用场。可以说我在技术上没什么问题，但是在教学上确实是很欠缺的。（A1）

在教师资格考试方面，需要强调的一点是，早期的教师资格考试虽然程序较为简单、制度尚不完善，但这并不意味着教师职业的准入门槛低。相较于今天的教师资格考试，传统的考试中没有面试部分与实践评分，这在一定程度上加大了教师专业课的考核难度。也就是说，早期的教师资格考试对于教师的专业化水平具有更高的要求。

积累了一年之后，毕竟对社会有了一点经验、一点掌握，有点了解了之后我就又跳到BX县开办的第一所英语学校，成为他们学校的第一个英语老师，又在那工作一年，又积累了些经验。2002年B县招英语教师，小市镇招3个英语老师，我是小市镇第一、BX县第五，然后考到小市镇当英语老

师。参加工作的时候在乡下当了 5 年（教师），然后又调到咱们学校来，一直工作到现在，也是挺不容易的。（C4）

（二）培训模式

培训模式中的技能提升主要包含两个方面：一是培训资格的获取；二是具体的培训阶段。为了获取培训资格，教师往往要在工作中表现得更为突出，同时还要获得一定的奖项。因此，对于教师而言，能够获取培训资格往往意味着更多的准备工作和更多的时间付出。无论是获取培训资格还是参加培训，都是技能提升的重要途径，而技能提升是教师进入更高平台的一块“敲门砖”。

在培训资格的获取阶段，由于各个地区、学校自有的条件不同，教师参加培训的级别也各不相同。在名额获取方面，通常存在等额分配与差额分配两种。其中，差额分配往往需要教师对自己有更加精确的规划和更为严格的要求。

那时候培训校给了我很多的培训机会，大地方倒没去过，就在 W 市培训中心，被安排去小学听别人讲课。（D1）

县里有名师工程，我是名师工程培养对象。三年前，那时候我对自己有一个规划：几年后自己想达到一个什么样的目标、什么样的层次。如果没有名师工程那个活动，我可能至今也不会对自己的未来有个规划。反正就努力着吧，自己的心中有一个目标，前面的路还很漫长。（C3）

在培训效果方面，技能提升是最普遍的培训效果，对于部分年龄较大的教师来说，他们往往不擅长 PPT 制作、白板和电脑使用等，培训可以不断提高教师在教育技术方面的个人技能，使其实现教育技术上的与时俱进。

刚开始这个电脑是最难解决的。一出门听课，人家那个电脑用得特别好，当时我心里就着急。咱们这边也没有电脑，只有县里边小学条件比较好，咱们学校没有，当时心里特着急。那时候就是教育学校有培训的机会，咱们特别愿意参加。（E12）

与基础技能培训相比，更多的培训活动集中在理论培训上，即有关教育理论的培训。在理论培训中，对教师的要求并非简单的了解和掌握，而在于反思层面，这种培训的主要目的在于给予教师更多的反思机会，让其对教学理念有更为深刻的理解。诚然，这种反思对于教师来说并非是硬性要求，然而在名师访谈过程中，对于培训课程的反思似乎是名师成长的必经环节，反思性思维对于名师而言有着更加重要的意义。

前年我参加咱们 S 市的一个优秀教研员培训班的学习，然后我到了 D 市。D 市的一个教研部主任她也是咱们 S 市人。她的话让我感触很深，她就说，咱们作为一个小学教师，如果我是从高中研究初中，再研究小学，有这样的一个起点的话，对小学的教育也是一种触动。例如小学教 1+1=2，你就仅仅懂得 1+1=2 的话，你在这个学科里无法了解更多。站得高，望得远，才能知道得更多，所以，我认为学习很重要。（A5）

这是我最近参加学科带头人首席教师培训的一个培训日志，是参加英特尔培训的一个日志，也是我成长的一个历程。有我上了一节课记的，我前一天上课之后记的，算是教学反思吧。你要不进行反思，就不会进步，今天的课和明天的课没有什么区别，和昨天的课都一样。在这个班都没上好，上那个班还这么上。假如说你备一节课上 5 个班，那么第 5 个班就要比前 4 个班都好，它是一个不断改进的过程，当你上到第 5 个班的时候，你的课就很完善了。你看教师的教案时也都应该有教学反思。（C5）

第二节 “平台”的作用

在对平台的内涵进行回应后，关于平台的作用教师们看法不一。一般来说，平台的作用不仅体现在助力机会获取方面，更加在于技能提升和有益于教师职业发展等其他方面。

一、道路指引

教师所处的平台有多种形式，不能简单地将平台概括为某人、某地或者某岗位。但是可以肯定的是，平台对于教师来说具有明显的道路指引功能，这一点在人脉平台方面得到了更为明显的体现。

我觉得一个领路人非常重要，就像我的师父，让我走了很多捷径，而有的老师要自己摸索，就会走很多弯路，像是S形的，走歪了，还要回来重走，这样比较耗时。年轻的时光毕竟有限，我觉得有一个领路人的话，他会告诉你往哪个方向发展。（C3）

此外，不同人脉平台下的专人指导也很重要。在校园平台与地区平台内部，无论是竞赛环节、培训环节，还是活动环节，都会给教师提供新的内容。这个时候，技能发展方向与个人水平提升得益于个人的反思。但是，必须承认的是，无论是哪种平台，平台设立者均希望教师在其中有所收获，而教师在平台上也会尽力使自己获得更多的收获。

像我吧，也在P市等地方上过公开课、展示课，这功劳并不是自己的，一方面离不开自己的努力，但是更重要的是幕后领导对你的栽培，他们一点点栽培，使你不断成长。所谓闭门造车，再怎么造，还是这个水平，老领导不断地给你提意见，你才能不断地去修改，不断地进步。（D1）

成长的关键，首先离不开自己的努力，包括老师听你课，给你的意见，你必须得改，毕竟人家领导都是有经验的，下一次课人家领导都希望你能不犯上次同样的错误，这都需要你严格要求自己。再一个，你也得向其他人去学习，不断地向外面学习、去培训，在学习当中也是在慢慢地积累经验、看资料。现在可以通过上网视频学习、经常做教研活动，挖掘人家身上的优点，不断去学习。（D1）

领导给你机会、别人帮助你的时候也要有知识储备，有一个平台。人家听完课了，给你指导了，可是下次听课你还这样，没有进步，那也不行，你要不断地去改正，不断地进步。（D2）

二、技能提升

教师在不同的平台上往往会面对不同的机会、不同的课题。一般而言，课题的获取在受教师个人技能影响的同时，也受到教师个人所处的单位名额、单位资质等许多方面限制。在具体课题中，尽管不同的课题对于教师科研有不同影响，但是教师在开展课题研究的过程中都必须经过很多培训与学习，使得教师必然在新知识、新技能掌握方面获得提升。

我现在主持的课题还没结题，还在研究中。当时咱们学校是首次全面铺开课题研究，我研究的是现在每个班级中都有的交互式电子白板在教学中的应用。在一系列的研究中我得到了很大的提高。县里面普及了白板之后，各学校都还不会用，而我都已经会用了，而且是熟练掌握，我就给那些校长做培训。这就是说，在课题当中真正研究出东西了才能讲得出来。如果没有那个研究（经历），我也许不会接触它；如果我对它的掌握几乎是零，我也就不会有收益了。（现在）不管是自身的素质方面还是外在的都有收获。（C3）

咱们现在学习的东西也多了，网上学习，再结合自己的实践，同事、领导给你评课，这都是些宝贵的经验，以后你再完善它，这就是很好的一次自我提升的过程。我（通过）外出听课、外出学习，知道专家是怎么上课的，专家上课抓住的课程重点是什么，把很多问题综合起来，不断地去完善自己的课堂。（D2）

三、机会获取

一般来说，相对于获取镇里比较有限的培训资格与名师资格而言，直接将工作调到更好的单位显然容易得多。同时，在较好的单位里，较好的培训机会也会相对增加。因此，对于乡村教师而言，更好的职业发展道路往往在于进入更好的学校，很多受访者凭借经常需要去参加镇里活动的机会，认识了更多的领导，获得领导的肯定，从而进入镇里更好的学校。

我毕业之后在县里的一个农村学校当老师，工作了一年之后直接担任班主任。工作了一年半之后，由于镇里的活动也比较多，（中心校的）领

导通过各种活动就认识了我，觉得我还很年轻，干劲儿挺足的，工作还可以，就把我调到他们学校了，到镇里的中心校工作。（C3）

此外，教师的机会获取不仅限于升职和进入更好的学校等方面，对于教师职业来说，其职业内部有多项测量专业水平的指标，更好的专业技能可以帮助教师获取更多展示自我、外出交流的机会，这些机会的获得受教师自身努力和平台所提供帮助的影响最大。

我刚参加工作的时候信心百倍，上班时白天晚上地干，一点儿都不觉得累。我觉得应该把这些学生教好，实际上就是这么简单的想法。然后一点点地，学校觉得（我）这个老师还行，派我出去学习，学了之后我就一点点地有经验了，上课也自如了，一点点地觉得自己变强了。（B5）

教师进修学校会派人检查，他们会有一个拉网式的听课。然后检查的人普遍认为我的那堂课还不错，就算是被发现了吧，这样以后出去学习的机会就多一些了。（A7）

有一次参加市里白板课例比赛的机会，我就报名了。因为刚接触白板，谁都不是太会，各个功能的运用和实际教学（操作有困难），例如，你这个教学内容需要用什么功能展现出来，让这个教学难点更能让孩子接受，那个时候很少有人能够很透彻地明白。所以我就报了，希望自己能被评上，参加市里比赛。后来自己查资料，把课程设定好，向别的学校的老师、白板使用比较好的老师学习。录完像之后申报，市里通过了，再往上申报的时候报到了国家级。等到国家级再评选的时候，我在重新整理的时候思路更清晰了。到现在，别的老师上白板的时候哪个问题不会、这个内容用什么功能，这个时候（我）就可以说几句，告诉他们，给他们点意见。（B7）

第三节　高级平台与普通平台

在了解了平台的内涵、基本表现形式和作用后，还需要明确平台的类型，即平台可分为高级平台与普通平台两种。这种高级与普通的差距主要体现在教师所获得的机会、福利与教学支持等方面。简而言之，当教师处在高级平台上，将会获得更多的培训机会、参赛机会和更好的教学软硬件支持。这最终将有利于教师的资格评定与审核，便于其开展日常的授课，有利于教师的职业发展。

相对于拥有高级平台的教师而言，拥有普通平台的教师所能获取的教育资源较少，也较少接触到先进的教学理念与授课方式，他们往往只能参加一些影响力较小的培训与竞赛。在个人提升与能力展现方面，这类教师处于不利位置。对于拥有普通平台的教师来说，在教师间能力相当的情况下，这种平台的差异性是极为不公平的。

平台之间的差距并不仅限于人力、财力与物力方面，很多平台之间的差异与宏观背景休戚相关，如应试教育模式所产生的学科差距、校园管理模式产生的岗位差距、教育资源分配模式产生的校园差距、城乡发展水平不同产生的城乡差距等多个方面。

一、学科差距

在学科差距上，最为突出的是应试模式所造成的学科差距。在义务教育阶段，尤其是小学阶段，自然、思想品德、音乐、美术和体育等课程依旧被视为小科目，是不影响学生未来成绩考核的指标，而语文、数学和英语等主科目作为学生未来升学考试的主要科目，受到学校与家长的重视。因此，对于小科目的教师来说，除部分艺术学校外，普通学校对其是不重视的。许多校领导认为，此类科目成绩并不影响学生的升学率，对此类科目的忽视也不会得到家长的投诉。因此，学校对小科目教师的支持水平可能会稍低，具体体现在：一方面，在资源分配与对外推送上，小科目教师容易处在较为弱势的位置；另一方面，在校内职务承担上，小科目教师很难成为班主任，这不免让其内心产生负面情绪。

> 我其实也没有什么特殊的经历，我就是教政治，学的是思想政治专业，也没有当班主任的机会，一直从事政治教学。这个学科在学校应当说是小学科的位置，所以说从上到下也不怎么重视，所以我只能是自己重视自己。（C2）

最大的困难一个是纪律上的，一个是中考方面上的，再一个就是个人方面的。个人方面就是定职称，你没有当班主任的机会，还处在小学科的位置，你怎么付出别人也看不到，即使你有再强的能力，也得从主科班主任老师开始。虽然我是这一学科的全市名师，我每一次的教学考试都能考第一，但是你是小学科，你考第一又怎么样？……所以定职称也是一个老大难。（C2）

在家长方面，应试教育的压力使得家长只能将孩子教育的重心集中在主科目。家长对于学生的关注集中于主要科目，在家庭层面带给孩子一个小科目不重要的印象。因此，在班级日常管理中，小科目教师通常会面对一些班级管理问题。

困难有很多，本身就是小学科，你自身就是一个困难，领导重视班主任也就重视了，如果对这科的要求比较少，学生自然而言也就更放松，一个是成绩上他们不在意，另一个是上课时的纪律很难管理。纪律是我们小学科的困难，组织教学挺费劲，每个班级自律的学生太少了。（C2）

针对学科差距的问题，教师们的反应各不相同。有人认为，既然选择了这个专业，就应该继续发展下去，不能因为眼前的利益而放弃自己的初衷。也有教师认为，既然目前的专业比较窄，不如换个专业，以促进自身职业生涯的发展。由此可见，应试教育的压力使得教师平台确实存在学科差距，且这种差距很难通过教师一人之力来解决，最终造成了教师发展平台的不平衡。

我就觉得这一辈子也没当过班主任挺失望的。虽然这一辈子你的学科工作出色，但是别人不能真正认可你，也看不到你的成绩，我就觉得比较困难。学习上我觉得还可以，我觉得我比较钻，就是有什么难题我非得把它钻研得差不多。我善于去学习，我觉得别人认为困难的问题，我就一定要把它处理好，我对工作还是比较有信心的。（C2）

我那时在高中，有 3 个老师也就够了，也觉得自己那科的知识面窄一点，就是按计划学习，有机会上课我就上课，就想当一个好的班主任，但是那时候没机会当班主任，毕竟是一个小学科。后来又改教数学、当班主任。（C1）

二、岗位差距

平台差距中的岗位差距是由校园内部管理制度产生的，主要涉及两个方面：一方面，在资源获取上，领导由于其掌握的资源和荣誉较多，往往更加容易得到岗位优势，获取更多的评优、评先资格和参与培训的资格，相较而言，普通教师则处于弱势地位；另一方面，在不同岗位对不同技能的需求方面，校领导本身出自于普通教师，升职到行政岗位后职位对他们的技能有了更新、更高的要求。因此，被调往新的岗位对于提升教师的全面技能具有十分明显的效果。

> 也不是说做了什么，我觉得是我的岗位不断调换，不同的岗位给了我不同的空间，也多了很多不同的平台。就像辅导员的工作不是谁都能干的，是挺锻炼人的，要求个人素质比较高。可能当时我性格开朗，比较适合。再一个这个工作还比较历练人，沟通、协调、思维、设计等都是没有限制的，很多东西都没有现成的，是需要自己去想的，全是原创，这也迫使我不断学习。（C6）

由于校内的行政管理人员往往由任课教师兼任，对于教师来说，是否拥有一个行政岗位关乎其自身的全面发展。同时，行政岗位要求教师具备更高的管理技能，这项技能也有利于教师更加有效地实施班级管理。

> 作为一个教研员，我觉得一定要有一个在基层工作的经验，这个很重要！这样他才会换位思考，他会考虑：我当老师的时候，那也是我努力的目标。当我做了教研员的时候才知道，我做老师的时候并不完全理解教研员。这样，我做教研活动的时候则更能体谅他们（指教师）的内心想法。在沟通方面，教研员的威信不是拒人于千里之外，也不是说非得（别人）如何热情地接待你，而是来自于多方面的，有人格、有学科知识等。（A5）

对于担任行政岗位拥有岗位差距中的优势，受访者认为，岗位优势的建立应当基于个人素质。也就是说，只有脚踏实地地做好本职工作，才能成为一位优秀的领导。

你一定不要想我在几年之内当上领导，就踏踏实实地做好自己的活儿。如果你没这个基础，就算你做领导，你也驾驭不了老师。你自己有实实在在的东西在肚子里面，你做老师是一个好老师，做领导时人家也服你。（A6）

毕业 20 多年，做领导工作也 20 多年了。毕业第三年开始做领导工作，到现在一直在教学前线。我刚才来的时候，是讲了两节课过来的。我觉得不管你当多大的领导，课堂是你的主战地，不能丢。在教学中能学到好多东西，教学相长，真正能体会到在实践中积累知识，各个方面，包括陶冶性情等。（D5）

三、校园差距

校园差距，就是人们口中所说的名校与普通学校之间的差距。一般来说，有条件、有实力的家长会尽力将子女送进名校，因此，名校内的学苗就会优于普通学校。来自于实力家庭的优秀学苗进入名校，必将提高名校的升学率，拉开名校与普通学校的差距。另外，名校领导具备更多的人脉关系与更强的资源获取能力，这在很大程度上又加强了名校的优势，继续拉开与普通学校的差距，如此循环。

自己的努力是一方面，另一方面也离不开领导和同事的支持。就像名师的成长，学校资源是很重要的，学校的领导给你机会。同事配合也重要，讲好一节课需要整个教研组里的所有人群策群力。学校给我们机会出去学，或者上国内一些比较好的学校，像咱 L 中、D 中，去听课，去学习，就是在丰富自身这一方面。

还有现在的大学校比较好，对教师各方面提高（帮助）挺大的，对教师的成长也有很大帮助。教师也多，可以交流探讨。再一个，大学校环境好，教学设备、专用教室都有，对教师各方面提高（帮助）挺大的，原来的学校太小了。（D4）

同时，在校企合作、民办学校等方面，名校会获得更多来自企业或个人的支持。充足的商业赞助能够使学校在基础设施建设、经费支持与教学器材配备等方面更具优势。另外，学校可以借助商业优势获得更好的知名度和更多的合作机会。

从自身角度来看，我们以前是归 S 集团管，我就有很多出去的机会，上北京学习，学了一回合唱指挥。秋里老师很有名的，我和他的得意学生学了半个多月的合唱指挥。我一直是 S 舞蹈团的舞蹈队长，S 集团对文化艺术这块、对职工的文化生活是很重视的，所以聘请的都是前进歌舞团的导演、L 歌舞团很专业的特级舞蹈编导给我们排节目，也经常有机会去北京、大连，国外也去了很多次。所以在舞蹈业务水平上提升得非常快，可能比社会小学的舞蹈这块提升还快。（C8）

人往高处走呗。毕竟咱们学校校园环境好，包括教学工作也好，还是比较出色的。所以听说挺多在别的学校当老师的，都千方百计地、想尽办法来到这个学校，为的还是让自己的工作有更大的发展。（E5）

以前学校也就几百个学生，生活也很简单，每天就是备课、上课，一个班级就二三十个学生，手把手地在教授。现在一进教室有五六十个学生在你的面前，班级规模大了，你自己也得到了锻炼。又因为我们学校经常代表县里到市里去参加一些活动，我们在教师成长这一块儿得到了很大的锻炼。学校会尽量给我们提供一些平台，例如刘主任组织的一些小课题，很多都安排在我们学校来做。（A1）

总的来说，校园差距并非简单、刻板、一刀切的差距，这种校园差距是以梯度呈现的，具有渐进性特征。一方面，教师队伍较为年轻的学校更具有竞争优势；另一方面，行政区层级较高地区的学校的总体水平高于行政区层级较低地区的学校。

在原来学校那时候工资低，只不过是新建校。新建校的话年轻人好干，机会能更多一些。要是在其他一些大校呢，人家学校都有重点培养的老师。你还得有机会，没机会不行。（E6）

看和谁比了，如果和本乡镇其他学校来比，在乡镇里面还可以。因为我任教的是一个中心小学，无论是在硬件还是软件条件上来说，与本乡镇其他学校来比还算好一点儿。但是和市内的一些学校来比就有差距了。（A7）

咱们就最近两年还行，以前教学环境比不上大城市，课件、大屏幕、视频上课都特别匮乏。（D1）

四、城乡差距

城乡差距主要体现在学生教育与教师发展两个方面。城乡学校的软件、硬件差异本就十分明显，加之城乡间的家长教育观念、学生态度存在差别，最终导致城乡间的平台差异更为明显。

在学生教育方面，一方面，由于父母教育背景方面的原因，农村学生很难在家庭中接受英语等专业学科的教育；另一方面，农村家庭出于经济原因和本地教育资源的匮乏，很少有农村家庭能够为孩子请家教，这就使得农村学生在接受知识方面完全依赖于学校。然而，农村学校的教师水平有限，师资力量同样有限，最终使城乡学生在接受教育方面存在明显的差异。

我现在搬到市内来了，有的农村的家长太不重视孩子的学习了。所有的知识只是交给老师一个人教，哪怕开家长会，家长没有全到齐的。所有的东西，包括生活上的，只是老师一个人的事。农村老师承担了包括学生生活在内的所有东西。我就一个感慨，觉得农村老师太伟大了。他们淳朴、实在、真实，对孩子发自内心地好。有时候哪个孩子今天没吃饭、忘拿钱了，老师就给垫上饭钱，对于他们就是特别正常的一件事。（D6）

就是不同的感受，可能是由于居住地的不同吧，家长对孩子学习的重视程度相对来说不一样。这些家长都是竭尽全力，自己全力为孩子去创造这些条件，但是因为他自身的生活条件或者生活经历所限，有的家长可能忙于生计、挣钱，他就没有更多的时间和精力去顾及孩子的学习。（E1）

教育是不均衡的，地区差绝对存在。地区差影响了孩子的素质，影响你学苗的素质。就像我原来那个学校，家长他也想让孩子（受到好的教育），谁都希望自己孩子受到好的教育，但有的家长确实没有那个精力，他也没有那个条件。（E1）

英语老师起的就是引领的作用，给孩子兴趣激发起来就行了，孩子会说、会唱、会跳、会用英语表达就非常好了，这样孩子一门课就达到 90 多分。而且农村孩子的家长根本没那么多钱让孩子补课，跟城里的孩子根本

比不了，所以单靠老师一个人的力量，要想让孩子的成绩提高到八九十分是不可能的。（C4）

有的农村孩子小学时不喜欢英语、讨厌英语，到了中学以后（这）自然会影响到孩子的成绩。小学阶段就说英语、用英语，这给老师的压力也大，特别是给教英语的老师压力大。孩子压力也大，孩子不爱学，老师不爱教。（我）早就想脱离英语（教师）这个岗位了。（C4）

教师发展方面的城乡差距也较为明显。一方面，城市学校更多的学生数量与更新的教学模式对教师来说是一种挑战。相较而言，城市教师更加有信心去面对挑战。另一方面，城市学校拥有更多的教学资源和教师发展渠道，促进教师积极参与校园竞争、主动提高授课水平、提高业务能力。

农村因为各方面原因，肯定是与城市是不一样的。看人家（城市教师）是怎么教学的、老师之间的互动，看完觉得挺好的，那时候农村还没有这种形式。（D6）

其实在农村那三年比在这里轻松。刚毕业时处于学习阶段，属于充电的阶段，正好是在那三年里念了函授的本科。现在你要是想学点什么，都觉得时间不够用，或者说是自己给自己找借口没时间。一天（中要完成）作业、批改、辅导等，时间很不够用。调到这之后就觉得视野开阔了，这是一个量的变化。但是你看以前（学校）能在一线上课的老师就一二十人，现在这里一线上课的老师有一百来人。另外事业和立脚点也不同。（C1）

我以前在一个村小，在那里我们举行一些大型的比赛、检查活动都办不起来。对于我的成长也有一定的束缚吧。（A1）

在农村，教师见到的东西少一点，展示的机会相对城里来说能少一点儿。（A7）

咱们这里的职称评定有问题。我们一起毕业的有好多同学，包括 B 县、H 县，这么多年了，人家很早就定上级了。咱 BX 县的老师特别多。关于职称评定问题，政策问题咱们没有办法解决得了，咱只能去接受。我前年的时候才评上的，也是顺水乘舟吧。（A2）

纵观农村整体的教育发展水平，尽管农村的班级管理制度已经处于改革当中，在班级形式与班级规模上尽量效仿城市学校班级管理。但是在具体的实施细节方面，农村学校的排课仍然较为宽松。有的学校班级人数较多，总体上降低了学校的教育质量，加大了教师的管理难度。

我刚毕业时候就在农村。现在农村和原来不一样了，以前是乡镇管理，现在都是市里统一管理了。农村的孩子相对来说时间不是特别紧，比较松散，下午上两节课结束了。班型也不一样，原来农村是三四十人一个班，（现在）这个（学校）百八十人一个班。（A3）

第四节　平台的内生力

高一级的平台不仅意味着硬件水平、发展环境和一整套与教师专业发展等优势要素的集合，还意味着能够激发教师专业成长的内在动力，从而使得平台的外在配置与教师专业发展的内在动力紧密结合，使专业成长成为职业发展的常态，这就构成了平台的内生力。

平台的内生力主要体现在学校核心发展力上。处于高一级平台地位的学校对学生、教师均有更高的要求，这使得校内师生对于学校和教学持有更加积极、信任的心态。平台的内生力可以概括为以下几个方面。

一、应试要求

在高级平台学校，家长对于学生的成绩抱有更大的期待。同时，对于学校领导来说，教师的授课水平和班级升学率是教师考核的重要指标。在此基础上，教师为了在校内获取更多的资源、完成评优评先工作，必然需要在工作中投入更多的精力。

刚刚毕业肯定是一腔热情。（我）到幼儿园去工作，自己也是个孩子，又带领一群孩子时，就是孩子带着孩子，当时感觉虽然很累，但是也很开心。虽然嗓子累成这样，但是和孩子在一起好像没有什么压力，也没有考试任务。就是天天领着孩子玩，负责安全，其他想不到什么，到学校工作之后必然有考试跟着，压力稍微大一些，但是还是挺快乐的。（C4）

目前，学校仍然将成绩作为教师业绩考核的主要标准，较差的班级成绩甚至会为教师带来失业危机，这不仅对教师提出了更高的要求，也给其带来了更大的压力。

末位淘汰制，你要倒数第一了你就下岗。压力在这了，你不敢不往上走，不往上走后边人就给你撵下去了。特别是我经历过的，他们都没经历过，每年群众打分，实行末位淘汰，排最后一个工资按百分之七十发，第二年和第三年只发百分之五十工资。（E6）

与普通任课教师相比，班主任不仅是学生成绩的主要负责人，同时还负责班级管理与学生管理两个方面。因此，对于班主任来说，其工作压力远远大于普通教师。

现在的班主任其实挺不好当的，就是看你有没有付出心血。你付出了你就累，每天回家都很累。我们是小学老师，我们学校挺重视成绩的。还有跟家长沟通方面、学生安全方面的工作。（E8）

班主任很累，工作烦琐，要提前到校、领操等等。在学校待时间长了，老和孩子一起相处，思维总是 1+1=2。有的时候家长不配合老师，光靠老师这一边也不行；有的时候学生的教育水平不一致，老师教起来也很头疼；有的时候只能单独去指导学生，家长可能还不理解，我觉得有点力不从心。（D2）

显然，班主任的工作更加复杂、烦琐。但也有班主任表示，通过与学生深入接触，能够让自己接受工作的复杂性，这也是班主任与学生相互融入的过程，在这个过程中，班主任所从事的复杂工作成为其与学生深入接触的主要纽带。

当班主任，你是保姆，你是勤务员，你是老师，你是心理学家，甚至还有更多的职责，你真的很累。但是你可以上 qq 空间看看学生的心灵，看看他们的想法，那样也是挺有意思的。不管是魏书生还是其他的人，你看他们做了领导之后手里都有一个班级。一个老师只有和孩子在一起才完整，不和孩子在一起就是一个空架子。你和孩子在一起的每一件事，不管是开心的还是流泪的，都是自身成长的一种经历。（A6）

刚开始的时候，（我在）非常普通的工作岗位，也没有说什么热情、奉献。当时觉得太枯燥了，太没有意思了，后悔为什么选择了这个职业。第一年的时候，我教的是一年级，不会教，所以就不爱教。不会的时候，你就没有兴趣教。过了一段时间，你去了解了这些学生，当学生喜欢你的时候，你就渐渐投入进去。你们将来要是进入小学（从事）教育（工作），你会觉得孩子对你非常崇拜，我工作的最大动力就来源于孩子的那种崇拜、赏识。你一个动作、一个眼神他们都会去模仿，特别鲜明。尤其是一年级（学生），特别崇拜老师。所以说，当孩子崇拜你的时候，你要以最好的形象出现在他们面前，一点一点，你就觉得对这个行业还是比较喜爱的。（D7）

二、工作要求

对于教师来说，如果学校要求不严格，教师难免在工作中产生惰性。因此，访谈中的大多数教师在谈到自己在多个学校不同的工作经历时，都会提出不同学校、不同的工作要求使自己形成了不同的工作状态，其中，要求较高的学校更能促进教师专业发展。

一开始的时候每个人都有惰性，觉得我把我的课教好了就行了。一些科研项目、课题跟我们关系还不是很大，并不太爱参与这个东西，因为会影响我的其他精力。刚开始学校硬性地让我写材料、写论文，那就写吧。让我想一个课题题目，那我就针对自己课堂上的问题开始写。当我们这样走了一段路会发现，这些东西很好啊，在课堂当中也能应用到，因为它就是你在课堂上发生的问题，是你解决不了的。有什么闪光点你认为挺好的，想和大家分享（就可以分享给大家）。（A1）

原来的学校（对此）不是很重视，例如学生的学习、学生的一些活动、学校的整体环境。学校的环境不是积极向上的，所有的老师都特别倦怠。学校整体的氛围就像班风似的，班风不上进，学生就懈怠，那学校也有那种风气。整体氛围不上进，在那待着就挺懒散的，就要换一个环境。（E2）

因为在以前那几个学校工作的时间都比较短，本身自己也没参加什么活动，所以那个时候只是和学生沟通，是自己从大学生向教师转变的一个阶段。最大的转变还是到这个中心小学之后，在这我是年纪最小的，所以很多活动都是我来参加，这样经历就比较丰富多彩了。我曾经两个星期参加四次比赛，都要脱稿那种，就好比这三天着手准备一个比赛，接下来马上准备下一个，特别忙。就包括我现在也这样，天天从早忙到晚，大伙都知道我是一个陀螺，不停地转，因为我还负责少先队的工作，不光教学，还有全校的德育活动这方面。（C3）

农村地区存在民办学校较多的现象。而民办学校的教师由于学校资源、个人素质等原因，往往不具备较高的工作热情和积极性。此外，教师队伍基数小，教学团队整体年龄偏大，年轻人员融入少等原因，均容易造成学校整体竞争力不强。

学校里加上我才 10 个老师，最年轻的就是我，再就是 34、35 岁的，然后再就是 40 多岁的。10 个老师中有两个代课的、一个民办的，剩下的就是接近退休的，可以说就是我一个人在努力。（A6）

对于部分希望评优评先的学校而言，除了对教师工作提出基本要求，还会对教师专业技能发展提出要求。而技能的发展往往通过比赛的方式来实现，虽然部分教师认为有的比赛并不利于自己的教学活动，但是必须承认，比赛确实促进教师更加注重提升自己的专业技能，使其时刻保持学习的状态。当然，这也增大了教师的压力。

例如，上面有写字比赛或者什么比赛了，老师必须要过关。以前学校有老师指导写字，现在没有了。学校要抓成绩啊，有各种比赛，上面的检查很多，这些东西对于我自身来说是没有太大用处的。他们就是用这个方式来看你的备课、讲课什么的，领导就以这个看成绩。（A6）

最后，在监督、检查环节，学校更为完备的监督手段对于消除教师惰性、提高教师教学质量具有至关重要的作用。一般而言，在大学校园内，随机随堂听课的监督方法较为普遍，部分中学也已经开始采用这种监督方法。受访者表示，这种随机听课的方法的确带来了很大的压力，但也确实提高了教师的教学技能和教学质量。

那时候一个是听课，领导推门就进去听课。然后学校给老师压力。新老师来了，学校领导，包括校长、主任、教育局的，都来听课。现在我都记得，教育局局长当时是那个孙局长，你这边正上课呢，门打开了，（有人）进来听课来了。这种听课方式是比较多的。再一个就是平时经常去参加教师技能大赛。我刚上班的时候叫教师新秀大赛。刚上班一两年的新老师通过层层选拔去参加这项比赛，你参加比赛就自然而然得想招（学习）了。（E6）

我中间有一段想过放弃，特别是有一段时间教师整治，经常考试、背题，当时考核的时候我排在后面，领导经常开会说排在后面的就要下岗，那时候整治可厉害了。再一个当时教英语走的道路也挺远的，太辛苦了。（D4）

三、家长要求

受访的大多数教师都具有农村教学经历，因此，对于农村与城市家长的差别具有明显的感触。一方面，受制于农村家长的受教育程度，农村家长普遍缺乏较好的家庭教育能力；另一方面，受制于农村整体的经济环境，农村很少有较好的课后补习机构。相比之下，城市家长可能具有更强的意识和经济实力，加之城市内教育机构高度发达，也就加大了城乡之间教育水平的差别。

在农村，家长都不注重这些，家长的不重视给我们增加了很大困难。就是孩子写作业这个问题，几乎家长不怎么检查，各个方面都要老师一手抓着。城市就不这样了，家长重视孩子教育，你要是给家长打一个电话，家长都能来，和老师商量孩子的问题。农村家长一般不怎么太和老师沟通。再就是有些家长外出打工，是家里的老人带着孩子，有的老人不会管理孩子教育，就给他吃好的、穿好的，上下学不迟到就行了。其实家长对孩子的影响很大的，但是有的家长就是做不到，忙着干活，没有时间照顾好孩子。你要学会跟家长沟通。（A6）

最大的难事儿就是在农村得不到家长的配合。文化程度这个事我们强求不来，但是他们的态度真的很关键，农村家长对孩子的重视程度跟城里没法儿比。现在还好，学费什么的都减免了。原来收费都特别困难，你需要做家访，给家长做工作，然后才能把学费收上来。和市里比，现在农村家长的重视程度还是不够的。（A7）

农村的教师压力还是挺大的，多数都要靠自己努力。例如英语课，市里的老师能轻松一些，因为孩子们参加各种补课班，农村的孩子没有这样的班，所以农村教师确实是挺辛苦的。（A7）

另外，家长对于教师的态度也存在城乡差别。农村家长由于个人知识水平有限、经济实力有限，又急于希望孩子成才等，对教师更加信任，这容易激发教师的工作责任感。相对而言，城市家长具有更好的经济实力，对孩子更加重视，反而有时会妨碍教师管理，教师在管理孩子的过程中束手束脚。

（农村）那些家长比较淳朴，相对来说他能把孩子真心地交给老师，完全相信老师。而我调到这边呢，这边的家长相对来说比原来的那个学校（对孩子）重视的程度可能多些，（这边的家长）可能是经济条件比他们好一些，让孩子学的东西多一些，能舍得投资一些。可能他们对老师的要求会随着社会的发展而发展，我觉得跟我刚参加工作时的家长对老师的要求是不一样的。（E1）

老师个人会有困难。但是有的人（指家长）对教育有些不理解，（由此）造成的困难有很多。（教师）教育学生（的话）有的家长不满意、不满意教育。（E2）

最后，在微观层面看，部分家长的不理解、不支持也造成教师工作中的困难。对于教师而言，对学生的教育工作需要贯穿校园和家庭两个环境。因此，家长的配合十分重要，如果家长不理解、不支持教师工作，或将孩子的教育工作完全推给教师，都会增加教师的教育难度。

有这样的孩子，家长从小没有给他培养成（好的习惯）。遇到这种情况，老师的解决办法除了去鼓励他就是联系家长，要求家长配合你去完成工作。再就是有的家长不理解学校的工作。你在学校给孩子的热情、励志，回到家里家长就说一些反面的话。这些都太正常啦，这是我认为的困难。如果有家长的支持和配合，咱们两只手握在一起，没有解决不了的问题。（A6）

但是家长意识不到这些问题。很少有一件事是家长和学校共同完成的，百分之八九十的工作都是学校做。例如，告诉孩子，“回家让你妈妈帮帮忙，听写一下课后生字”，这没有什么效果，全是我们自己解决的，就是这样子。（A7）

四、教师素质与责任感

随着教育理念的不断更新、教育技术的不断发展，教师应该与时俱进，时刻处于学习状态，教师的素质应该是不断发展着的。因此，许多受访者表示出对素质提升要求的认可。

（我们班级）以前是民办老师教的，咱不是说民办老师教得不好，可是毕竟还是有一些不足的，包括板书设计，有一些甚至连拼音掌握得都不是特别好。40 来个学生吧，有 8 个学生数学不好，但是我教完分数应用题之后，我们班级那 8 个学生做应用题可快了。就是一个学习方法的问题。老师教完以后，学生自己用这个方法觉得很顺手。所以说，教师的专业素养是很重要的。（A2）

自身上吧，念过师范的（教师）基本功练得扎实一点，三笔字、即时演讲这个必须要练，这叫自身素质，（自身素质）提高以后，到单位来就比较得心应手。没事的时候多钻研，把教学教法的东西看看，最重要的还是实践，（学校里学的）那些都是纸上谈兵，有机会的话多去实习，多去接触孩子，你会成长得更快。（D7）

在工作当中我觉得最重要的是要有激情，要有爱心，对孩子要有耐心。再一个就是要注重自身的素质。我就觉得自己有点后悔了，觉得书念少了，因为我是从初中直接考的师范（院校），没上过高中，现在觉得知识不够用了，在理论素养方面就没那么高，所以可能毕业之后要多看些书。（C3）

大部分乡村教师都土生土长于农村，对农村有着特殊的感情，在家乡情怀与教师责任感的作用下，往往具有更强的责任感。在农村内部的熟人社会模式中，出于大家都很熟悉的原因，也本着对熟人家孩子负责的想法，乡村教师在教学过程中表现出更高的师德水平，因此，乡村教师更加符合传统教师的形象，也更加贴近人们心中对于传统教师、优秀教师和具有责任感的教师的要求。

人生最黄金的年龄是 6～12 岁。家长把这个年龄的孩子交给了咱们，咱们就要对孩子们负责，做他们的“贵人”，不要做他们的“罪人”，我就是抱着这样的心态吧。（A6）

我毕业之后直接就去了自己的母校，是一个特别偏僻的农村小学，（这）给我一种动力吧。当时在城里师范（学院过完）4 年的生活，回到农村最底层的时候，确实是觉得有些灰心。我现在工作 17 年了，那时候学校环境也不好，但是看这些孩子们，孩子们要走出去啊，孩子是家长的唯一希望，所以自己必须尽力去做好，就很努力地去工作。（A6）

我那届毕业生中，很多人通过各种方法调到市内，而我就一直在农村待了这么些年……那时候我住的地方离学校特别远，每天骑着自行车去学校。那条路特别不好走，有的时候推车都推不动。那时候（我）是一个实习生，但是也挺受重视的。我骑自行车骑到半道，陷在泥土里推不出来，真是孩子家长帮我弄出来的，放牛的、洗衣服的把我的车推到河边，洗得干干净净，让我继续去上班。就是这些家长深深地打动了我。我也不想去放弃。（WFD）

最后，根据老教师的回忆，教师的责任感产生于与学生的相处过程中，在这个过程中，教师对学生的感情、回忆等因素能够使其萌生出更多的工作责任感与教育使命感。也就是说，教师通过开展素质教育，通过增强教师的责任意识，使自己从根本上感受到教育事业的使命感，从而在实践中提高教育教学的质量。

这届学生是我从一年级到六年级一直带的。我当时就不想干，因为校长说我不能转正，现在这个体制必须得考试，而我这个文凭还不是本科。当时挺难抉择的，想着干不干呢。后来就觉得想让自己有一个完整的教师经历，从一年级带到六年级，不行我不干无所谓。就是你不给我钱，我再回来再带一年（级），这 6 年我给这拨学生带走，我对这拨学生得负责任，对别的我不在意。（E8）

我觉得在小学这块儿，最主要的是责任心！责任心是最主要的。大家掌握的知识的水平可能会有一点差距，但是这对于小学生来说，它都不太影响他们的成长，教师最主要的还是责任心。然后是爱心。随着教师年龄的不断增长，这些东西可能别人说他听不进去了，必须自己亲身走过来。（A7）

总而言之，在农村教师的专业成长历程中，平台模式是乡村教师成长的主导性模式。当然，与平台综合条件更好的城市学校相比，大部分农村教师显然并没有机会或主动性进入更高的平台。

要想成为优秀教师，一定要有充分而有准备的内在，但更为关键的是，首先，要有好的学校平台，有更多的教师专业成长活动与见世面的机会，以及更好的专业成长氛围，从而得到更多的、质量更高的资源支持。

其次，平台的存在意味着该学校在教师专业成长的发展现状、规划与建设水平、预期目标、未来前景等诸方面要素上高于作为比照对象的普通的、一般的学校。例如，相较于较为偏僻和规模小些的乡村小学，中心集镇的学校或中心校的平台就具有一定优势；而经济或教育发达乡镇学校的平台比普通乡镇学校又要好些；城市中小学的平台一般好于乡村学校；重点学校的平台一般好于普通学校。对于访谈对象来说， 在纵向的历程中，其职业生涯既体现为普通教师向优秀骨干教师成长的必然性，同时又表现为教师由较差的学校向中心性的、城市学校或重点学校的向上流动，后者实际是其发展平台的变化。对于乡村小学和普通学校的教师而言，无论在场面、见识上，还是在各种教学技能学习、交流、研究与竞赛、展示等活动的规模、频次上，都无法与高一级的学校相比。访谈对象中大多数优秀骨干教师都有乡村小学或普通学校的从教经历。如果说学历背景、职业热情、努力投入的程度等是其在最初的从教生涯中崭露头角的重要因素，那么换到中心校或重点校的平台档次的提升是保障其后续发展的重要依靠。新的平台提供了更复杂、更广阔的、富于挑战性的机遇，各种现场交流与技能竞赛活动，更多的、更高一级平台在教研与日常交往的互动机会，等等。

最后，高一级平台不仅意味着硬件水平、发展环境、一整套的与教师专业发展相关的优势要素的集合，还意味着其能够激发教师专业成长的内在动力，从而使得平台的外在设置与教师专业发展的内在动力紧密结合，使得专业成长成为职业生涯的常态。好的平台不仅意味着有更好的学习伙伴、更高水平的指导与提携者等，还意味着更强的竞争对手与更好的展示场景。在优秀平台上取得成功是教师专业成长的强大驱力，也是教师实现自我价值的重大目标。

第四章

乡土中的师道：发展中的道德因素

20 世纪 50 年代，经济人类学家波兰尼在《大转型：我们时代的政治与经济起源》一书中提出了嵌入性概念。波兰尼认为，经济过程嵌入于社会关系，人类市场的经济行为从前社会开始嵌入于社会关系之中，直到资本主义经济行为的社会嵌入的特性更是有增无减。借用嵌入这个概念，我们在理解农村优秀教师职业生涯与成长时，必须理解其嵌入的乡土社会这一重要的背景要素。

第一节 中国的乡土与乡土性

中国作为一个历史悠久的农业大国，几千年来，农业社会的社会根基和文化建构方式使得我国广大农村地区为乡土社会的社会结构。乡土社会一词的提出主要源于中国社会学的开创者费孝通先生，其长期深入农村社会，参与实践农村社会生活，在《乡土中国》一书中运用专业的社区分析方法，总结出近代中国社会与西方现代社会之间的社会结构模式差异。

一、乡土社会具有特定的土气

中国的农业历史悠久，等级制度形成时间久远，人们通常会把大多数普通人，也就是农民生活的基层社会，根据地域习惯统称为乡村，对这一基层社会结构也可以使用“乡土社会”一词进行恰当概括。

通常意义上，在等级制的社会结构中，往往会使用相对立的词语来划分不同的阶级或群体，部分人在看待农村人或乡下人时，“土气”一词就是他们对于这一群体气质与生活环境的概括。

费孝通先生通过观察研究总结出，土气是因为社会的不流动而发生的。[①]不流动性主要是就社会个体和社会空间之间比较稳定的关系而言的。在乡土社会中，人与人之间在空间的距离及位置上是稳定和相对隔离开来的。这种隔离并不是说人与人之间是孤独的、没有接触的孤立状态，这种相对隔离是在部分群体之间发生的，例如村落之间、城乡之间等。

导致这种群体之间不流动的原因主要包括以下几个方面。

首先，在乡村社会的生产方式方面，乡土社会中的个体世世代代主要的生

① 费孝通. 乡土中国. 北京：生活·读书·新知三联书店，1985：2.

产生活方式是农业生产活动。农业生产的特殊性就在于土地是不会任意移动的，为了完成生产，从事生产活动的人必须围绕着固定的土地定居生活，所以农村社会正是因为农业生产的这一特点，世代定居生活是常态，迁移是变态①。

其次，从群体定居的社会村落的形成角度来说，土地的特殊性并不是群体不流动的主要原因。在比较原始的耕种活动中，社会分工并没有达到需要许多人聚集在一起生活的程度。由此，我们可以推测出，不流动的聚居社区的形成还存在农业之外的其他原因，例如，耕地面积小，即所谓的小农经营，住宅和农场不会距离太远；农业生产需要兴修水利，人们住在一起会更加方便；人多方便防卫；由于土地平等继承的原则，且同村人的土地相互接近，人口在此地一代代地累积，逐渐形成较大的村落等。正是因为乡土社会的不流动性，乡土社会成为一个没有陌生人的熟人社会。对于世世代代居住在这样一个熟人社会中的个体来说，固有的生活模式和文化传承使得他们对新鲜事物的接受和对外界新刺激的反应较慢也就成为一种比较自然的事情，成为人们眼中土气的表现。

对于乡村居民而言，土气并非一种城市人眼中的贬义词。乡村居民讲究落叶归根，根就是乡，认乡就先要认土。对于中国传统农民而言，无论在哪里，总要先试土，只有确保土能用，可以维持生存与村落延续，那么这里才是乡。乡具有两层内涵：一是生存的土壤；二是抵抗危险的伙伴。乡土的核心情感维系力源于小农社会中人们集体征服自然的团结精神与凝聚力。因此，村内居民更多是对内部伙伴——同村居民的肯定。同时，结合农业种植本身并不流动的特点，这种乡土情便是久久维系的，在几代人的努力中变得根深蒂固、盘根错节。

二、乡土社会的文字与文化

在传统的熟人社会中，文字并不是十分必要的交流工具，乡土社会的个体主要是通过语言进行交流与沟通，往往不需要文字的说明。这主要是因为语言上的默契发生在具有相同社会生活经验的个体之间。聚居的群体规模越大，个体的经验就越多且复杂，发生在语言层面的默契程度和交流基础就会受到限制，和文字相比，语言的作用就显得不是十分重要。相反，在聚居的社会个体较少的乡土社会中，才有了使用语言进行交流的生活环境。

---

① 费孝通. 乡土中国. 北京：生活·读书·新知三联书店，1985：3.

同时，文字是在语言交流的基础上产生的，从语言到文字的转变过程，需要一定的记忆作为基础。每个人都有记忆力，人有此能力是事实，人利用此能力、发展此能力，是因为他当前的生活必需有着过去所传下来的经验。[①]因此，无论是传统乡土社会中的个体，还是现今社会中的个体，都具有人类的记忆属性，因此，记忆力并不是阻碍乡土社会文字出现和使用的主要原因。

从语言到文字的过程必定经过人与人交流、沟通的过程，这一过程具有时间和空间上的阻隔。时间的阻隔主要体现在以下两个方面：个体成长历程的时间过程、代际传递的时间过程。对于生活在乡土社会中的个体而言，生产生活所需要的知识和经验通过前人、长辈就可以获得和借鉴。相对固定的生活方式和人际交往方式使得他们不需要应对过多的突发情况，世世代代的经历在一段时间内都不会出现较大的改变，这就决定了文字的产生和引入是没有必要的。关于空间的阻隔可以这样理解：在乡土社会中，长期一起生活的群体规模较小，彼此朝夕相处，并不存在较远距离的空间阻隔，面对面的语言交流足以满足人们的交流需要，文字在乡土社会中反而不如语言那般形象生动和完善。因此，文字并不是出现于农村，而是为了满足上层阶级的需求而产生。

费孝通先生认为，乡土社会中的人并不是愚昧到目不识丁的，只是在乡土社会的生产生活中，文字没有存在的必要性，对于乡土社会的愚昧的评价只是就一定阶级立场而言的。从常人方法论的角度来看，乡土社会并非没有文化，与城市视角下的文化背景相比，乡土社会具有不同的思维方式与话语体系。乡村虽然作为中国社会的一部分，且从属于中国总体文化体系，但如同国内不同地区的派系文化一样，如海派文化、岭南文化、巴蜀文化等，它们各具特色，在文化领域内平分春秋，不存在孰高孰低的区别，乡村文化亦如此。考虑到乡村居民不同的生产方式与劳作方式，其内在的价值观与思维逻辑必然不会完全相同于城市居民，乡村居民对于土地的重视、内部交流中的文化背景，是不经常接触乡土的人所无法理解的。

因此，并非乡土社会没有文化，而是乡土社会没有城市文化。当然，考虑到目前现代化过程中的城市化发展，我们也可以认为乡土社会的现代化程度不高。然而，分清现代化与城市化的不同之处也非常重要，我们要认识到两者并非等同，乡村发展必然经历现代化，但这并不意味着乡土的未来只在城市，乡村必然拥有自己的发展逻辑与发展轨迹。

---

① 费孝通. 乡土中国. 北京：生活·读书·新知三联书店，1985：16.

三、差序格局

中国的乡土社会是一种差序格局。在团体格局中，团体之间的界限十分明确。例如，在西方社会，无论家庭群体还是个人之间的关系和界限都相对固定，基本不存在交织错落的关系网络。乡土社会的差序格局则与此相反，差序格局好像把一块石头丢在水面上所发生的一圈一圈推出去的波纹，每个人都是受社会影响所推出去的圈子的中心，每个人在某一时间某一地点所动用的圈子是不一定相同的。[①]

通俗而言，在这种差序格局中，乡土社会中团体的界限不是固定不变的，而是带有一定伸缩性，个体之间的关系也总是以个体为中心交错形成的。在这种差序格局的特征下，乡土社会中个体的价值观念和行为表现具有各自的特点。

第一，乡土社会不具备产生现代公民意识的基础条件，而公民意识的产生又正是依赖于国家意识的出现。在乡土社会中，社会关系网络的形成始于一个个单独的个体，是每一个私人关系的增加或叠加，整个社会就是以个体为中心扩大化的整体社会关系网络，所以，社会规范、道德也是在个体之间的关系网络中形成的。传统的农业生产活动使得社会中个体之间的联系是在偶然或者临时状态下发生的，社会关系只限于个体之间，无法形成团体意识或国家意识。

第二，乡土社会很难产生平等观念。在乡土社会中，在私人关系的基础上并不存在超越个体的团体约束，由此，农村更强调社会关系中的等级观念。除此之外，虽然乡土社会中的社会关系建立在私人关系基础之上，但这种差序格局主要是利用血缘和姻缘关系结合成的社群，家庭是社会关系的延续，更强调尊卑顺序和做事效率，这也就形成了一种排斥私情的社会关系。

综上所述，乡土社会的特点虽然随着社会的发展也在发生一定的变化，如在社会关系、社会文化、社会制度、社会权利等方面都开始向现代化靠近，但从我国乡土社会长期形成的一些社会特征来看，以上所论述的特点仍然存在于我国农村社会中。中国的农村具有一种乡土性，这使得我们对长期生活在农村的群体具有研究的必要性。

---

① 费孝通. 乡土中国. 北京：生活·读书·新知三联书店，1985：23.

第二节　熟人社会的礼治

中国传统的社会关系呈现出一种特有的熟人社会关系，这一社会关系的缔结不是通过制度、法律的限定，而是通过个体之间长期稳固的交往形成的人情、法理和社会道德等连接和形成，这一社会特征与西方现代性的社会结构形成了鲜明对比。

一、礼治秩序

乡土社会的社会秩序是一种礼治秩序。礼治与法治相互对应。在乡土社会中，礼是传统社会维持秩序比较适用和普遍认同的基本行为规范。乡土社会存在的不流动性使得形成久远的礼法具有必要性，在维持社会秩序方面也起到了一定作用。就目前中国的发展程度来看，法律仍需不断地调整与完善。因此，乡土社会绝非简单的法治。虽然乡土社会内部强调差序格局与私人关系的重要性，但管理日常的却不是人，而是礼。

礼，在某种程度上可以理解为传统儒学上的礼，却也不尽相同。二者同根同源，均源于同一封闭环境下群体成员的不流动性。这个礼既有礼貌、礼仪的意思，又有道德的意思。一般来说，乡村内部的礼仪均源于血缘这一根系，同时，这种礼并不以年龄为根本判断标准，而是以辈分为依据。即使是高龄老人，遇到比自己辈分大的年轻人，也要以礼待之。在道德方面，乡村居民为了保持生存与团结，一般不会打官司。一方面，迫于差序格局。不流动的土地环境在几代繁衍中往往造就了村中居民之间的交际圈严重交叉。另一方面，考虑到打官司是一种现代化法律体系的产物，如电影《秋菊打官司》般，对于不了解法律的村民来说，打官司往往是最后的也是最不熟悉的解决手段。因此，如果危及到了生存命脉——土地，有人可能就要打官司。

在乡村内部的日常运行中，村民对于礼的评判逻辑往往是伴随着土地及与土地一起产生的经济生产模式与劳作模式。乡村地区为了维系团体生产、共同抵御灾害，村民可以将家庭财产贡献给集体使用，但当个人私有财产受到侵犯，尤其是土地受到侵犯时，农民的反抗性又是最强的。纵观历史上的农民起义，引发农民起义的往往是土地问题与生存问题。所以，对于乡土社会中的礼的理解，最主要的是要先理解村民内在的思维模式与逻辑运行。

二、权力性质在乡土社会中的体现

关于乡土社会中权力的性质，可以主要划分为以下四类。[①]

第一，横暴权力。从社会冲突的角度看，权力表现在社会不同团体或阶层间主从的形态里。统治阶级对于被统治阶级的武力镇压阶段已经成为历史，但冲突的性质并没有消弭。于是，为了维持这种关系，需要上对下的压迫。横暴权力就是在这一过程中产生的。

第二，同意权力。从社会合作的角度看，社会分工的结果使劳动时间缩短，人们有了更多的时间享受生活的乐趣。为了维护这种状况，个人有维持自己工作和互相监督的责任，这就出现了以社会契约为基础的权力，即同意。

第三，长老权力（或教化性的权力）。社会成员新陈代谢的过程被称为社会继替。在社会继替的过程中，文化对于社会的新成员是强制的，是一种教化的过程。这种权利主要体现在文化性的而非政治性的强制之中。

第四，时势权力。在社会变迁过程中，人们需要不断发明新的生活方法来满足需要，这造就了“文化英雄”式的人，他能获得追随者的信任，有能力提出方法并加以试验。因此，这种“文化英雄”就可以支配跟从他的群众，从而产生了时势权力。

在这四种权力中，前两者是同时存在的，并且统治者总是同时代表这两种权力。而长老权力与时势权力的强弱往往成反比，他们都决定于社会的安定程度。在传统的乡土社会中，主导的权利性质主要是长老权力。因为在不流动的群体关系之间，社会的变迁程度较小，社会文化认同度高，教化的权利主要由亲子关系、师生关系逐渐延伸到社会中的个体之间，出现长幼尊卑、长幼有序等乡土社

---

① 费孝通. 乡土中国. 北京：生活·读书·新知三联书店，1985：68.

会观念，也就是具有一种长老权力，即社会权利的掌管。例如，一个家族对于重大事情的主要决策权还是在于家族之中年长并且德行、威望较高者。

三、礼治之下的教师

在这样一个血缘关系浓厚的熟人社会里，人们不自觉地会将自己的行为习惯、信仰等向当地村规民约靠拢。现在的乡村教师多由刚毕业的大学生担任。大学生由于远离家乡，脱离了自身所熟悉的环境，会更加迫切地想要融入当地社会中，会遵从当地社会的行为规范、了解当地的风俗信仰等，自然也就更加重视对于中国人而言维护着日常生活秩序、支撑着家族与社会传承下去的亲情伦理的重要性。并且在与村民们的持续互动中，当地的伦理价值观念也会不断地影响着乡村教师，使其淡化对于法理社会的印象，转而加强以卡里斯马型和传统型主导的乡村社会的认知。

在熟人社会中，教师被赋予的不仅仅是专业素质上的期望，他们还要具有培养学生道德、人性、伦理等方面的能力。这要求乡村教师不仅要辅导学生的功课，对学生的人格发展、心理素质、未来职业规划甚至家庭环境等也要去加以了解。他们在课堂上要教授学生知识，离开课堂后仍然会与学生保持密切联系，加深彼此之间的感情，在教育、生活、心理等方面实施综合培育。相比之下，现在城市中的教师已经变为一种职业化的群体。教师对于学生的关注主要在于学生对学业的完成程度，师生之间在学校外的关联较少。

第三节　伦理本位中的伦理

家庭观念对于中国人来说尤为重要，不仅在城市中，在乡村里尤为如此。同时，这种家庭观念并不是简单的经济因素。传统观念认为，小农经济下的生产方式总是自给自足的，衣食住行全部靠家庭内部成员的双手来完成，所以，这种维持生存的生产方式促使乡村家庭成员对于家庭这一集体抱有特殊的感情。不过梁漱溟却认为，并非这种经济生产方式促进家庭团结，其也可以理解为并非经济基础就一定能决定上层建筑，这种现象在传统乡村社会中尤为明显。这种认识不难理解，如在现实生活中经济与文化发展不同步的现象；在大规模的文化变动中，很难在之前的经济层面找到引起这种变动的现象；而相同的生产方式却总伴随着不同文化背景的社会环境，类似的社会环境却又不一定会有类似水平的生产方式。虽然不能排除经济在社会发展初期与变革初期提供的生产动力与变革动力，但是，透过历史的发展，我们能够洞悉经济动力往往并不能片面地决定经济发展，变革的主要动力依旧在于人。在人类进化的过程中，社会必然是不断进步发展的，但其中无论是科技的变革，还是生产方式的变革，其变革的主导者与开创者均是人类，人类通过代际流动来不断向上，同时，创新精神使得人类进步的历程在某些时刻快速前进，但是不得不承认，其中人的努力与主导性是一种偶然性存在。因此，研究乡村时，不应刻板地以经济研究为整个研究的根基，还是要研究人，人才是研究的根本所在，这是传统的人类学研究视角，同时也是其学科精华所在。

一、中国人的伦理观

中国人对于家有着自身的理解，这种理解的特殊性存在于比较之中。

在宗教方面，中西方文化在宗教因素方面存在巨大的差异。无论是对古代社会的研究，还是对现代社会的比较，家庭精神一直是每个人内部的核心精神。家作为最小的集团组织，是个人精神价值观的指向。在西方社会，基督教的神的统一性使宗教内成员兼爱同仁。西方基督教教义要求宗教内成员以兄弟姐妹称之，这种亲密关系的构建与中国的家庭构建有异曲同工之妙，只是相较而言，中国家庭更加关注农耕、纺织等，而西方的家庭则通过宗教神秘力量的宣传媒介促使教众放眼于彼岸。当然，如果单纯地说西方的集体生活完全源于宗教信仰过于偏激，因为一方面，宗教种类众多，内部派系又极为繁杂，西方人很难形成统一的集体生活态度；另一方面，宗教的影响终归有限，很难影响到家庭成员的整个生活过程。但是，宗教斗争却可以增加宗教门类、派系内部的团体生活意识。由此可见，并非宗教的神秘性造就了西方人的团体生活，而是在宗教争斗中，宗教内部的严格委身与斗争间激起的团体精神形成了西方人的团体生活。与此同时，西方宗教本身又与政治联系紧密。西方宗教自宗教改革后便一直与国家政权紧密联系在一起。换言之，二者某种程度上可以被称为一种力量，一种维持西方人集体生活的力量。最终，在这种力量促使下的集团生活应用在集团成员生活的方方面面，如大地产、庄园制度与行会制度上等。正是这种集团生活促进了西方近代的思想萌芽。

首先，这种政教统一的背景要求集团同时控制人的精神信仰与身体归属，使得个人被完全笼罩在整个国家背景以内，一旦违背国家意志，则同时违背了国家内部的宗教意志。

其次，具体法律规范方面。西方宗教更加倾向于关注彼岸的幸福，同时对外称神是忙碌的，对现世的问题管理较少，所以才有了罗马法典的诞生，法律诞生源于辅助宗教管理团体的用意。

最后，商业方面。随着资本主义在西方的盛行，商人为了维护自身的利益团结在一起，利用集体组织来维护自己的利益、保证自己的权利。由此，西方人的政治能力开始得到提升。团体生活的发展历程促使了西方人的团体生活模式，这种团体包含每一名社会成员，社会成员是由团体直接统治的；同时，团体的内部成员都是同等的。这种同等并不是说其内部没有阶级的存在，而是说在宗教的角度，每个人都生存于上帝的荣耀之下，因此，人生而平等，这也是西方人权思想的开端。这种带有宗教力的平等观念完全不同于中国的血缘影响力。血缘影响力的权威来自于个人，来自于实践生活中拥有个人需要与欲望的个体，这种影响是事实存在。而西方的权威源于神，相比之下，其能量更大，对团体中的每名成员都具有一定的约束力。

通过上述对于西方团体生活的背后力量的分析，我们能够更好地剖析传统中国社会。不同于西方的社会结构，梁漱溟先生认为，中国人所缺乏的正是集团生活。相较于西方集团生活中的三要素——组织、大范围与强约束，传统中国社会均不具备以上特点。也就是说，中国传统社会内部的宗族观念、家族观念之强，甚至可以在地方内部造成大范围的影响力。如同费孝通先生在《皇权与绅权》一书中所描述的那样，在传统中国社会，地方权力有时甚至会大于国家的整体意志；在宗教方面，中国虽然有对于神明的认识，但是态度均如孔子所说般敬而远之。即使存在土地庙、观音庙等民间祭拜行为，也不意味着中国处于一教统治下。在社会组织中，传统中国与当前的农村社会，其内部的秩序维持更多的在于村内权威，村内的权威又大多为卡里斯马型权威或传统权威，现代城市社会的法理型权威似乎难以适应乡村环境。这是由于在乡村村民的信息来源有限，申诉渠道较少，在时间、财力与精力有限的情况下，村民还是觉得在村内解决问题较为合理。同时，长期建立的权威模式意味着，相较于法律武器，村内已有的处事原则与处理方式，无论是在问题解决的逻辑上，还是在方法上，都更加符合村民的心理预期。

总的来说，西方的团结轮廓在国家，核心在宗教；中国人的团结轮廓在家族，核心在理。

二、乡村社会的本质

关于乡村社会的内部结构，梁漱溟先生的伦理本位理念具有深刻的内涵，即中国乡村社会的本质不在于阶级，而在于职业分途。他认为，阶级并非只是由个人的经济状况而决定，在社会环境内部，政治地位与文化水平均可以作为考核一个人的阶级的标准。中国内部的独立生产者众多，这与西方大工业生产背景下的大批量劳动者和少量雇佣者的生产分配比例不同。在土地方面，传统中国内部的资本与土地是不集中的，甚至是不断流转的，不会始终掌握在某人手中。因此，在本质上，中国社会结构内部缺乏阶级对立，而是趋向于职业分途。总体而言，国家概念应包含在社会概念之内，虽然二者相融，但仍有区别。国家具有对抗性，而社会则没有，天下的概念正是基于此而产生。

通过深刻分析中华传统文化中的伦理本位问题，传统的乡村社会具有下列特点。①在地面环境上，中国具有广土众民的特点，是指在幅员辽阔的基础上，中国人口密度大，人口基数不仅数量庞大，且增长速度十分之快。②民族方面，虽然中国传统农业社会不仅包含汉族，各种擅长手工业、游牧业的民族也并非少数，但从总体上看，中国依旧是传统的农业社会，且各民族之间已有了融合趋势。③历史方向方面，我国历史悠久，确实曾经保持世界大国的地位，且一度成为列强必争之地。虽然从当时的社会背景来看，中国的经济、文化、政治与军事均没有明显之优势，但中国的历史成就却不容小觑。此外，中国社会对于家的概念有着特殊的认识。家对于中国人而言，无论在生活中还是在社会组织内部都起着明显的作用。同时，在传统中国内部，道德气息十分浓厚，这种道德准则无论是在日常生活中还是在家庭环境内部都具有明显的维持作用，其中又以“孝”文化为主要体现。

三、中国乡村的礼与理

伦理本位中的伦理思想主要源于中华文化，是一种根植于中华传统的伦理总结。其目的在于描述中国已有的伦理文化结构。其实，伦理本位的出发点是家族，将家族成员间的伦理关系、道德观念、权利与义务推广至社会，最终成为整个宗族内部所享有的一套伦理规范。其最终目的在于促使社会组织与社会关系的和平与平稳。

相较于西方社会的团体组织精神，中国农村并没有明显的宗教力量。虽然有研究者曾对中国社会中的宗教性进行分析，表明中国农村中存在一定的宗教力量，但中国乡村内部并没有存在如同西方基督教般强大的宗教，更没有大型的因宗教而产生的社会革命。因此，在中国乡村中，宗教对于整个团体内部的影响较小。从政治、经济、文化等多个层面观察，中国既没有西方明显的团体主义精神，也没有明显的资本主义萌芽，所以，中国乡村并不具备西方发展的根本精神——团体精神。比较而言，不同于西方的集体生活，中国的伦理精神源于家庭。

"人一生下来，便有与他相关系之人（父母、兄弟等），人生且将始终在与人相关系中而生活（不能离开社会），如此则知，人生实存于各种关系之上，此种种关系，即是种种伦理。伦者，伦偶，正指人们彼此之相与。相与之间，关系遂生……是关系，皆是伦理……伦理关系，即是情谊关系，亦即是其相互间的一种义务关系。伦理之理，即于此情与义上见之。"[①]梁漱溟的上述观点认定伦理是与生俱来的，伴随着血缘而产生，是一种发自于个人对于家庭成员身份的认同，是一种出于个人意愿的道德遵守。这与西方社会中的宗教、法律等具有惩罚意义的义务关系不同，中国的伦理关系中恰恰有一种更加内在的力量在发生着作用。在农业社会中，伦理本位几乎维持了整个农村社会内部的人际交往与互动关系。从历史的角度来看，传统社会中的三纲五常就是一种伦理本位的体现。因此，与其说伦理本位是一套强制的规范制度，不如说它是一套完整的道德与伦理规范的体现。它没有明文的规定，没有明确的审判机构，它溶于血液当中，成为场域内所有成员所认可并默认执行的一套行为规范，维持整

---

① 梁漱溟. 中国文化要义. 上海：上海人民出版社，1949：32.

个团体的日常运行。更加恰当地说，相较于真正的法律，它存在的范围更广一些，约束能力更强一些。不同于法律的明文规定，它已融入人们的生活，甚至成为人们日常生活中的习惯而不被认知。同时，它对于场域内的人要求更高，往往在基础的法律约束上增强了道德的色彩。

“伦即伦偶之意，就是说：人与人都在相互关系中……既在相关系中而生活，彼此就发生情谊。亲切相关之情发乎天伦骨肉，乃至一切相关之人，莫不自然有其情。因情而有义……伦理关系彼此互以对方为重，一个人似不为自己而存在，仍仿佛互为他人而存在者。”[①]这种对于中国乡村的判断在于乡村人的感情源于血液，这种血液并不只是指直系亲属，而是互相有血缘的人之间均具有的道德情感。一个情字表明其不仅与生俱来，同时又伴随着血缘不断蔓延，甚至有了为他人而存在的这种奉献精神，这种团结力量似乎是无形的，但又比西方的团结力量更加有力。

中国人注重家族生活与家族观念，这必然导致了中国人缺乏集团生活。中国人的交际关系以家庭为核心进行推广，在伦理概念中最终消除了个人与集体这个交往关系。可以说，伦理源于血缘，始于家庭，又不仅限于家庭，这就是伦理本位的应用范畴。经济上，夫妻、父子之间的财产并不分割，同宗内的亲戚之间也会有经济上相互照顾、相互帮扶的原则，一旦违背这种原则，不同于西方的法律惩罚与宗教威慑，而是会存在一种群体排斥，群体内成员会对违背原则者冠以“不仁不义”的称号，这种影响将真实地存在于其生活范围当中，并严重影响其正常的生活。在政治范围内，中国主要将视国为家的观念执行到底，违背国家利益的人将被视为违背家庭利益的人，同样会在道德层面予以谴责。从某种程度而言，此时的伦理概念在一定程度上起到了宗教的作用，起到了规范和约束人行为的作用。

梁漱溟先生认为，对于中国伦理观念与本土文化影响最深的是周孔教化，但是周孔教化并非宗教。与西方宗教相比，周孔教化相信改变社会的是人类自己，周孔教化相信人本质上具有理性，可以依靠自己的力量改变世界，所以更加强调道德的力量。当然，在道德观念中，除了理性的概念，还有礼的概念。礼是一种清明安和的状态，更是一种修身涵养与个人理性。中国人习惯讲究情义与礼仪，喜欢通过自我约束、自我反省来约束自身行为，获取社会上源于个人自觉的安稳。因此，总体上，中国先前的法律并不发达，尤其古代法律中仅

---

① 梁漱溟. 乡村建设理论. 邹平：邹平乡村书店，1937：113.

有刑律较为明显。

既然周孔教化对于中国社会的影响最大，同时其又在本质上强调人的理性的重要性，那么我们就有必要对理性做一个较为深刻的探讨，即何为理性。理性始于思想与语言。在中国人的具体生活当中，观察理性仅需要观察自我或他人。当人心平气和、涵养良好，互相之间和谐交流，这就是理性，是一种平静直达内心的感觉。但理性与理智不同。理智是一种不同于本能的反应。在人类的进化过程中，一旦人类达到理智阶段，也就意味着从本能生活中解放出来，最终成为不再完全依赖于外界和自然的状态。

第四节　乡土教师的身份确认

乡土社会一般被称为熟人社会。在中国的传统社会中，社会关系网络的建构是通过个体之间熟人关系的增长或叠加形成的一种以个人为中心的差序格局状态，私人关系的一张张关系网络的交错叠加形成了社会。在熟人社会中，社会规范与制度的维持主要是出于礼治中的人情和道德，而非现代社会所使用的法律、制度等。只有在一个完全陌生的社会中，社会的有效、协调运作才会主要依赖于人与人之间强制规定下的契约和制度规范等，这也是法律产生的基础和必要条件。

随着社会的发展和进步，我国城市的现代化进程很快，城市逐渐发展成为现代意义上的社会，即陌生人社会。与陌生人社会相比，我国广大的农村地区虽然也处在巨大的发展变革之中，但农村社会仍然主要维系着一种熟人社会的社会特征。我国的农村学校地处农村地区，农村教师的社会关系和社会身份自然也受到这种熟人社会特征的影响。与城市教师相比较，长期生活和执教于农村地区的农村教师身上具有与城市教师完全不同的社会关系特征。生活、工作于城市的教师虽然不能摆脱特定的传统教师德行的限定和约束，但他们的工作和生活之间具有十分明显的分界线。城市教师的职业始终只是现代社会复杂分工中的一个具体而明确的职业属性。与之相反的是，长期生活在农村社会中的农村教师除了在专门的职业的属性之外，还因为乡土社会的特殊属性，兼具有复杂的身份特征。在这一环境中，农村教师是否存在不同于城市社会的专业成长要素，如传统师道文化的学习与传承、教育与社会教化的功能融合等问题，这些仍在研究之中。但我们可以断定，由于多方面的影响，农村教师的确有着不同于城市教师的身份确认。

一、身份的城乡差别

首先，相对于城市的开放和高流动性，乡村人口较为固定，人口流动性低，社会趋于封闭。在如此封闭的熟人社会中，关系网络对于个人的重要性更为明显。封闭且流动性低的社会使得人与人之间的关系网络逐渐固定，并不断被加深、强化，逐渐成为村民在这个熟人社会中生存发展的重要资本。只有与其他人处好关系，自己才能得到更多的方便。农村教师在长时间受影响和累积下，拥有了大量当地社会中的人际关系资源，并在行为处事中学会了如何使用这些资源，这就意味着教师们逐渐地融入当地乡村的宏观关系网络之中，其一言一行都会受到其他村民的影响，并反作用于其他村民。

其次，农村教师在村民眼中具有比较神圣的地位。村民认为教师拥有较高的文化学识、更大的社会关系网络，即拥有伸向城市的人际关系资源；乡村教师在政府的分配下来到当地村落中，某种意义上也代表了政府，即具有政治权威性。这样一种集合了多种功能和身份的角色在乡村中注定不会仅仅在课堂上发挥教书育人的功能，他的影响还作用于整个乡村。对于村民们而言，农村教师不仅是传道授业解惑的人，他们在完善乡村治理体系、发扬乡村文化传统、发展乡村民主管理、建设社会主义新农村等方面都可能提出建设性的建议，并可能做出重要的贡献。

再次，就农村学生家长而言，一部分家长进城务工，缺少教育子女的时间与精力；一部分家长由于缺乏科学的教育知识而面对子女手足无措。在这种情况下，家长们把育人的希望寄托在乡村教师身上，希望他们给予孩子们课本知识以外更多的生存技能和修养。这种教育并不局限于课堂上的时间与空间，在日常生活中的任何时间和地点，教师们都能传播科学与人文知识、伦理知识与行为。并且在学生家长照顾不及的情况下，担当起看护的任务，与当地村民共同教育下一代。由此，乡村教师便从教师的单一身份转化为集多种功能于一身的多重身份，这也是乡村教师与城市教师最大的区别。

最后，由于乡村的封闭性，乡村教师们原来所熟悉的城市中的物质生活，很难再在乡村中出现。在对原本物质丰富的生活习惯淡化之后，金钱、名望、声誉等在淳朴的乡村中已经弱化。教师更多关心的是，在熟人社会的关系网络中，自己与其他人之间的关系来往和情感的浓淡，并在与学生的交往中找到自身的情感依托。乡村教师与学生之间更多的是超越了师生的友情。即使双方之间并无血缘纽带联系，传统的纲常伦理也使得乡村教师与学生之间紧紧相连。这也使得乡村教师在生活中与学生相处的态度和方式与城市教师有所区别。

总而言之，在现代化城市的陌生人社会中，城市教师的工作职责主要就是在特定的时间和空间中，完成在社会大的分工之中自己所属的专门的职业分工范围内的工作，并且具备教师职业所特有的专业技术和知识内涵。而在乡村的熟人社会中，农村教师具备超越专业技术和专业知识的具体分工之外的社会身份，这也是乡土社会中影响教师专业发展的首要因素。农村教师还具有包括乡村知识分子、社会价值的引导者、社会规范的守护者、社会文明的引领者、社会文化的弘扬者以及社会生活的帮助者等在内的其他身份意义。一般情况下，农村教师在教书的同时还应具备知识分子情怀，他们掌握乡土社会的本土知识，可以完善乡土社会的社会机制，对于生活的土地和当地的人们具有一颗赤子之心。[①]影响农村教师专业成长与发展主要因素是身份而非专业，它们也是农村教师在乡土社会结构中首先需要确认的社会关系属性，这里所说的身份被赋予了较高的道德要素期望。然而，在城市教师的专业发展中，社会身份这一要素通常是被忽略的。

二、复杂的身份属性

“在乡土社会中法律是无从发生的。‘这不是见外了么？’乡土社会从熟悉里得到信任……并不是对契约的重视，而是发生于对一种行为的规矩熟悉到不假思索时的可靠性。”[②]只有在现代的陌生人社会里，社会的发展和运作才能依

① 李长吉. 农村教师：改造乡村生活的灵魂——兼论农村教师的知识分子身份. 教师教育研究，2011（1）：30-34.

② 费孝通. 乡土中国. 北京：北京出版社，2013：7.

赖于契约和制度，人与人之间交往才能通过制度和规则，由此法律才有产生的必要。

此外，地缘和血缘在农村是极其重要的。“生，也就是血，决定了他的地。世代间人口的繁殖，像一个根上长出的树苗，在地域上靠近在一伙。地域上的靠近可以说是血缘上亲疏的一种反映，区位是社会化了的空间。”①由于乡村社会的封闭性，人员流动极少，人们更倾向于和与自己有血缘关系的亲属聚集在一起生活。时间久了，聚集在一起的人们相互之间便有了地缘关系，即使几代相传后相互没有了浓厚的血缘关系，但彼此之间的人情往来也将他们紧密地联系在一起。

与城市的陌生人社会相比，农村学校所处的乡村社区虽然也处在巨大的发展变革之中，但仍是一个保留着复杂人际关系网络的熟人社会。与城市教师相比，农村教师具有一系列不同的社会关系特征：城市教师虽然仍受特定的传统教师德行约束限定，但始终都应被看作现代复杂社会分工中的一种具体职业，这个职业的唯一目的就是向学生传播知识。在其明确的工作时间和空间内，城市教师履行自己作为教师的职责，而一旦离开了工作的时间和地点，他们便迅速地进行角色转换，由教师转换为父母、子女、顾客、伙伴等角色，且不必再去履行教师角色的职责。他们与学生之间也脱离了师生关系，没有义务再去探究学生的学习状态或问题，更不用说学生们的生活状态。因此，在城市这个陌生人社会中，教师是在特别界定的时间与空间内，从事社会分工中所专门界定的工作，并且该工作具有特定的专业技术内涵，特点是“窄而深”，而非农村教师的“广而浅”。

农村教师除了在专门职业的属性外，还具有复杂的“身份”②属性。在乡村熟人社会中，由于社会分工不明显，许多人没有一种特定并只被限定在此范围内的职业要求，他们大多身兼数职，教师便是其中一个例子。农村教师除了教书育人，还扮演着超越专业技术与具体分工之外的角色：乡村知识分子、社会

---

① 费孝通. 乡土中国. 北京：北京出版社，2013：40.

② 人类社会最初身份只是指个体成员交往中识别个体差异的标志和象征，个体通过“身份”的赋予来创造与适应社会秩序和结构。“身份”同时意味着与他人的关系定位，以及相应的观念与行为规则，以及基于身份的资历、资格等建立的等级级别。在中国传统社会中，绝大多数人从小就会受到严格而特殊的身份教化训练，如子女稍懂事时，就接受有关亲属称谓及其相应的行为规则的教育，从而获得强烈而持久的身份伦理生活经验，最终养成强烈的身份意识。

价值的引导者、社会规范的守护者、文明的引领者、文化的弘扬者、生活的帮助者等。在社会结构中，农村教师首先要确认的社会属性是身份，而非职业，并且这种身份被赋予了道德要素。比起知识的传播，村民们更希望教师能够具有较高的道德素养，在教授学生之余，还可以塑造与巩固当地村落的淳朴民风与风俗信仰。在城市教师的专业发展中，这种要素虽然被加以强调，但实际上却是被忽略的。对于城市的学生家长而言，教师的最大任务就是让学生们通过十年寒窗苦读，能够考上重点中学和良好的大学。如果教师把学生们培养地琴棋书画样样精通，可是考试成绩名落孙山，家长们还会排斥甚至抗议。

> 通过小学义务教育，孩子们应该得到素质教育。但笔头上的考试还是必需的，而实践中更重要的是表达能力。好老师还需要出成绩，得在卷面上表现出来，不能全让老师放手去教。（BXLL）

所以，在这样两种不同的社会期望背景下，教师被期望和赋予的角色也不同，从而导致农村教师的职业虽然是教师，但一直会涉及教师职业之外的其他社会分工，即拥有多种身份。

三、社会责任感与使命感

在乡村社会中，教师除了从事教师这一具体的社会分工外，还具有特定的责任感、使命感，这一要素的存在仍以熟人社会和农村教师所特有的社会身份属性为基础。农村教师的实际社会地位和声望以及对地位和声望的认同程度高于城市教师，我们通过访谈也证实了这一点。在乡村社会结构中，农村教师由于较高的学识积累和深厚的文化底蕴而成为举足轻重的关系角色，其所拥有的知识在当地村落中超越了职业和金钱而被村民所敬仰和尊重。尤其是在传统思想较浓厚的乡村，学识甚至比金钱和权力更为人所认可和尊重，知识分子在道德上的号召力和人格上的感召力比当地社会中的其他群体更强。这来源于中国社会几千年来尊重文人墨客和向往知识的儒家思想。教师依靠自身优越的知识底蕴与政治精英、经济精英相媲美，在当地村落可以拥有较高的声望。因此，教师通常在诸如婚丧嫁娶、争讼等重要场合中担当重要角色。村民们认为，优秀教师，尤其是从城市里分配过来或在城市中经过专业培养与进修的教师，不仅拥有知识文化，在社会资源、人际关系、生活阅历和视野等方面也比自己更优秀，在为人处世上能更加应对自如。特别是一些资历深、任教时间长的教师，村民对他们更加尊崇和敬重，并认为学识更高的资深教师的到来可以增加自己的社会地位和名望。因此，村民们还会请教师参加婚礼、葬礼、帮村民诉讼、调解邻里纠纷、处理超出村民认知能力的一些状况等。农村教师虽然经济收入有限，但这种特定社会地位感却使他们形成了坚定的职业认同。同时，这种地位感也强化了农村教师在乡村社区中的责任感与使命感，加强了他们对当地的认同感和归属感，从而更将自己与当地村民紧密地联系起来。

我那届毕业生中，很多人通过各种方法调到市内，而我就一直在农村待了这么些年……那时候我感觉在农村，生存是最重要的，和他们比起来，咱们还是挺好的。这个工作如果在城市里大家可能会觉得很一般，但在农村就会非常宝贵。咱们身上寄托着那么多家庭的希望，每天有那么多人在关注着咱们。我们校长常说，6～12 岁是孩子最宝贵的时光，家长信任咱们，把孩子交给了咱们，咱们一定要对得起孩子，不要做孩子的罪人。（WFD）

自己也有过想要放弃的时候。每当这个时候，看到自己以前或现在教的孩子，看到他们给你打个招呼、发一条短信，真是挺感动的。这也是我坚持下来的原因。农村有的孩子结婚早，结婚的时候都会邀请我，我跟他们的关系都特别好，好多时候会有一种满足感和成就感。（BXSDL）

在乡村社会中，社会关系结构具有其自身的特点。同时，社会地位间的流动也与城市不同，乡村学校教育在这一过程中起到的作用与城市学校截然不同。由于农村社会具有强烈的血缘和地缘关系，除非继续求学深造，否则离开农村学校的学生仍然大多生活在学校周围。即使进入城市打工，他们中的大多数人仍无法完全脱离乡村社会的生活，血缘和地缘仍吸引着他们回到养育自己、有丰富人情关系的家乡，因此，学生和教师之间能够在功能需求、情感维系等诸多方面保持稳定的关系模式。

与城市相比，农村教师的育人功能显得更为重要。根据《说文解字》的记载：育，本意是养子使作善也，指按照一定目的长期的教导和训练。“从‘教育’的词源来看，西方语言中的‘教育’这一概念，都源于古拉丁语‘educare’。‘educare’一词由 e（出）与 ducare（引导）合成，是指‘引出’之意，暗含着‘教育影响出自内发，而且表示所引的方向。这个方向暗示教育旨在使人向善。’”[①]所谓真正良好的教育，并不仅指使增加理性的文化知识，更在于从人的本性出发，培养正确的道德观念和价值观念，使自然人逐渐融入社会，适应社会，成为对社会发展有利的社会人。“教育的本真就在于使人之为人，而‘使人成之为人’的过程即是‘育人’的实践过程。”[②]由此可见，这种“育人”，不仅仅是教师在课堂上向学生们传递道德思想，更是在生活中对学生们进行学识、心理以及观念上的教育。在农村，打破了师生分界的人情社会使教师们注重每一个学生的行为取向和价值观念，帮助学生全面、健康地成长。除此之外，由于农村空间上的局限性，与城市教师相比，农村教师和学生接触的机会更多。在乡村，家家户户之间挨得很近，可谓低头不见抬头见，在这种熟悉的地缘关系中，教师和学生之间不仅存在师生关系，也包括邻里关系。同时，农村的许多家长需要日出而作，日落而息，将大部分的时间放在田地和农活上，于是把子女交给教师看管，希望教师延续自己部分的家长角色，帮助其抚育孩子。这就导致在规定的教学时间和空间外，学生们和教师仍有着亲密、紧实的关系与互动往来，学生们有问题随时向教师请教，家庭遇到困难也会请教师帮忙，或者可能会与教师一起聚餐、运动、娱乐等。学生与教师的关系已经超越了师生关系，在师生情之外又而形成了友情、亲情等情感联系。

四、素朴的“恩”与“报”

支持项目组在农村持续访谈调查的另一动力，是对教师为何能在艰苦条件下坚守村小岗位的追问。如果说身份属性等要素反映了教师群体被需要的功能主义取向，那么“恩”与“报”则反映了一种素朴的、人文主义取向的内在信仰要素。

所谓报恩，是为“施者对于处于困难中的人施与真心地帮助后，受者对施者形成心理上好感（感激等），内部体验的亏欠感，并且产生回报的动机，在适当的时机对施者的恩惠做出符合文化回报的一种心理与行为”。[③]换而言之，施者给予受者物质或精神上的帮助，形成了“恩”；受者依照传统道德上的仁

① 陈桂生. 略论“教育”概念演变的轨迹. 杭州师范学院学报（社会科学版），2005（1）：87-91.

② 李颖辉. 论育人为本的教育理念. 长春：东北师范大学，2012：19.

③ 魏晓华. 中国人的报恩心理研究. 南京：南京师范大学，2008：16.

义精神，对于此种“恩”形成报答的行为。“报”与“恩”这种相互往来的人情关系多常见于关系网络紧密的熟人社会中。在城市中，教师只是通过自己的学识才华和教书能力，经过考试而获得的一种职业，教师并不与其他人在教师职业上形成亏欠、施恩等的相互关系；而在农村，封闭的熟人社会的关系网络决定了教师与学生、学生家长、学校和村民有着错综复杂而不可分割的关系。

对于农村优秀骨干教师而言，“恩”与“报”的职业情感因素涵盖了对“恩”和“报”的信仰。在学生时代，教师从他们的老师那里获得知识与教育，长大后就读于师范学校，其与老师和教师这种职业有着深厚的情感联系，对于奉献自己、教育他人有着一种神圣的崇拜感和向往，所以，在受过老师的“恩”后，又投身于教师这一职业，用自己的能力和年华来回报或实现自身长久以来的信仰。第二种情况是一些教师从小便在家乡的村落中长大，在家乡物质资源的养育中不断成长，并且对于自己上过的小学、中学有着浓厚的感情，所以，他们希望学有所成后回到家乡，投身于家乡的教育事业中去，为孕育他们的家乡和学校做出贡献。

> 为什么选择当老师？很重要的一个原因就是这个，当时对我影响特别大。当时生活挺贫困的，我当时的一个校长借给我 1500 块钱，我结婚以后才还给他。虽然钱不多，但是这个在当时给了我很大的帮助，我很感谢他，希望努力教好学生来回报他。（BX）

第三种情况则是在农村这种熟人社会中，教师与村民，尤其是和学生家长之间，有着密实的关系网络与人情往来。在一些经济条件较差的村庄，邻里之间相互帮助、相互扶持已经成为常态。尤其在这种人情社会中，作为孩子的教师，他们遇到困难时，很多家长也会自愿帮助教师，希望教师能对自己的孩子更加照顾；或完全出于地缘上的亲疏，同村人之间互帮互助、相互扶持。但不管怎样，这些无形之中会使教师接受许多村民的恩惠，欠下许多人情，唯有对村民的子女在学习上和生活上更加关注，农村教师才能报答他们之前接受的“恩”。

> 那时候我住的地方离学校特别远，每天骑着自行车去学校。那条路特别不好走，有的时候推车都推不动……我骑自行车骑到半道，陷在泥土里推不出来，真是孩子家长帮我弄出来的，放牛的、洗衣服的把我的车推到河边，洗得干干净净，让我继续去上班。就是这些家长深深地打动了我。（WFDWGJ）

我毕业之后直接就去了自己的母校，是一个特别偏僻的农村小学。学校加上我才 10 个老师，最年轻的就是我，再就是 34、35 岁了，然后再就是 40 多岁的。10 个老师中有两个代课的、一个民办的，剩下的就是接近退休的，可以说就是我一个人在努力。当时在城里师范（学院过完）4 年的生活，回到农村最底层的时候，确实是觉得有些灰心……那时候学校环境也不好，但是看这些孩子们，孩子们要走出去啊，孩子是家长的唯一希望，所以自己必须尽力去做好，就很努力地去工作。（A6）

还是源自学生对老师的那种爱，会使老师更加乐于奉献。再有家长对老师的理解与支持也非常重要。（WFD）

五、谦让、合作与互助文化

大多数农村小学，尤其是村小学的教师，有的特别忙，有的则比较闲。前者有一定的目标性，其中一些教师不希望自己一辈子都在农村教书，而是希望去经济条件更好的城市拼搏，实现自己的人生价值。因此，他们必须遵循优秀教师的成长轨迹：听课、做公开课、进修、学习、做科研等。后者则没有这样的目标，他们既不涉及晋级，又不想去经济条件更好的城市或学校去工作，他们只想将自己的余生奉献给对自己有“恩”的学校和村民们。对于农村教师而言，平台在其成长为优秀骨干教师的过程中起决定性作用。但农村学校中未能在平台上得到发展机会的教师可以获得教师以外新的社会身份，如社区中的科学技术权威、专业的法律顾问、邻里矛盾纠纷的仲裁者等其他身份。

如上所述，与城市社会分工的精细化和职业化相比，长期生活在农村社会中的农村教师，作为乡土社会中文化精英，其还有一些其他社会身份，这使得他们的人生具有多面性。因此，与城市学校教师间常见的竞争—合作关系不同，农村学校教师间通常是家庭式的谦让—合作—互助文化，教师之间也早已经不仅仅局限于同事关系，邻近的地缘甚至可能具有血缘关系，使教师之间的感情比起城市教师更加深厚、关系更加复杂。这些都促使教师们无论是出于亲密的人际关系，还是为了报答先前对方曾给予自己的“恩”，抑或是希望自己在日后有困难的时候得到帮助，在对方遇到问题时都会伸出援手。

前年教师晋级，我和 Z 老师都符合条件。我俩都是中师毕业，年龄也基本相同，他比我晚一年参加工作，可论水平谁也不比谁低。有一天，他遇到我，跟我喊："老 M，晋级你报吧，谁让你水平比我高呢！"当时我就当他和我闹着玩呢。后来递材料的时候他真没报。我问他，他说："我就一个孩子，开销比你小，你家俩，一个老，一个小。"（Z老师）特别够意思。（CYMJM）

刚参加工作那会儿，不太会用电脑，课件也不太会做。当时都是我们学校一个老师帮我弄得，后来自己慢慢学会了。在我们那儿，大家相互帮忙都是很正常的事，更不需要歌颂。（WFDWGJ）

我们校长是挺重视孩子健康发展的一个人。孩子们就盼望着开运动会，可学校没有钱。我们想尽办法，后来校长就说，我们大家出点钱，再动员下家长，帮孩子们实现这个小小的愿望。老师有的出谋划策，有的带领孩子出去买奖品。无论家长还是孩子，都发自内心地兴奋。有的孩子没获奖，老师自己掏钱给孩子买一些奖品。（WFDWGJ）

农村老师承担了包括学生生活在内的所有东西。我就一个感慨，觉得农村老师太伟大了。他们淳朴、实在、真实，对孩子发自内心地好。有时候哪个孩子今天没吃饭、忘拿钱了，老师就给垫上饭钱，对于他们就是特别正常的一件事。（D6）

熟人社会和教师间的小圈子以及教师各种分化的身份是形成这种家庭式文化的根本原因。作为谦让—合作—互助文化的副产品，很多乡村教师可以获得与城市教师不同的专业成长境界，最终使自我价值得到较高水平的实现。

我多年来一直从事教学工作。虽然条件艰苦些，但我工作起来特别有劲头儿，也感到很快乐。（访谈者问：现在给您个机会去城市教学您去不去？）不去，刚参加工作的头三五年确实有过这个心思，但现在我每天都觉得，不管生活还是工作，都特别充实和平静。这种心理感觉不是到了一个人特别多的大城市心潮浮动的那种。我每天工作无论多累，都觉得很高兴。（WFDWGJ）

每天在办公室里我都会觉得心情很平静，有种远离城市喧闹和烦恼的感觉，我觉得在这里非常充实和愉悦。（WFDWGJ）

孩子是可爱的。咱们只有和孩子在一起才能体现出自身的价值。例如，开运动会的时候，当看到孩子们参加比赛，就会觉得他们已经长大了。孩子们会和我们说："老师，我今天一定给你拿个奖回来。"如果老师生病了，孩子们会主动关心你。尤其是男生，特别讲义气，那种感觉旁人体会不到。到了五六年级，我们那里的小学生进入青春期了。我觉得自己是个天使，我可以用自己的经历开导他们。在那个时候，我会觉得自己特别伟大，甚至被自己所感动。（WFD）

第五章

反思与建设：一个基本思路的探索

在设计阶段，笔者立足于应用一种反思性的研究范式去探索农村教师专业成长的特别因素。从理论发展与建树的层面看，农村教师的职业生涯和成长模式离不开农村教师独有而丰富的成长环境、成长体验，以及有别于城市教师教育学的独特性。客观地说，作为后现代性的标准产物，科学的或学科的教师教育学或师范教育学，乃至整个教育学的知识域，都是以城市的、男性化的意识为支配和主导的。因此，在某种意义上，其并没有估计农村的、女性的以及其他群体教师的发展体验，他们在现实中被简单地称作城市的和普遍性的专业发展知识。从这一状况我们可以看出，农村教师教育的知识体系在整个学科知识门类中处于从属地位。基于此种认识，我们提出：农村教师教育学新的知识生长点，应该立足于更适合农村、更依赖农村的教师职业生涯实证资料基础。从这一点上看，最奠基性且要紧的工作是采用新的方法，即观察法、访谈与深度访谈法等质性方法，对农村教师的职业发展进行探究。在此基础上，笔者采用民族志与叙事研究等范式，展开一种更适合农村的教育-社会环境、更适合农村教师发展的地方性知识的理论探索。需要说明的是，经过田野研究，本书研究所得得益于质性方法的运用，甚至远远超出预期。

首先是平台在教师专业成长中绝对优势的影响力与决定性作用在城乡之间并不存在显著差异。这一研究结果并不支持最初的研究假设，即研究结果证实了平台对于农村教师专业发展仍然起决定性作用。值得深思的是，平台在更广泛的意义上是一个技术范畴。作为普遍应用在各领域的概念，平台在当代技术整合与不断更新的背景下，其最初技术层面上的意义可以被简单地理解为具有基础性作用的、为生产所准备的、可用于衍生其他产品的一整套环境。例如，计算机行业所说的 windows 平台及 linux 平台，指的就是这些软件的基础性生产与运行环境。基于相同平台的产出具有相似的生产流程与产品特征。平台是在工业发展到一定水平的时代的运用，是人类理性充分发达的成果，在生产线上，是集中相关资源的高效率的批量与流水线模式。平台在农村教师专业发展上具有同样的作用方式与效果，这在客观上说明了农村教育依附于城市教育的不争现实。

本书虽然是反思性成果，但并非秉持反城市的或反现代化、反现代性的态度。作为现实关照者和理论探究者，我们至少应该在基本理念的层面上对极端现代性或曰过度城市化持有足够的警惕，即现有教师专业成长模式的平台化存在着替代传统的、经验的、人文的模式的风险。当我们在人文的、历史的、文化的、传统的层面上理解教师专业成长，或"教"本身内在的本初意涵时，却忽视了"教"的过程和"师"的身份的丰富的意义系统。作为强力的人类技术理性的力量，平台带有一系列现代性技术特征，正在不断侵蚀和消除教育本身的价值与文化系统。平台强调的是技术化、指标化与标准化，这些特征可能会使教师专业发展方向过度依赖或顺从于技术、规范、表演以及技术官僚体制，结果在追求教育本真的过程中迷失方向。

因此，我们需要思考的是，在平台成为决定性技术体制的事实下，是否存在着克服的力量，或者克服的可能性；如果真的存在克服的力量或可能性，那么现实的或可行的机制是什么？在具体的政策领域又应该如何体现？作为阶段性探索成果，本书有幸能够发掘出乡土社会教师专业发展从身份、"恩"与"报"，以及谦让—合作—互助文化的特别因素。需要说明的是，这四个方面的特别因素并非独为农村优秀教师群体所特有，但平台模式的大行其道，的确在某种意义上起到压制性作用。如果我们将平台模式和特别要素各自作为理想类型或作用相反的两端的话，大致可以看出，从村小学到中心小学，再到城市学校，平台的作用越来越大，特别因素的作用则越来越小，二者并非相互克制，而是此消彼长。当然，这些特别要素也面临新的情况。在对乡村学校的调研中我们发现，不仅学校规模在不断萎缩，生源大批地向乡镇中心或城市集中，乡村学校的教师们也开始变成到乡村工作的"候鸟"，教师们周一出城，周末进城，不再像以往农村教师那样在乡村熟人社会扎根。正如一位农村教师所说的那样。

现在我们这代人，不可能长年累月地在农村待一辈子。我们这辈儿乡下的老师，但凡有点儿能耐的，基本上都不在农村住了，最差的也在 YBS（县城驻地）买房子了。条件好的周一开车来上班，周五开车回去。条件一般的就几个人合伙搭出租车去，到时候再回来，等退休了之后基本就在城里生活了。我是 2000 年孩子上实验学校搬到城里的，我家白老师那年调到铁路小学工作，现在每周来回通勤。（CYLQH）

这种新的变化趋势如何，变化本身带来的实际效果如何，都需要我们今后持续关注。

本书以尝试验证基本假设开始，而以发现事实和验证基本假设为阶段性终结，但真正的科学研究与探索并不能以此为止。作为后续的问题或反问是，重新建构一套农村的、颠覆性的，或至少与城市模式对等的模式，是难以实现也难以被广泛接受的，正如激进的女性主义理论尝试构造颠覆性的以女性为中心的世界体系之不可能一样。但是，至少在性别平等的领域，由于女性主义思潮的冲击，世界正在改观。有鉴于此，我们如何思考这个世界的另一种分别，即城市的与乡村的分别？也许一种有别于城市的农村教师专业发展的观念的发生、发展抑或流行，能够使得局面有新的改观。另外，基于研究发现，本书进一步探索得出促进农村教师专业发展的可行性建议。

第一节 乡村教师专业成长的“新赛道”

教师专业成长是教师职业群体在其职业生涯中的重要目标与诉求，具有重要意义。一方面，教师专业成长是教师个体为了寻求在其专业领域或者生活领域内个人自我价值的更好实现，而不断学习、努力的过程；另一方面，教师的专业成长有利于不断提高学校教育质量和人才培养质量。而受多种因素的影响与制约，乡村教师与城市教师的专业成长展现出不同的路径，城市教师的专业成长受平台的促进作用更大，但是这种平台和平台的过度发达，对于乡村教师来讲，似乎正在成为一种理性化的牢笼，平台以科学的、技术的名义压制和抑制了教师的内省与内心体验，在某种程度上成为乡村教师专业发展、职业成长的“宰制”。基于此，我们应努力探索和试验教师专业成长的城乡双轨制，为乡村优秀教师成长开辟“新赛道”，创建适合农村教师专业成长的环境。

一、乡村教师专业成长的地方性之需

特定的文化背景与微观社会情境在乡村教师的职业生涯与专业成长中具有重要影响，是乡村教师不同于城市教师专业成长路径的重要影响因素。只有将乡村教师的专业成长路径置于特定的文化情境中进行考虑，对其所处的文化生态背景进行还原，才能更好地认识和理解它。

乡村教师处于不同于城市发展现状的乡土文化中，乡村教师有其特殊的成长环境。诚如现实所显示的那样，城市教师的成长具有客观条件优质的平台优势。从专业成长的角度来讲，与个体的知识储备、业务技能与水平、职业道德修养等教师所具有的特质相比，教师所处的工作平台往往起着更大的作用。例如，城市教师有很多参与职后培训、现场听评优秀示范课、职业技能竞技培训等机会。通过各种高平台提供的活动，一方面，城市教师可以在知识技能等方面增强自身职业修养；另一方面，因为遇见了更好的学习伙伴、更优秀的学习对象、更高层次的“伯乐”，这些外力往往会成为教师成长的强大驱动力，促使教师追求更高的目标、更好地实现自我价值。但是，过分单一地追求平台，就会使平台成为一种不公平的垄断资源，如果只有名气大、实力强的学校的教师才能来使用这些优质资源，这实质上也是不公平的。并且当教师所有追求上进与专业发展的行为都以获得平台为目标，这无疑偏离了作为教师应具有的正确的职业目标。基于这样的现实背景，我们应在考虑乡村教师专业发展的地方之需的前提下，探寻适合其发展的“新赛道”。

乡村教师的专业成长有着独特的影响因素。第一，乡村教师在熟人社会中有特定的身份要素。费孝通先生认为，中国传统社会是熟人社会，其显著特点是：人与人之间更多的展现的是一种私人关系，人们习惯通过人情、道义来进行人际关系协调，而不是法律。[①]若城市社区所展现的更多的是陌生人社会的特点的

① 费孝通. 乡土中国. 北京：生活·读书·新知三联书店，1985：58.

话，乡村教师所处的乡村社区可以说是一个熟人社会，乡村教师展现出了除教师作为一个专门职业的属性外，还有较为复杂的身份属性，这种身份属性通常基于乡村教师在乡村中的知识分子地位，以及教师在乡村中经常发挥的社会价值及文明引导、文化的弘扬等作用，除此以外，乡村教师在其所处的文化环境中还被期待具有较高的道德要素。第二，基于前文提到的熟人社会与乡村教师的身份属性，乡村教师通常会感到被赋予一种特定的责任感与使命感。在乡村的社会结构中，由于群体较为固定、居民的生活范围较为狭窄等因素的影响，乡村教师往往是不可或缺的重要角色，与城市教师相比，他们在社会中所获得的声望与社会地位较高。这种信任与责任感反过来也坚定了乡村教师的职业认同。

乡村教师有着同城市教师相同的专业成长需求，因此，探索与实验乡村教师不同于城市教师专业成长的"新赛道"具有重要的现实意义。虽然前期的研究成果显示，平台在教师专业成长中占据绝对优势，并且这种优势在城乡之间不存在显著性差异，但是，鉴于乡村教师所处的特殊环境及其独特的要素影响，不加区分地采用城市教师的专业成长方式，或是忽视乡村教师内心的真实体验，在现实中无疑是不当且无意义的。因此，探索与城市教师专业成长路径不同的城乡双轨制有其必要的现实背景。

二、"新赛道"对于乡村教师专业成长意义深远

教师是教育的基础，而教师的专业成长直接影响教育质量及教学目标的实现。我国存在庞大的乡村教师群体，乡村教师具有不同于城市教师专业成长的路径，这些决定了探索乡村教师专业成长"新赛道"具有必要性。

建立乡村教师成才体系具有必要性。伴随着社会分工，专业化人才开始出现。专业性是职业的显著特性，也是促进社会生产与进步的重要力量。教师是专业化人才的一种，其在专业上的不断学习与发展是职业发展的重要组成部分，对于教师个体而言，这有利于教师提升专业素质及综合素质，从而使其更好地实现自我价值；对于社会来讲，教师的专业成长是提高教育教学水平、提高人才培养质量的必然选择。并且，对于乡村教师而言，基于我国城乡教育发展水平不均衡的现状，乡村教师的专业成长还有利于优化教育布局、缩小城乡教育发展差距。从某种程度上讲，若要发展乡村教育，乡村教师是关键，因此，乡村教师队伍的建设及专业成长就显得尤为重要。

建立适宜乡村教师的专业成长体制是促进其发展的必然选择。乡村教师专业成长具有特殊的地方性。因此，探索新的途径来帮助乡村教师专业成长具有极其重要的意义。首先，正如前文所提到的，乡村教师的专业成长与发展一直以来被习惯性地纳入城市教师专业发展的平台模式。而事实证明，在特定的乡村文化背景之下，平台模式很难起到作用，并且在某种程度上无法顾及乡村教师的内心体验，从而未能真正促进乡村教师的专业成长。其次，乡村教师的专业发展现状具有独特性。例如，乡村教师通常缺少向外界学习的机会，一方面是因为学习经费不足，资源紧张；另一方面是由于乡村教师群体的整体学习氛围不浓郁，教师之间缺乏竞争，加之有效指导的欠缺，乡村教师通过教师专业学习寻求专业进步的驱动力不足。有学者研究发现，乡村教师在学习专业知识与技能之外，显现出对于新的大环境下相关知识的缺乏；因教非所学而表现出的学科知识的不足；因新版教材内容所呈现的城市化倾向而导致的课程知识的不足；因面对大量留守儿童或其他特殊儿童而表现出的学生管理知识的不足等①。因此，在建立乡村教师成长体系时，我们必须考虑到乡村教师的现实需求，建立适宜他们的专业成长体制。

三、建立城乡双轨制：为城乡教师专业成长助力

基于城市教师所处的城市的、现代性的、平台的专业成长环境，乡村教师处于乡土的、传统的、经验的专业成长环境，建立教师专业成长的城乡双轨制具有重要的现实意义。

建立城乡双轨制是基于城乡教师不同专业成长背景的现实选择。城乡双轨制并不是一个脱离现实的理想提法，而是有深厚的现实背景。在我国很多地区，例如重庆，重庆是一个集大城市、大农村等多元为一体的地区，其二元经济结构矛盾十分明显，城乡教育资金与资源的投入差异很大，这样的现实条件不仅使得城乡教师的专业发展不同步，而同时带来的城乡教育发展的不均衡也不利于教育的均衡化发展。

城乡双轨制的建立对城市与乡村教师的专业成长都有促进作用。凯尔克特

① 李森，崔友兴. 新型城镇化进程中乡村教师专业发展现状调查研究——基于对川、滇、黔、渝四省市的实证分析. 教育研究，2015，36（7）：98-107.

曼认为，虽然教师在专业发展的学习过程是高度个体化的，但这并非发生在真空环境下，而是个体教师与情境交互作用的结果。情境通常又分为空间情境与时间情境。所谓空间情境，就是教师所工作在其中的社会、文化与组织环境。而教师的工作情境通常又是由不同层面构成的，例如教师与同事、学生家长、领导等形成的交往网络等。城市教师与乡村教师处于不同的情境中，他们的专业成长不可以一概而论，而应建立城乡双轨制的、分别针对城市教师与乡村教师的专业成长路径。城市教师应充分利用其所获取与可利用的优质教育资源，不断进行学习，提高其专业及综合素养，同时可以采取对口帮扶等形式帮助乡村教师的专业成长；而对于乡村教师来讲，尽管平台同样对于促进其专业成长起重要作用，但是在试图发挥平台作用并端正其专业发展目标的同时，更应结合乡村教师的情境文化特点与现实需求，以创建更适宜乡村教师专业成长、不完全与城市教师专业成长路径相似的、关注乡村教师内心发展体验的成长路径。城乡双轨制的建立与发展必然会对两类主体都具有促进意义。

第二节 乡村教师奖励措施的作用发挥

在城镇化的进程中，乡村教师的大量流失已经成为不可避免的现实问题。在前期调研中，很多受访对象表示，尽管仍在乡村学校工作，但是自己的家庭已经搬至城镇，平常上下班都是采用两地奔走的方式。虽然这部分教师仍坚持在乡村任教，但是受家庭及生活等因素的影响，这部分乡村教师也有潜在的流失可能。需要明确的是，乡村教师的流失存在合理性，若一味地要求乡村教师无条件地坚守岗位，实质上是有违公平原则的。应该试图抛开这种观念，试着通过强力的奖励举措，对乡村教师进行补偿性激励，以延长乡村教师服务乡村教育事业的年资与提高口碑评价，最终促成乡村优秀教师在长线条的职业生涯规划中的成长。

一、乡村教师的“长线条”职业生涯规划

“长线条”的职业生涯规划对于优秀乡村教师的培养极其重要。教育部公布的数据显示，2010—2013 年 3 年间，全国乡村教师的数量显著减少，短时间内乡村教师的流失率较高，数据从侧面显示出乡村教师对其所处工作环境的不满以及渴望通过改变外在环境进而实现自己职业追求与自我价值的意愿。并且城乡间的教师流动其实是一种双向的行为，既有乡村教师流向城市，又有城市教师流向农村。但现实中更多的是乡村教师不断地流向城市，我们称之为乡村教师的流失。乡村教师的频繁流动无疑体现其职业生涯规划的波动，这种波动或者试图波动的行为极大地分散了乡村教师的注意力，使其对学校人才培养及自身专业成长等方面关注不足。

稳定的工作环境对优秀教师的培养具有关键的作用。首先，从人才培养的角度来讲，十年树木，百年树人，人才的培养不是片段式或者跳跃性的过程，而是一个持续且长久的过程。而作为学校教育的关键，教师工作的稳定性不仅关系到人才培养的质量，更与教师的专业成长息息相关。当教师全身心地投入到教育教学事业中，关心学生各方面的成长，而不是整天忧心所处环境的恶劣，期望通过各种方式寻求更好的发展平台时，一方面这有利于人才培养质量的提升；另一方面，这也有利于增强教师的专业素养与职业自信，促使乡村教师更努力地提升自己。其次，从乡村教师的薪资保障方面来讲，若乡村教师处于一个稳定的工作环境中，有较好的工资待遇与保障机制，这便从物质基础方面为乡村教师提供了不断促进其自身专业成长的基础。在我国乡村教育实践中，乡村教师的实际收入还较低，受此影响，乡村教师的流失情况持续存在，除此以外，这也影响了乡村教师专业成长与发展的积极性。因此，稳定的工作环境对于优秀教师的培养具有关键作用。

二、奖励措施在城乡教师成长过程中的作用

奖励作为一种强化、激励手段，一直以来都受到人们的推崇与喜爱，无论是在家庭、社会，还是在企事业单位，无论面对的群体是学校中的受教育对

象，还是工作岗位中的劳动者，奖励作为一种激励手段，对引导群体的行为积极向上起着重要的作用。心理学中的强化理论被认为是实施奖励措施的基础，当个体的某种行为得到外界的肯定与奖励后，这种行为便会得到强化。奖励措施从教育产生起就开始被应用于教育领域中，教师作为教育领域中的关键群体之一，其行为也会受奖励措施的影响。

奖励措施对于教师专业成长有着重要的影响作用。常见的奖励包括物质奖励与精神奖励。任何职业的工资收入都影响劳动者的社会地位与生活质量，教师这个职业也是如此，教师的生活质量是教师全身心投入教育事业的物质基础。新修订的《中华人民共和国教师法》第三十三条规定：教师在教育教学、培养人才、科学研究、教学改革、学校建设、社会服务、勤工俭学等方面成绩优异的，由所在学校予以表彰、奖励。国务院和地方各级人民政府及其有关部门对有突出贡献的教师，应当予以表彰、奖励。对有重大贡献的教师，依照国家有关规定授予荣誉称号。第三十四条规定：国家支持和鼓励社会组织或者个人向依法成立的奖励教师的基金组织捐助资金，对教师进行奖励。①

我国当前实行的教师绩效工资制度是教师奖励的重要措施之一。岗位工资、薪级工资、绩效工资和津贴补助构成了义务教育学校教师的绩效工资，其中，绩效工资包括基础性绩效工资和奖励性绩效工资。奖励性的绩效工资通常是根据教师的工作量与实际贡献量等综合考量而定，由学校确定分配方式与方法。学校通常根据考核的标准，坚持多劳多得的原则，向做出突出成绩的优秀教师及骨干教师等倾斜。这种教师绩效工资制度在教师群体当中营造了竞争氛围，一方面激励教师不断促进自身专业成长，提高教育教学质量；另一方面又注重合理调控分配差距，避免因只强调竞争而扩大教师群体的收入差距，继而影响整体教育教学水平的情况出现，对于教师教育教学实践水平提升及专业成长起到了很好的激励作用。

奖励措施应照顾乡村教师的特殊需求。新修订的《中华人民共和国教师法》规定：教师的平均工资水平应当不低于或者高于国家公务员的平均工资水平，并逐步提高。①2006 年修订的《中华人民共和国义务教育法》规定：各级人

---

① 中华人民共和国教师法. 中国人大网. http://www.npc.gov.cn/wxzl/gongbao/2000-12/05/content_5004603.htm [2018-11-04].

民政府保障教师工资福利和社会保险待遇，改善教师工作和生活条件；完善农村教师工资经费保障机制。2015 年修订的《中华人民共和国义务教育法》规定：在民族地区和边远贫困地区工作的教师享有艰苦贫困地区补助津贴。[①]以教师绩效工资制度为代表的教师激励措施不仅适用于城市地区的教师，同样适用于乡村地区的教师，但是考虑到城市与乡村地区经济发展水平上的差异，还应采取照顾乡村教师需求的特殊激励措施，这也是我国法律法规所规定与倡导的。适用于乡村教师的激励措施首先要有针对性，能满足乡村教师的特殊需求；其次，激励的内容应该力求多样化，既要有物质奖励，又要有非物质奖励。

三、乡村教师奖励制度的地方化

乡村教师作为教育群体中的一部分，对其的奖励制度与措施必然要符合教师群体的一般特性，同时，乡村教师成长所具有的乡土特色决定了乡村教师专业成长的奖励制度要具有地方性。

将年资与口碑评价引入教师奖励措施符合乡土性评价的需要。首先，所谓年资，简单来讲就是年纪和资历，不同年资的教师其所积累的教育教学实践经验与理论储备不同，教学效果也不同。更重要的是，教师年资所展现的是教师个体，特别是乡村教师个体，对乡村教育坚守程度的不同。虽然在乡村任教年资长的教师并非比年资短的教师有更强的责任感与为乡村教育事业奉献的决心，但是，年资长的教师用自己的实际行动证明了自己对乡村教育的固守。从这个角度来讲，年资应该成为对乡村教师进行奖励的重要标准。其次，口碑评价是教师正式评价体系之外存在着的，由学生、学生家长、学校行政主管等群体基于教师的日常教育教学表现与专业素养等因素，自发传播而形成的对教师的非正式评价。学生作为教师教学的对象，他们能够在课堂环境中切实体验教师的工作情境、状态与效果，能够形成对教师的客观评价；菲利普·杰克逊曾在其著作《教室生涯》的第四章中提到他所做的针对优秀教师的访谈，在对于优秀教师这个访谈群体的确定上，调研团队采取了行政主管评比的方式来作为

① 中华人民共和国义务教育法. 中国人大网. http://www.npc.gov.cn/wxzl/gongbao/2015-07/03/content_1942840.htm[2018-11-04].

选择优秀教师的方式。尽管行政主管对优质教学的定义各不相同，并且对教师在课堂的实际教学行为知之甚少，但是，在大多数学校里，名誉自然有它流传的方式，不用很久的时间，教师在学生、家长和同事眼中，或是反映在班级考试成绩和学生表现方面的优点，往往就会被行政主管得知，因此，行政主管的评价也可以成为教师口碑评价的重要来源。需要明确的是，虽然我们的目标是促进乡村教师注重内心体验，最终发掘适宜的专业成长模式，但这并不与物质奖励方式相冲突，激励制度是放之四海而皆准的。

第三节 乡土性背景下乡村教师专业成长的选择

制度化校本研训和地方性知识在乡村教师专业发展中具有独特的作用，有利于更多元化的乡土要素融入教师成长过程，进而更好地促进乡村教师的专业成长。

一、制度化校本研训有利于乡村优秀教师的培养

所谓校本研训，是指校本研究和校本培训的整合，基于学校的教学研究与教师培训活动。校本研训基于学校的现实情况，以促进学校的发展为目的，在学校组织中，将教学研究和培训的重心下移，教师是研究的主体，研究教师在教育教学实践过程中所面临的各种具体问题。它一方面具有理论指导意义；另一方面又注重实践性研究，不脱离现实，关注实际问题的解决与理论的归纳，努力探索教师专业发展的路径。

制度化校本研训有利于乡村优秀教师的培养。时代、职业及社会对当前及未来的教师提出了更高的要求，作为乡村地区教育教学质量提高的关键人物，乡村教师也面临更高的要求。集培训、教研、科研三者为一体的校本研训为教师个体提供了自我反思、同伴互帮互助、专家专业指导三种模式，有助于乡村

教师进行常态化、科学化的研训工作，从而促进乡村教师的专业成长，以培养更多优秀乡村教师。

首先，校本研训制度应该由校长牵头，分层负责，责任到人，建立以本校乡村教师为本的结合教师实际情况的制度，用制度来激励全体教师的专业成长。在这其中，对于研训成果丰厚的教师，应给予相应形式丰富的奖励，树立优秀教师的典型模范作用，从而在全体乡村教师中形成争当先进的良好竞争氛围。

其次，开展形式丰富的校本研训活动，为乡村教师的专业成长搭建广阔的平台，这是校本研训得以取得成效的必然要求。而教师个人、教师集体与专家作为三个核心主体，应开展有针对性的活动，使其充分发挥作用。

最后，作为一项以提升质量为目的的制度，其效果必然需要科学的标准予以评价，以使其能够长期持续地发展下去。鉴于被评价的对象是教师，在建立评价体系的时候必然要考虑到评价主体与评价方式的多元性。第一，教师应对自我发展效果进行反思。从职业规划的角度来讲，教师应对自身专业发展有较长时间的规划，并且定时对自己某个区间内的发展状况进行自我评价，增强自身发展的内驱力。第二，校本研训作为一项制度，在制度内部应有针对教师研训表现的客观评价，例如当前已经被应用于实践中的教师研训学分管理制度，通过各校自行制定的教师校本研训细则，来对教师进行监督与约束，通过将教师表现进行量化的形式来提高教师发展的外部动力。第三，建立学校层面的激励制度。乡村教师都归属于不同的乡村学校，其所在的乡村学校便是其日常的工作环境，在乡村教师的专业成长过程中，若能得到来自领导或同事的肯定，教师的职业认同感与职业自信能够获得极大增强，使其坚定自己的职业选择，从而能够增强专业成长的内部动力。

二、地方性知识在乡村教师专业发展中不可或缺

在乡村教师专业发展中纳入地方性知识是基于乡村情境的必然选择。美国人类学家吉尔兹最早提出了地方性知识的概念，揭示出学校教育与地方文化的疏离，这在教育领域中产生了重要的影响，学校教育是通常所认为的以主流文化为内容的抽象知识型，而地方文化相对来讲即是实践知识型[①]。相关研究表

---

① 克利福特·吉尔兹. 地方性知识：阐释人类学论文集. 王海龙，张家瑄译. 北京：中央编译出版社，2004：222-240.

明，相对于县城、城市同级学生，生活在乡村地区的学生对知识性质的理解及灵活应用能力均要差一些，这种差距的存在并不是由于乡村地区的学生较其他地区的学生天资差，而在很大程度上是因为学校的教育教学脱离了学生的经验知识[①]。基于此，地方性知识对于乡村地区教育具有重要意义。乡村教师作为课堂与教学活动的直接实施者，其能熟练掌握并应用有关地方性知识是提高乡村地区教育教学活动质量的前提与基础。

地方性知识作为乡村教师所应掌握的必备知识，是乡村教师专业发展中不可或缺的一部分。基于教师职业的性质与要求，教师通常被要求掌握教育理论知识、专业学科知识、教育实践知识、相关通识知识等，而乡村教师应同时掌握地方性知识。地方性知识通常包括乡村教师所处区域的生产生活、历史文化、民间习俗与艺术、地理景观等。当前乡村教师所具有的地方性知识通常都基于其在当地生活所累积的经验，教育专业发展实践可以多角度拓展乡村教师地方性知识的学习路径。首先，应引导乡村教师通过与当地居民交流获得直接的经验，或者通过网络、书籍等媒介获得间接的经验。其次，应以各乡村学校为单位，开设以乡村教师为教育对象的关于乡村教育、乡村文化的教师教育课程等。最后，可以将乡村校本研训制度与地方性知识结合起来，倡导和组织乡村教师将其掌握的地方性知识应用于教育教学实践中去。

三、多元化乡土要素融入乡村教师成长具有必要性

乡村教师的乡土性决定了其专业成长过程不同于城市教师。从乡村教师在乡村任教开始，无论乡村教师自身受到了什么类型成长环境的影响，从此便已经和乡土社会的文化环境产生了紧密的联系。而乡土社会文化作为乡村教师生活工作的情境，决定了乡村教师与城市教师发展的差异性。

将多元化乡土要素融入乡村教师专业成长具有必要性。作为长期工作在乡村环境中的群体，在教育的场域中，乡村教师最频繁的接触对象便是他们的同事与班级的学生，这两类通常也是具有多样乡土要素的群体，乡村教师与这两

① Shizha E. Indigenous? What indigenous knowledge? Belief sand attitudes of rural primary school teachers towards indigenous knowledge in the science curriculum in Zimbabwe. The Australian Journal of Indigenous Education，2008（37）：80.

类群体的沟通与交流是其职业生涯中的重要部分；在日常生活的场域中，乡村教师接触最多的便是当地的居民，而居民群体往往也显示出不同的生活与风俗习惯。在日常工作与生活的两种主要场域中，乡村教师一方面不断受到环境因素的影响；另一方面逐渐了解和获取地方性知识。受我国所实行的免费师范生教育等一系列政策的影响，当前乡村中的部分青年教师来自于城市，这部分教师通常是在城市环境下长大的，他们身上的城市文化气息较浓，但缺少乡村地方性文化知识的积累，文化环境的疏离会使其产生陌生感与距离感，这不利于鼓励青年乡村教师投身于乡村教育之中。多元化乡土要素融入乡村教师专业成长具有必要性。

第四节　发扬优秀教师传统文化的现实作用

以师道、师门或者师徒制为代表的我国传统文化中与教育相关的内容，对当前我国乡村教师专业发展有着重要的指导意义。在当前教师专业成长路径城市化与程序化的现实背景之下，我们应注重发掘乡村教师内部的精神源泉与力量，强调教师的内心体验，借鉴与发扬传统文化中的师道等教师文化。发掘、整理与培养乡土系教师教育的思想体系与理论流派具有重要的现实意义。

一、教师传统文化的现实意义

作为中国哲学的最高范畴，“道”一般指宇宙法则、终极真理、事物运动的总体规律、万物的本质或本源。老子在《道德经》中说：“道生一，一生二，二生三，三生万物。”“道”是本源、是起点、是终点、是过程、是规则，万事万物皆有其道；“道”是无、是虚空、是无为、是戒律，从戒律开始，到定、到慧、到志、到气、到力、到恒，最后回归为“道”。“道”无为而无不为；“道”是客观的，是普遍、永恒存在的。“道”是一种精神。以师道、师门为代表的中国优秀传统文化，本质上都是一种哲学与艺术，是一种精神内涵。[①]一直以来，教师似乎也是一个饱含哲学与艺术的职业，不同于其他职业，教师作为教育公益事业中的重要角色，一直以来被社会与大众赋予了较多的期待。教师若把所从事的职业当作人生中一种高雅的终极追求去享受，其所得与所感更是超越生活、洗涤心灵的。

师道，是我国历史上形成的概念，在职业社会形成前后，其所表示的含义有所不同。据学者考证，"师道"一词出自汉代萧望之举荐匡衡时，奏称"衡经学精习，说有师道，可观览"（《汉书·匡衡传》）。尔后，《后汉书·桓荣传》载，桓荣在谢辞太傅的上书中，有"臣师道已尽"一说。我们通常所说的"师道"有广义与狭义之分，广义的师道包括为师之道、尊师之道与求师之道；而狭义的师道指的是为师之道[②]。日本学者小原国芳在讨论"师道"的本义时，把其解释为"以坚定不移之心遵从理性启示"，认为教师若"只教以取胜，而忘却了道，可哀可悲"。他虽未对师道做出明确的界说，实际上提倡教师树立对教育本身的信仰，认为教师应有远大的教育理想，将教育作为自己的事业。[③]提倡乡村教师坚守师道绝不是对乡村教师的道德绑架，不是在物质条件弱于城市教师的现实背景下，一味地要求乡村教师安贫乐道。教师职业产生之后，我们所谈论的师道是教师职业自身之道，这是教师坚守教育育人职业的根本，是教师的职业化使然，是所有教师都应有的价值追求，而不是专为有教师身份的人做出的规定。责任，特别是教师行业的责任，是法律或者其他形式无法具体规定的，在教育教学实践中，课堂以外的管理主体似乎无法对其进行量化，但是责任感是任何一名优秀教师都具备的基本品质，它体现为：教师始终以学生的全面发展为核心，根据教育教学的实际需要，来不断提高与拓展自身的能力与水平。我们期望在当前价值多元的文化背景与现实条件下，以"师道"为代表的优秀传统教师文化能够得到弘扬，使乡村教师注重其内心发展的体验，使责任意识成为文化的主流，从而对乡村教师的专业发展起到积极的促进作用。

所谓师门，并不是我们当前语境下所理解的单纯的教师与学生组成的关联，而是在教师从事教学工作的实践过程中，新教师与工作经验丰富的老教师之间，

---

① 老子. 道德经. 长春：吉林美术出版社，2015：2-3.

② 萧承慎. 师道征故. 台湾：师大书苑有限公司，2000：2-3.

③ 小原国芳. 小原国芳教育论著选. 刘剑乔，由其民，吴光威译. 北京：人民教育出版社，1993：105-106.

因为工作经验的差距而形成的后者在教学教法、班级管理、日常教学等行为中对新教师有形无形的影响与指导。其实质是一种师徒结对的同伴指导，新教师与资深教师的相互交流，客观上能够促进师徒双方共同的专业成长。弗瑞博格的研究报告显示，新手教师往往对其指导教师有很高评价。很多新手老师曾经谈到，若其没有指导教师，他们或许早就丧失了职业自信，离开教师岗位了。[①]同时，黑尔的研究报告显示，新手教师与指导教师的关系能提高他们的教学能力，从侧面增强他们对所从事职业的满意度，并且帮助他们更好地理解学校教育及其发展理念[②]。可见，在教师专业发展的过程中，这种新教师的培养机制不仅在教师职业生涯的初期起着非常重要的作用，在教师的职业生涯中，不仅会对其精神层面的教学理念、职业追求等产生重要影响，同时对其具体的教学实践极具指导意义，推动其将在师范院校培养、职后培训累积的知识切实地应用在教学实践中。从这个角度来讲，师徒制在乡村教师专业成长的过程中起重要作用，可以帮助乡村教师实现信念与技能等多层面的丰富与提高。

二、挖掘乡土系教师教育思想体系

乡村教育是我国教育事业的重要组成部分，有着独特的乡土环境。乡村教师的成长也恰恰与这种乡土环境很好地融合，形成独特的思想体系。

乡土性情境背景下的教师教育思想尤其表现独特。首先，作为知识分子的乡村教师本质上是一种文化的存在，他们往往拥有朴素的乡土情怀。作为乡村的一分子，这种归属不仅是地域上的，同样也是文化上的。身处乡村大地，乡村教师通常具有百姓情怀。相比于城市教师，乡村教师有更多的机会走出校门，走向村落与田间。而民间丰富的智慧与温纯的人性反过来也哺育乡村教师，成为促进其专业成长的独特精神滋养。其次，在某种程度上，社会进化是文化不断累积的过程，乡村教师作为保存与传递乡村文化的重要主体，是推动乡村社会发展的重要力量，这种使命感与乡村教师所拥有的多元文化视野是其专业发展与创新的独特养分。他们期望在乡村地区整合与优化知识，不单单面向学校学生，也面向乡村居民，用先进文化促使乡村居民进步。在帮助别人进

---

① 陈永明. 国际师范教育改革比较研究. 北京：人民教育出版社，1999：390-408.

② 陈永明. 国际师范教育改革比较研究. 北京：人民教育出版社，1999：413-461.

步的过程中，乡村教师也不断实现自身的专业进步与发展，来自教师自身的发展与学习动力永远要强于外界的力量。

三、构建乡土系教师教育的理论体系

教师的专业成长有其理论轨迹可寻。作为教师群体中的一部分，乡村教师同样适用于教师成长的一般规律，而乡村教师因其乡土系的社会情境，其专业成长必然有区别于其他教师的特质。因此，探索构建乡土系教师的理论体系就显示出其现实意义。

教师专业成长的 TTP（train，test，practice）教学模式（即任务式教学模式）是教师教育的重要理论模式，对于乡村教师的专业成长有着借鉴意义。该模式要求教师不断地进行学习，以通过学习来提高自身理论水平。但从乡村教师的现实工作情况来看，其工作量往往较大，通常很难有时间与精力进行学习。基于现实情况，乡村学校应该努力为教师提供良好的客观条件，以激发教师的学习热情，合理调配教师的工作与学习实践。教师要实现专业化成长必须有充足的学习时间与交流互动。学校可以通过建立团队化的考核机制来营造互帮互助的成长氛围，促进教师间的合作学习，将个人竞争转变为成果分享。在教师管理中，笔者建议将乡村教师的个人利益与学校整体的发展相结合，加强对教师团队的考核，适当减少个人考核，发挥集体学习对于乡村教师专业成长的作用。

教师专业发展理论对于乡村教师的专业成长具有重要指导意义。弗兰西斯·富勒首先提出教师专业发展的四阶段理论。此后，卡茨、伯顿、费斯勒等也都提出了不同的教师发展阶段论，在此基础上，又有研究者从教师专业发展的动态性和差异性角度提出了不同阶段的教师成长策略[①]。现有研究涉及面较广，包括实习教师、初任教师、青年教师、优秀教师、特级教师等各个发展阶段教师群体在内的专业成长策略。除此之外，不同类型学校教师的专业成长也应该有不同的策略。基于此，可以首先在学校发展层次上对乡村学校进行界定，进而为处于乡村学校环境中的教师选择适宜的专业发展策略。乡村教师的专业成长又可具体到乡村实习教师的专业成长、乡村初任教师的专业成长、乡村青年教师的专业成长、乡村优秀及特级教师的专业成长，若能在此分类基础上构建不同乡村教师的专业发展理论，必然能在实践层面更好地指导乡村教师的专业发展。

---

① 肖丽萍. 国内外教师专业发展研究述评. 中国教育学刊，2002（5）：61-64.

应建立健全乡村教师专业发展的师徒制机制，发展师徒制理论体系。20 世纪 70 年代以前，各国的教师培养都是以职前教育为主，教师的职后培训并没有引起相关人员的重视，但是基于教师是一个实践性较强的职业，教师仅仅通过职前的理论学习，不能很好地将所学知识向受教育对象传达，并且开展教学管理等一系列工作也会存在困难。因此，教师的专业发展需要师徒制。除此以外，无论是新手教师，还是工作几年的教师，都容易对教师职业产生倦怠，对于乡村教师来讲，这也是常常遇到的现实问题。因此，建立健全乡村教师专业发展的师徒制，进而形成乡村教师师徒制理论体系，均极具现实意义，通过优秀乡村教师对新手教师的传帮带，以促进乡村教师的专业发展。

乡村教师的专业发展应有可以依托的源头，即与其他任何群体的发展类似，教师的专业发展也同样需要自我肯定与外界肯定，可期的目标指引着乡村教师的专业成长脚步。第一，乡村教师应有多类获得肯定的机会。不仅应给教师提供机会使其自我肯定，更要增加其获得外界肯定的机会。为了促进教师专业持续发展，一方面，这种肯定应该是长远的，而不是暂时的；另一方面，这种多样肯定应该能够激发教师成长的内在动力。第二，乡村教师应有多途径学习的机会，并且这种学习机会应该是高数量与高质量的，应使乡村教师有机会接触优质的教师教育资源，提高其交流学习的质量。除此以外，多样的学习不应该只是表面化与形式化的，而应是能够真正对乡村教师的价值、信念、教学技能等产生切实影响。第三，乡村教师的专业成长应该得到多方主体的重视与帮助，要在法律与制度层面为乡村教师的专业成长提供保障。乡村教师个体的专业成长所惠及的不仅是其自身，更重要的是对学生和乡村教育的重要影响，这就要求多主体、多方面、多渠道参与促进乡村教师专业发展，为乡村教师的专业成长打造专属的专业发展平台。

教育作为一项慢艺术，教师辛勤付出后极少是药到病除、立竿见影的。作为教育行为中的关键角色，教师的专业发展也显现出同样的规律，它需要脚踏实地、循序渐进。专业发展是一个动态发展的过程，它贯穿教师的整个职业生涯，为了实现专业发展，教师需要克服主观因素与客观因素的影响。教师要以学生的全面发展为中心，以教育事业的发展和自身的发展为目标。虽然目前乡村教师在专业发展的道路上还遇到诸多问题，如乡村教师专业发展的内外激励机制不完善、乡村教师的主体文化自觉性较低等。但我们要坚定信心，迎难而上，努力实现旧观念向新观念的转变、传统思想向发展思想的转变、老旧发展模式向新型发展模式的转变，努力探索适宜乡村教师专业发展的路径。

下　　篇

农村优秀教师成长故事 1

不忘初心育桃李，甘于奉献做人梯

L 老师今年 34 岁，毕业于××师专。毕业初期，她在一所私立艺校从事管理工作。其后，她留在实验小学工作至今。L 老师与这所学校有很大的缘分。当时，实验小学在市内公开招聘教师，她抱着试一试的心态前去面试，却因不能满足学历的要求无缘初试。但由于前去面试的本科生相较于有一定特长的 L 老师来说略显逊色，所以她获得了一次面试的机会。好运气总是降临于有准备的人，面试当天她又碰到了教过自己的高中老师，高中恩师对她的熟悉与信任让她最终获得了这份工作。对于这份来之不易的工作，L 老师倍加珍惜。她通过对自己严格要求，加上坚持不懈地努力，最后成功转正，留在了实验小学。

最好的办法就是坚持不懈。L 老师五周岁上学，但过早上学并没有使她形成独立的性格。因此，在工作之初，角色转换上的不适应难免会给她造成一些阻碍。在实验小学工作的前半年里，L 老师一直从事思想品德科目的教学，半年后有机会当上了班主任。一年后，L 老师有幸与学校的名师们在一个年级组工作。但因为年纪小、缺乏经验等原因，她经常会感到焦虑和担忧。好在年级组的老教师们都十分和善和热心，给予了 L 老师很大的帮助。从事班主任工作最先面对的难题就是班级学生的学习成绩。与其他有经验的名师所带的班级相比，L 老师的班级每次考试的成绩总排在年级组最后一位，这使她心急如焚、寝食难安。班主任工作的另一个重要方面就是学生的安全。对于一年级的孩子来说，班主任在课间、课外活动时都要时刻关注他们的安全状况。L 老师在班主任工作伊始就经历了一次小风波。那是带班的第二天，课间时孩子们在教室外活动。两个孩子一起嬉戏打闹，其中一个孩子不小心摔倒了，把刚换的新牙齿磕碎了一半。这个孩子的家长生气地找到学校，让另一名孩子的家长赔偿相应的费用。但问题在于另一名孩子由于有先天心脏病，家里要承担大笔治疗费用，这样的赔偿对本就不富裕的家庭来说无疑是雪上加霜。最终，迫于无奈，家长带着孩子转学离开了。孩子的离开并没有让事态得到缓解，反而使受伤孩子的家长更加不依不饶。作为班主任，L 老师在这个过程中尽力协调，做了很多思想工作，最后还自愿拿出 1000 元作为对受伤孩子的补偿。受伤孩子的家长最终被 L 老师的责任心所感动，不仅不再追究孩子受伤事情的后续处理，反而更加深了对 L 老师的信任。L 老师这种不推卸责任、全心全意为孩子的行为赢得了学生家长的尊重与理解。

谈到与家长的沟通，L 老师认为，在班主任工作的过程中，一个难题就是跟家长的沟通。家长的素质存在差异，你怎样才能用自己的诚心换回他们的诚心与尊重呢？首先，是要用诚心去对待孩子。所有的家长都希望自己的孩子在班级里能得到教师的照顾，家长们在内心里都是尊重教师的。但家长在孩子的成长道路上扮演的角色极其重要，好的学校教育如果没有好的家庭教育相配合，那么学生的发展就得不到一致性保障。因此，要让家长也成为教育力量中的一部分，发挥和学校教育一致的教育作用。其次，要坚持不懈地努力。可能开始的时候教师会背负一些委屈和压力，但只要坚持、不放弃，家长们会看到教师的良苦用心，会去接受和信任教师。教师的工作性质决定了要先付出，不能求马上就得到回报。社会上存在着一些对教师职业的误解，他们认为教师是绝对的权力象征，作为家长必须要哄着教师，怕惹教师生气最后对孩子影响不好。其实不然，对于孩子来说，教师更像是一个不求回报的辛勤耕耘者。教师是平凡的，但教师的工作是不平凡的。教师作为一个社会人，在需要承担不同社会角色的同时，还有着对孩子们的责任与义务。班主任工作是烦琐的，但就是这些小事和细节在孩子的成长过程中发挥着重要作用。L 老师认为，真正遇到事情和问题的时候，最好的办法就是坚持下去。

不带目的，不求回报，安静等待。L 老师当了八年的临时工才转正。回首这八年的时光，她颇有感慨。八年里，她总是做着和正式职工同样的工作，强烈的责任心让她总是习惯性地为自己的学生付出更多。但在做教师的同时，L 老师自己也需要生活。与正式职工相比，L 老师的工资显得比较微薄，有时也难免会遇到生活上拮据的情况。但乐观的心态是 L 老师在八年临时工工作期间最强大的支撑。她总是秉承着一种“要么就不做，要做就得做有意义”的信念去对待生活。即使是临时工，即使可能一直不能转正，L 老师仍然将工作做到极致，做到让学生认可。L 老师想，如果有一天离开了这个工作岗位她也不会觉得遗憾，因为自己付出了全力。在学校的每一天她都会严格要求自己。没转正之前 L 老师就非常重视专业训练，她抓住每一次的开课机会，千方百计地创造机会给自己充电。她觉得，作为一名老师，要对自己严格要求，树立终身学习的观念，培养不断创新的意识。教师的主要任务是传授科学文化知识，促进学生的全面发展。因此，教师必须具备较为渊博的知识，这是做好本职工作的重要条件。教师的知识素养不是一成不变的，需要随着社会的发展不断充实自身，做到温故知新。既要了解以往的知识，又要根据学生的现实情况，帮助学生解决学习生活中的实际问题。L 老师这种不带目的的工作态度让她十分珍惜在校工作的时光，她总说："人这一辈子时间很短，能从事一份自己喜欢的工作更是不易，很多物质的东西你带不走，但学到脑袋里的知识、经验都是自己宝贵的财富。"

教师的工作是无私、不求回报的，L 老师同样如此。做班主任带班到五年级的时候，L 老师因为结婚、生孩子半年没有上班，家中嗷嗷待哺的孩子让她想到了辞职。L 老师想要转正必须通过考试，她没有本科文凭，转正的可能性更小。在 L 老师决定辞职的那段时间里，学生们可爱天真的笑脸一直浮现在她脑海中。想想和学生们一起走过的这五年时光，痛过、累过、抱怨过，但更多的是能看到学生们成长后的喜悦。在百般纠结之后，L 老师最终决定回到工作岗位，带完学生们小学的最后一年。这既是对学生们负责，也是对自己一个完整教学生涯的交代。L 老师带第一届学生的六年是她感触最大的六年。从这些学生身上所收获的不求任何回报的感动让 L 老师难以忘怀。人生总是有舍有得，L 老师在六年的时间里不计回报、不带目的地付出，最后终于迎来了收获的时刻，她成功转为一名正式职工。正如 L 老师提到的，"什么叫舍得？有舍才会有得"。L 老师认为，当真正地付出后，就不会去计较得失，因为真正的付出是一种发自内心的行为。不带任何目的性，不计较得失，踏实地做好自己的本职工作，有些事情一定会得到好的结果。

学会真诚相待。在实验小学工作期间，L 老师认为自己最大的收获就是结交了一群真正的良师益友。在她还是临时工的时候，学校中的名师并没有因为她是临时工而不与她交往，反而手把手地教她如何管理学生、班级和课堂。他们帮助 L 老师发掘自身的优点，并且不断为她创造成长的平台与机会。L 老师与实验小学结下很深的情感，学校已经成为她生活中的一部分。在看待人际关系上，L 老师认为，现在有些时候，人与人之间会有所保留，如果你能真诚地与他人相处，即使他在个别方面存有一些缺陷亦无所谓，时间久了，大家都能知道你是一个怎样的人，是否值得交心。可以说，实验小学这样良好的人际氛围是让 L 老师最终决定留下的重要原因之一。

学会品味困境。在做临时工的八年时间里，巨大的思想压力常常压得 L 教师喘不过气，但她始终将这种压力和苦痛埋藏在心里，在工作中能吃苦，也肯吃苦。她总是习惯性地将这种苦痛分解，慢慢咀嚼，咀嚼到索然无味后就不再觉得它痛苦了。L 老师并没有将这些痛苦看作生活的负面部分，她总是对这些困境细细品味。她说："当你觉得生活可能特别苦、自己特别微弱的时候，不妨把所有的苦都咽到肚子里去，去细细地品味它，在品味中找到接下来的路。其实这是一个艰难、痛苦的过程。苦行僧最后为什么能真正去吃苦，并去品味这种苦？我想这是一种修行。作为普通人来说，能坚持下去，并去品味这个这种苦的确是一件难事。人遇到苦，能安于这个苦，去品味它，并能从中得到一些东西，需要有强大的内心支撑。但相反，如果这段时间你的生活很顺利，很快乐，那你会安于接受这份快乐，这就是人生。生活不可能一帆风顺，逆境时常伴随左右，学会利用困境你就会发现，不管处于什么样的波折和阶段，自己都能感到快乐。有时候工作上遇到困难，自己会思考如何去做这份工作，但往深处想，其实这也是人在性格上的一种改变，去完善一种修行。当你经历过，你才能感觉到，这是一种你没经历过就永远体会不到的感受。"L 老师的博客上记录着身处困境时所写的文章，她觉得当时写的东西特别好。现在回头看，可能她只有在当时的情境下才能写出那样的东西，现在心态等各方面比那个时候轻松多了。所以说，如果真遇到波折了，并不是一件坏事，它能让人变得更加成熟，使人学会去接受它，思考自己应该怎么做。有的时候，我们在遇到事情时会去思考愿意还是不愿意做这件事，接着我们又会去想这件事应该怎么去做。如果说有段时间太累了或心情不好，大多数人可能会消极地对待。但 L 老师却遵守着内心的准则，应该做的事情就要尽力完成，不管愿不愿意、应不应该。L 老师认为，如果是自己分内的事情，就应该尽职地完成。

在学生在校六年的小学时光里，L 老师把学生们当作自己的孩子，用真诚打动了无数家长。六年陪伴孩子们的日子让家长们越来越信任 L 老师，和 L 老师的关系也非常融洽。例如，有些家长是开出租、拉板犁的，他们看到 L 老师都会主动过来打招呼，并无偿地捎上 L 老师一段。即使是以前教过的学生的家长，也丝毫不会减少他们对 L 老师的尊敬，他们时常向 L 老师表达自己的感激之情。于 L 老师而言，正是六年不求回报的付出，有机会让学生、家长和领导看到她对学生们的那份爱。L 老师通过这六年全心全意地付出得到了转正的机会，也通过这六年收获了学生们、家长们的尊重和喜爱。最重要的是，这种不抱有任何目的的回报让她感受到了真正的快乐。

说到对未来的计划，L 老师觉得最开始工作的时候想法很简单，因为自己起点低，这辈子最大的心愿就是当一名小学教师，不祈求有什么大的发展，只想做好自己的本职工作，对于今后也没有太大的计划或是目标。转正为正式职工是 L 老师意料之外的事情。她说："以前自己没有多大的欲望，但现在到达了一个新的阶段后，变得更有上进心了，想把这些事情都做好，不让信任自己的人失望。如果想要有提升的话，就要多参加公开课，多去锻炼自己，积极地参加各种活动，并且要学会耐得住寂寞。因为在你默默无闻做事情的同时，其他领导、教师都看在眼里，虽然当时他们没有表扬你，但只要能一直长时间地坚持，就会形成相应的效果。这个时候缺少的只是一个机遇。机遇往往留给随时有准备的人，当适合的机遇来临时，要学会及时把握，然后绽放出自己的光彩。也许这种光彩在别人看来并没什么大不了，但只要是全心全意去做，对于自己来说就是最大的财富。"

每当学校安排 L 老师去组织各种比赛和活动时，她总是全力以赴。领导慢慢地对她有了信任，她得到的锻炼机会也增多了。刚开始时，L 老师主持过一个小范围内的团员活动，其优异的表现让领导和同事们对她印象十分深刻。那次活动之后，L 老师有了更多的机会去主持学校的活动。虽然 L 老师是一个性格内向的人，但每次活动她都会努力做到最好，隐藏自己内向的那一面。久而久之，在不断的磨炼中，L 老师的主持能力不断提高，学校里的大小活动也都有她的身影。

因此，L 老师觉得，人有很多面，只是你不知道另外一面的自己什么时候可以展现，但只要你坚持，就一定有收获；工作中有很多是目前性格不适合做的事情，但并不代表你不能做，要学会接受自己的另外一面，也要去努力锻炼另外一面；年轻人需要多些经历，简单地说，就是遇到任何事情都要坚持，不要一开始就否定自己，当所有人都放弃了，你仍然坚持的时候，你就赢得了多一次的机会。

农村优秀教师成长故事 2

点点滴滴，悠然于心

L 老师于 1993 年毕业于××师范学校。刚毕业时，L 老师带着紧张而又期待的心情来到 H 小学，开始了她人生中的第一份工作——S 班的班主任。

H 小学位于城市边缘，学校的学生大多来自农村，小孩子很调皮，但又十分可爱，见到 L 老师都会认认真真地叫她 L 老师。作为教师，她面对的不只是学生，还有家长，她和家长接触最多的时候就是家长会。每次开家长会总有很多家长从工作单位匆匆赶来，甚至有的家长还直接穿着工作服。满脸汗水的他们无一例外地盯着手中的成绩单，认真而又严肃。也许是因为学生大多来自于农村家庭，L 老师既能看出家长们的付出与辛劳，同时又能看到他们的力不从心。很多家长忙于生计，时间与精力全部归于工作，在子女成长的投入上除了金钱再无其他。不过家长很淳朴，他们很信任 L 老师，总是尽可能地配合她的工作。每次家长会后，L 老师的身边总会围绕着一群家长，他们会向 L 老师询问孩子目前的学习状况，拜托 L 老师帮忙督促孩子的学习。据 L 老师回忆，给她印象最深的是一位家长拉着自己的手说："俺家孩子就交给老师你了，俺们也没什么文化，就是您说什么俺们都配合，不管您怎么打、怎么骂都行，只要您把他教好了就行。孩子交给您，俺们放心。"看到家长为孩子学习成绩焦急的样子，L 老师明白，只有认真、负责地做好本职工作，才能回报他们的信任。

正是带着这种责任与担当，这份工作 L 老师一做就是 13 年。由于工作上表现突出，L 老师于 2006 年被调往市里的 M 小学，继续担任班主任工作。这时的教育观念与教育政策发生了重大改变，为学生减负的呼声越来越高，家长对教师的期待也越来越多。在部分家长的眼中，孩子不仅在学校要学习，还不能受欺负。L 老师举了这样一个例子，前几天期末考试，学校实行串班考试。班里有个孩子把水杯落在了教室，后来这个孩子来找 L 老师说自己的水杯破了。他认为是坐在他座位的孩子打破的。L老师答应帮他去调查一下，问问那个孩子。那个孩子一脸坦诚地和L老师说：“老师，我没有碰它，我来考试的时候看到有个杯子在，我就给放到旁边了。”旁边的学生也证明：“那个杯子放在那，没人碰。”L老师表示，这个孩子毕竟只是来她们班考试的，并不是她们班的学生，自己并不能逼着孩子去赔。同时L老师也认为，大家互相都不认识，不可能是哪个孩子故意打破的，也许就是搬桌子的时候不小心碰到的，这也和孩子自己没有看管好东西有关。

但令L老师意想不到的是，第二天，水杯摔破的孩子和他的姥姥一起来了。老人家非常生气，L老师便安抚她道：“阿姨，你看孩子这么小可能说不清事。那个孩子我也给找到了，孩子说不是他弄破杯子的，他的同学也证明了，没人碰那个杯子。人家小孩不承认，又没有证据、证人，我也不能逼人家承认啊！”据L老师回忆，孩子的姥姥当时非常激动，满脸通红，大声说：“弄坏了怎么就不给赔啊，你们这学校是怎么管理的？这杯子是新买的，17块多在××买的。”L老师看老人家年纪大又很激动，于是继续安抚说：“不行我给您赔一个杯子吧。”老人家听到L老师的话反而更加激动，大吼道：“我用你赔什么，我找你们学校去！”说完就离开了。第二天放学，L老师将学生们送走回到教室的时候，发现水杯摔破的孩子在教室里哭，问他家长呢，他也不说。L老师还在猜是不是家长打他了，可是孩子一句话都不说。没有办法，L老师只能给孩子的姥姥打电话，这才知道孩子的姥姥在二楼和副校长吵了起来。孩子姥姥回到教室后，L老师继续向她解释道：“阿姨你看，那孩子不承认打破了水杯，他的同学也帮他证明了他没碰过那个水杯，这孩子即使是我们班的，没人证明他做了，他自己又不承认，那咱们就不能逼着人家承认。而且，你看咱家孩子自己也是独立能力不强，他要是记得带走水杯就不会有这些事了，咱家孩子自己也得负一定的责任，对不对？”但最终老人家仍然认为自己家的孩子受了欺负，损失应由老师赔偿。

其实只是一个水杯而已，也许家长换个心态来处理问题就会好很多。L老师作为小学班主任，班里都是年纪较小的孩子，同学之间发生小摩擦在所难免，她能够做到的是努力协调。大多数家长对此都比较理解，认为只要孩子在学校里快乐地生活和学习就好，家长也会在教育过程中注重培养孩子的一些优秀品质，如独立自主、乐于助人等。

L老师回忆说，在她教过的孩子中，有一些孩子在这方面就表现非常好。刚刚参加工作时，L老师还没有结婚，基本上是全身心投入到工作中，但不久L老师便病了。在这期间发生了令L老师非常感动的事情。一天放学后，班里的孩子跑去L老师家敲门，当时家里没有其他人，L老师不想去开门。L老师知道是孩子们在敲门，想着自己不去开门他们就会离开了，但他们并没有离开。班里有个小孩子拿着自己家的钥匙来开门，结果当然是没有打开门。后来他们就在L老师家门口唱前几天班里歌咏比赛时新学的歌曲《王二小》。L老师真切地感受到孩子们在真心地关心她，孩子们希望自己快点回去上课。

L老师又讲述了这样两件事情。第一件事是班里有个叫Y的小孩，平常很顽皮。有一天，班里组织去博物馆做社会实践，孩子们都走散了，L老师没法将孩子一一呼唤回来。就在L老师焦头烂额之际，Y自告奋勇地提出将同学们逐一找回来，随后就立即行动起来，并且在寻找的过程中心无旁骛，很快就将孩子们全部呼唤回来。第二件事情依旧发生在博物馆。当时下雨了，导游为了不让孩子们淋雨，就让他们穿过草坪，L老师发现班级里有个孩子沿着草边的小石头小心翼翼地走着。当时正下雨，地面很滑，可他依旧没有踩草坪，L老师便好奇地问他为什么，他说他觉得小草是有生命的，自己不可以去踩草坪。L老师在讲述这样两件事情的时候脸上洋溢着幸福与喜悦，不难看出L老师对孩子们爱得深刻、爱得真切。总的来说，L老师认为每个孩子都有闪光点与可爱之处。作为教师，能做的是发掘他们的优点，教授他们知识，而不是用一堆又一堆的作业来抹杀他们的天性。

对于减负政策，L老师认为自己作为教师比普通人了解得更多。从L老师刚工作那年起，就已经有让学生减负的呼声，在她从教二十多年的时间里，减负的呼声越来越高，但L老师表示实际上孩子们的学习负担不仅没有减轻，反而在不断地加强。据L老师回忆，她刚开始上班的时候，孩子们还是比较轻松的。孩子平常在校学习，回家写写作业，还有很多课外实践活动。但随着考试政策的改变与就业压力的增加，家长对孩子的期望越来越高，孩子们总是抱怨课业繁重，而且学校学习之外还要参加各种各样的补课班。从老师的角度看，这种补课方式无益于学生成绩的提高。并不是说学习成绩高的孩子是因为补课补得多，相反，学习成绩较低的孩子补课的压力更大。但成绩较好的孩子的家长看到别人都在补课，也给自己的孩子报了很多补习班，这种高强度的补课压力甚至已经超过了孩子的承受能力，会扼杀孩子们的天性。

L 老师表示，家长的心态她可以理解，因为她本身也是一位母亲，自己的儿子正在上初中，她知道孩子将要面对怎样的学习和就业压力。在现代社会的教育模式下，学生如果不足够努力，大学毕业就可能失业。因此，L 老师认为现在的孩子没有自己上大学的时候开心。因为以前国家给大学毕业生分配工作，学生毕业就有一个铁饭碗，即使不能大富大贵，但是个人温饱问题还是能够解决的。而现在的学生，考上了好大学不一定会有好工作，尤其是女孩，未来结婚、持家、生子都必须面临挑战，相比之下，一味地学习、应付考试似乎没那么辛苦。社会不会停下脚步等待任何一个站在原地的人，每一个拼搏的孩子虽然辛苦，却又很伟大，毕竟他们一步步拼搏付出过。

L 老师认为，婚姻是她人生中的一个转折点。在结婚前，L 老师每天都可以工作到很晚，例如，为了准备一个说课比赛持续奋斗，她将近一个月没有休息好。但结婚后，她将精力更多地放在家庭上，但这并不意味着 L 老师忽视了对于学生的教育与管理。作为一名班主任，现在的 L 老师每天都有很多琐碎的工作。而她已人到中年，没有太多的奢求，只希望好好地教书育人，以对得起自己、对得起学生和家长。L 老师很少有迷茫感，因为她有自己的信念，她的目标是当一名好教师，认认真真地上课，做好本职工作。现在的她早已褪去年轻时的浮躁，将获得优秀教师等荣誉的机会让位给更多的年轻人，自己则做好本职工作。对于家庭，她也只是希望儿子能有个好的未来。

转眼已经工作二十余年，L 老师认为自己早已不是那个初入职场的新人。作为教师，她承担了很多责任与希望，也看到了很多世事变迁。现代社会发展迅猛，新闻媒体曝光的负面事件使得教师这一职业背负责任，不过从 L 老师的角度来看，新闻媒体曝光的仅仅是个别现象。就 L 老师个人和同事的情况而言，无论是什么岗位和科目的教师，百分之九十五，甚至百分之九十九以上，都依旧怀有对教育事业的热忱，在默默无闻地认真工作。因此，L 老师看到部分舆论对教师的负面评价很不舒服，她觉得人们看问题的方式始终应该宽容、客观和全面一些。

作为一名从教二十多年、在城市边郊与城区学校均有过从教经历的小学高级教师来说，L 老师对当前的教育模式与教育资源分配有一定的话语权。简单而言，她认为当前的教育资源分配是不均衡的。平心而论，对于一个学校好坏的评价并不只在教师，而在于整体环境、家长和学苗等多个因素，地区差异是存在的。地区决定了学苗的整体素质及家长的培养力度。作为家长，即使是拾荒者也有让孩子成才的心愿，可家长的精力与自身条件毕竟有限。人穷志短并不是一句歧视的话语，家长如果每天奔波于温饱问题，哪有精力来督促孩子的学习？虽然社会总在宣扬一些家境贫寒、孩子又教育得特别好的典型案例，但 L 老师认为，这样的孩子真的是凤毛麟角。调皮、贪玩是孩子的一种天性，家长的作用在于培养与引导。如果真单纯依靠孩子的自觉性来踏实学习，其实是不现实的，也是对孩子的压迫。现在的学生心理问题较多，相比她刚开始工作的时候，孩子的心理压力确实大了很多，这种心理压力一部分源于社会，另一部分源于父母。有的家长在培育孩子这件事上难以保持健康的心态，这难免会影响到孩子。同时，较高的心理压力也使得现在的学生较之前的学生更容易出现心理问题。

农村优秀教师成长故事3

亦苦亦甜的成长之路

W 老师毕业于××省艺术师范学校，属于中等师范专科院校，所学专业是音乐。

W 老师认为自己的专业所学在工作中并无用武之地。首先，W 老师在师范学校上学期间所学的专业内容主要是声乐、弹钢琴等，他在这些方面下足了功夫。但当他真正跨入工作岗位时才发现，专业课的专业性并不是教学的主要矛盾。其次，W 老师对小学教育的理解出现了偏差。无论教师在上大学期间学的专业是什么，其最后还需要面对小学课堂教学和学生。因此，工作中最重要的还是课堂教学这一块。但 W 老师在大学学习期间全身心投入到专业课的学习之中，对于教育学、心理学的知识学习得相对较少。W 老师认为，自己应该再从头学起，然后参加社会考试，即使需要再就业也必须要考。××省艺术师范学校不分配工作，毕业生的就业途径基本是某学校定向××师范。例如，某个学校需要招几个普通教师、几个音乐教师或几个其他专业的教师等。第一步，学校需要上报，然后由市里统筹、下发文件，应聘学生需要在文件中进行选择，例如，学生决定选择 A 小学、B 小学或是 C 小学等；第二步，学生要报考所选的地区、所选学校，并取得考试资格，在成绩合格后才能进入所选的学校工作。因此，就业最重要的是考试，而考试的内容则以心理学、教育学知识等为主。W 老师认为自己的优势在于教学实践，弱势则是教育学、心理学知识等。

从教伊始，W 老师感到非常茫然。一方面，W 老师不能潜下心来钻研教育；另一方面，W 老师还想有所发展，进而脱离教育。但由于慢慢地在教学中有所收获，W 老师逐渐改变了这个想法。特别是来到工作岗位后，通过与资深教师的接触，W 老师感到教师之间的感情很纯洁，并且教师的素质相对较高。同时，经过长时间的磨炼，W 老师在教学和学校活动等方面崭露头角，找到了自己的闪光点。特别是 W 老师来到现在工作的实验学校后发现，学校各方面的活动都非常正规，这有利于教师获得更多的历练。W 老师认为，最重要的历练在于，即使自身缺少这某方面的能力也可以大胆、尽情地去实践。例如，由于上学期间缺乏经验和勇气，W 老师之前并没有做主持人的经验。但进入实验学校后，W 老师得到了很多历练的机会，他并不追求完美地演绎，能够展现出自己优秀的一面和实现自身价值就足够了。久而久之，W 老师在各种活动中培养起来了自信心，并且能够踌躇满志地去迎接未来的工作。因此，W 老师认为，活动必须要积极参加，努力、认真、全面地完成任务，即使不尽如人意也是一次锻炼和提高。经历就是一种财富，人们必须去经历、去尝试，不要畏惧。在前行的路上，人们必须抛开成功或是失败的纠缠，应执着于尽力而为。这样不仅会发现路边的野花点点、流水淙淙、青草一片，同时也会发现自己在成长、成功的终点并不遥远。

W 老师刚开始感觉自己教学事业心不踏实，想跳出小学教育这一行业，改变自己的工作方向，同时认为自己作为一名男性不应该成为小学老师，但在后来的实践中 W 老师改变了这一想法。在教学方面，实验学校总会让年轻人多进行尝试，学校这样做并不是要增加年轻教师的工作负担，而是在为年轻教师提供进步的空间、舞台和机会。对于这样的机会和校领导的良苦用心，有些年轻教师并不懂得珍惜，认为自己在活动中得不到任何报酬，甚至还会遇到一些挫折。例如，校领导让新教师讲课、组织活动，新教师会感觉很累，即使完成工作任务了，由于年轻，最后成绩可能没在新教师身上体现出来。成绩是领导、资深教师或掌握大局的人的，新教师得不到任何报酬。因此，有些年轻教师不愿意珍惜这些机会。但 W 老师并没有这种消极的思想，他认为年轻时经历过就好，哪怕是配角，最后没得到应有的回报也是值得的，因为实际的回报是潜移默化的。W 老师以自身为例，在先进教师评选政策的鼓励下，他工作认真、负责，一步一个脚印，走好每一步，哪怕做得再多，也从不抱怨。任何事情他都勇敢地去尝试，虽然他所教授的音乐不是主科，但他并没有因此放松。在不断历练的过程中，W 老师逐步取得了一些成就，在取得成就后，他更加热爱这份工作了。而热爱教师这个工作岗位是成长为优秀老师最好的开始。在取得成就后，W 老师便对教育教学和学校活动等有了更深的认识和想法，知道接下来的工作应该怎样开展。他认为，这正如摘果实，只有不断尝试，才就能摘到成熟的果实；得到成功，会更加坚定地干下去，以后也会走得更顺利；这些历练的过程都是成长的必经之路，而且人在多次历练之后一定会发现自身的闪光点，这个闪光点也必定会成为成功路上的垫脚石。

W 老师认为荣誉非常重要。他默默地在教学中摸索了很长一段时间，虽然做得较好，但还是感觉自己很平淡。量的积累在达到一定程度时是可以形成质的变化的。因此，W 老师在教学和学校工作当中也自然而然地得到了领导的认可。这也说明，教学能力是日积月累形成的。W 老师认为，教师在认真进行教学的同时，也应积极参加学校的各项活动，遇到困难要积极地想办法去解决。

有一段时间，学校原有的琴不是坏了就是被淘汰掉了，新琴又没到位，可音乐课的教学又不能草草了之。由于缺少乐器，课上只能 W 老师唱一句，学生跟着唱一句，学生的学习兴趣不高，积极性也没法被调动起来，W 老师精疲力竭。教学中有琴跟着，就会给孩子营造一种意境，教师也能在课堂上尽情地发挥，只有这样，学生的积极性才能够被调动起来。由于没有演奏乐器的教学效果不好，后来 W 老师决定在教学中自己背着手风琴去上课，手风琴很沉、很不方便，在教学过程中 W 老师自然会有许多不便之处。例如，讲乐理时 W 老师并不能拿着琴，但在演奏过程中又需要将琴拿起，在教学中，这样的反复不计其数，无形中为 W 老师增加了很多工作。但 W 老师认为这是值得的，因为孩子们喜欢。孩子们喜欢的音乐课是安静的，在这里安静的 40 分钟内，嗓子即使累了，心却是怒放的。时间长了，孩子们很喜欢上音乐课，W 老师也感觉得心应手。W 老师每天都会想：明天应该唱什么歌，用什么教材，明天第一节上什么课、选什么歌曲？久而久之，学生和 W 老师之间达成了共鸣，教师上课轻松，学生喜欢教师。W 老师的不懈努力也在同事当中产生了积极的影响，资深教师或同事看到 W 老师，都会评价他背手风琴的样子很帅。这些表面上是对 W 老师形象的评价，实质上是对 W 老师利用一切可以利用的条件进行教学、默默付出、不放弃的肯定。W 老师认为，默默无闻做的事情，其他人都会看在眼里，所以不要急功近利，时间长了别人就会发现你。同事发自内心的评价和褒奖让 W 老师有了满足感与荣誉感，对于同事的肯定，W 老师会自我反省，鞭策自己更加努力。在被评为省级骨干教师后，W 老师仍然觉得自己达不到省级水平，但是他认为自己以后可以慢慢学，有了这个目标便有了方向。W 老师认为，荣誉或同事的认可能够起到鼓舞作用，甚至是很大的推动作用。人人都希望被认可，例如，孔雀开屏想让别人赞美自己，人也同样希望被认可。因此，有这种荣誉感不足为奇。凭借着对教育事业的热爱，凭借着荣誉感带来的动力，凭借着认可带来的自信心，W 老师义无反顾地坚持着。

关于课堂教学，W 老师表示，大学学习期间他已经系统学过音乐教学法、音乐课堂等，因此，在教学上按部就班地进行就可以。他与孩子们有个规定，即严与松在教学过程中各占一半。松并不是无底线地松，严也不是无底线地严。严的目的是让孩子们能理解和懂得学习内容，严的恰到好处的途径是用语言和孩子们沟通。要告诉孩子们，教师对他们严，是出于一种什么心理，是为了什么。但在做的时候，教师不能仅用语言说教，因为这对于年纪较小的孩子而言，他们并不能直接了解、读懂教师的心理。对于那些年纪较小的孩子，教师要用实际行动说话，例如，在课堂教学时，要求在教师讲课时学生不许讲话。在教师布置任务时，学生要认真去模仿、努力去做。松是指让孩子们自己发挥想象，例如，课上如果孩子有自己的思路，教师应该让孩子发挥想象力，让他们自己创造，但这不是让他们满堂放纵，应该严松并济，恰如其分。

对于进修和学习积累，W 老师认为自身的学习和提高比较实用。因为个人喜好不同，W 老师通过看书、网络或听课，有针对性地去琢磨和积累，他认为这样所学到的东西才会特别适合他自己，才会形成自己的风格。例如，在课堂上，有的教师喜欢激情四射的方式，有的则喜欢含情脉脉、轻言细语的方式，有的更喜欢润物细无声的方式，有的喜欢按部就班，每个人都不尽相同。只有找准自己喜欢的方式，不断进行积累，并把积累的内容背诵下来，在教学中才能用得上。但进修截然不同，进修时讲师讲得多，教师自己思考得少。他认为虽然听讲师讲课会有提升的作用，但是自己积累和琢磨出来才是最行之有效的方法。

关于学校，W 老师认为自己的学校在各个方面都非常正规，而且领导非常重视教师的发展，学校在各个方面都会给教师提供锻炼机会，每个班主任都有机会参加学校的活动，例如六一儿童节、社会实践、学生入团入队或祭扫烈士陵园等活动，这些活动都为 W 老师等班主任提供了锻炼机会。

W 老师现在处于教学一线，他认为教师不能脱离教学实际。教师应该直接参与教学，无论是班主任，还是其他科目课程的教师，最重要的是应该有一线教学经历。教师想要扎根于教育，就必须与学生在一起。每名学生都是一个鲜活的生命，都会呈现出精彩的画面，在 W 老师看来，这是一件无与伦比的事。据 W 老师回忆，他负责 8 个班的教学，8 个班加一起共有 400 名学生，即 400 张面孔，每一张面孔都天真无邪，并深深地印在了 W 老师的脑海中。教师对学生有感情，学生也会有所体会，学生对 W 老师的印象也极为深刻。即使多年之后，学生与 W 老师再次相遇，依然会和 W 老师亲切地打招呼，W 老师也会热情地回应，并且能够记住每名学生的名字，甚至能够回忆起匆匆岁月里那些美好的场景，这足以见得，学生与 W 老师的感情并不比“桃花潭水深千尺”要少。

W 老师回忆，在教学中令他印象最深刻的是学生留下的美丽瞬间。如在回答问题时，学生给出一个非常精彩的答案，W 老师认为那样的瞬间特别值得怀念。其中有一次省里“特别”的公开课让 W 老师至今仍难以忘怀。在上公开课之前，W 老师进行了精心的准备，背课文、背流程，甚至哪句话出现在哪个地方、用什么语言表达都是固定模式。W 老师将这些都体现在教案中，并反复地进行练习与研讨。但当真正展现成果时，课堂上学生们的紧张情绪引起了 W 老师的紧张和不安，这是他事先没有做预设的。为了缓解紧张的气氛，W 老师绞尽脑汁，却仍想不出恰到好处的方法。就在一筹莫展之时，平时并不积极、活跃的学生 A 勇敢地站了起来，自告奋勇地说可以一边唱歌一边进行情景表演。W 老师半信半疑地引导学生 A 进行表演。由于这一环节并没有做预设，学生 A 的动作并不是很到位，甚至有些滑稽和可爱。但正是这种即兴表演逗笑了所有的学生，听课的教师们也认为学生的表演十分可爱，就这样，课堂的气氛活跃了起来。W 老师认为这种突发的课堂状况并非都是消极的。如果课堂教学按部就班地按照预设模式进行当然是比较好的，但当突然有名学生要自告奋勇地表演，并且边唱边做鬼脸等搞怪动作时，W 老师在当时是可以制止的。可是 W 老师没有那样做，他认为如果制止学生的表演会扼杀学生的表演欲望。虽然学生 A 的即兴表演不完美，也不正规，但 W 老师还是鼓励他完成表演，使得他在表演的时候非常开心，由此活跃了课堂的整体氛围。W 老师认为，这种课堂突发情况有时候也是一种美，对此 W 老师是认可的。那次成功虽然是一个意外，但 W 老师肯定了学生 A，夸奖他有艺术天赋，即使即兴表演也做得游刃有余。

在后来的课堂中，W 老师也经常让学生 A 上台表演，并不断鼓励他。后来，这个学生走上了音乐发展的道路，并经过不懈努力，考入了 S 音乐学院的笛子专业。学生 A 选择笛子专业有 W 老师引导的原因。学生 A 上五年级的时候学习成绩中等，但他的笛子吹得特别好，在学校的音乐队占有一席之地，因此，W 老师便鼓励他下功夫认真学。经过深思熟虑后，学生 A 认为 W 老师的意见非常有建设性，于是便找专业教师学习吹笛子。由于家庭较富裕，加之 W 老师的鼓励和父母的支持，学生 A 由此走上了音乐发展这条路。W 老师在课堂中没有制止学生 A 的表演，也没有遏制他的思想，保护了他那份纯真的心，让学生 A 更加自信地成长。虽然学生 A 的表演不够完美，但那是他最本真的创造，只要对其加以保护和鼓励，就有可能将其培养为优秀的音乐家、艺术家。

W 老师认为，学生在课堂上的回答也许是错误甚至搞怪的，并有可能影响正常教学，但教师不要一味严厉地批评学生，而是应该与学生进行交流和沟通。教师可能会发现，学生并不是在故意捣乱，可能是某个地方触动了他们，引起了他们的共鸣和兴趣，此时教师需要做的就是告诉学生：他们的想法很好，但课堂上不需要这样做。有些行为只是学生无意为之，但也从侧面说明其具有某方面的才能。例如，如果学生写字好，教师可以鼓励他们继续努力；如果写字不好，教师可以通过先扬后抑的方式指导学生。

世人大都倾向于将教师比喻成蜡烛或粉笔，其实，教师的辛苦并不是蜡烛就可以比拟的。教师究竟苦在哪？其主要体现在待遇和人际交往方面。教师的人际交往范围较为固定，接触的人也较少。在校园里，教师只跟学生、同事接触。在衣着打扮方面，由于受职业特点约束，一件很漂亮的衣服，在校园内穿却不合适，会显得鹤立鸡群，教师的衣着打扮还是本真和朴实无华一些比较适合。

批改作业是教师的重要任务，而与家长的沟通与接触也是教师工作中的一种苦。班级里的学生很多，如果一个班有 50 名学生，就意味着有 50 张面孔和 50 个世界，这 50 个世界又会涉及家长。教师在和家长沟通时，一部分家长的素养或文化程度较低，导致沟通出现障碍，有些家长则更多从学生的角度考虑问题。作为教师必须特别理智。我们每个人都很疼爱自己的孩子，而对其他人的孩子则会相对理智一些。W 老师认为，在指出孩子的缺点与不足以及如何改正时，无论教师的意见对错与否，一些家长都会偏袒自己的孩子，因此出现沟通困难。教师的工作是很累的，W 老师认为，教师一定要乐观向上。他认为有些教师出现了压抑或烦躁的情绪，或出现其他负面情绪，主要源自于精神层面的因素。精神层面包含的内容较多，尤其对于小学女教师来说，她们会有诸多压力。在小学阶段，学生年龄小，心智和身体还不成熟，在学习和生活等方面都需要教师的帮助。教师不仅要向学生传授知识，更多的是要教会他们生活和做事的技能。

身为一位小学班主任，W 老师认为要对学生和家长负责，这也是对学校更是对自己负责。学生跨入校园，教师就要时时刻刻照顾他们，同时还要兼顾思考上课的问题。在科任教师来到班级后，班主任要组织好学生，让科任教师顺利地完成授课，这样科任教师会感到轻松和愉快，而不是简单地一走了之。此外，W 老师还要给学生做好思想教育工作，教导学生如何做一名讲文明、懂礼貌、爱学习的优秀小学生。这其中包括很多细节，例如上课时守纪律、怎样才是尊重教师的表现、如何保护校园环境等。但学生的年龄较小，如果班主任不在身边，学生可能不会按照要求去做。因此，班主任要时刻跟在学生身边，无论是在学生上间操、上下课、上厕所甚至喝水的时候。有时有的学生因为生病不能来校上课，班主任还需要给学生补习功课。

W 老师认为，学生们所处的环境也很重要，重中之重是教室，一定要保证学生们在一个健康、阳光的环境中成长。在每星期的评比中，W 老师都身体力行，积极参与纪律、卫生、两操等各项评比。平时 W 老师与学生一起做操，并且效果非常好。因为学生会以他为榜样，不论间操还是走列队，只要他一直在学生的身边，学生就会做得很好。一旦出现个别学生做得不好的情况，他会进行沟通和鼓励，这样就可以避免类似情况的发生。

在 W 老师眼中，这就是教师的日常工作，教师每天从早忙到晚，比耕牛还辛苦。不过，虽然工作很辛苦，但他觉得苦中有乐，痛并快乐着。W 老师认为，既然选择了这个职业，就要对得起学生和把学生交到学校的家长们，也要对得起自己从事的这份工作。教师工作中有许多阳光、健康和幸福的一面，否则如何教导这么多学生呢？此外，教师工作是相对稳定的行业，尤其是女教师，这一辈子可以很快乐、很阳光，一直在校园里工作。有这么一方净土，这方净土由教师来守着，这是很难得的。不仅如此，教师在教学中还会获得成就感，这也是十分幸福的。教师有了自己的孩子后，还可以用在教学中积累的教育方法来教导自己的孩子。因此，教师工作在教育方面对教师自己和家庭都有许多正面影响，这些都可以成为让他们继续坚持在这个岗位上的动力。

农村优秀教师成长故事 4

情系三尺讲台，甘洒青春热血

A 老师于 1986 年从 S 大毕业，之后被直接分配到厂办小学工作。现在，人到中年的她是小学高级教师。

提起对毕业后第一份工作的看法，A 老师说，她上学时很平凡，但工作较早。18 岁毕业后当了一年半的班主任，因为当时年纪轻、有活力，1987 年幸运地当上了大队辅导员。那时她是全区年纪最小的辅导员，并在这个岗位上一干就是 11 年。后来她接管了德育、综合治理等方面的工作，其中最让她津津乐道的是思想品德课的教学经历。在担任辅导员期间，A 老师负责 3 个年级的思想品德课教学工作。二十世纪七八十年代，学校中以德育为主的活动特别多，主题也比较丰富，学校经常会开展“学军”“三热爱”等主题活动。A 老师担任辅导员初期正赶上这一时期，因此开展了许多主题鲜明的活动。这些活动既充实了学生的学习生活，也使 A 老师在工作初期找到了归属感，获得了自豪感。

A 老师在辅导员的岗位上不断成长。初入工作时 A 老师非常年轻，有活力，有干劲。虽然刚迈出校园就做了一年半的班主任工作，但阅历依然尚浅，是辅导员的工作经历磨炼了她的意志品质。在 A 老师看来，辅导员工作具有全面性，不仅要和学生、领导打交道，还要联络各个部门。例如，组织一个活动时，组织者需要同时做好各个部门之间及校内外的联络和协调工作，只有把这项工作做好了，才能保证带着学生高兴地出去、平安地回来。在多年的工作中，辅导员一直是 A 老师最留恋也是印象最深的岗位。以前，她不太喜欢辅导员的工作，但现在回想起来，这个岗位最适合她，主要的原因可能在于她的性格适合。毕业时，A 老师的就业推荐表上被写上了“大队辅导员”。机缘巧合，A 老师在辅导员的岗位上也做出了优异的成绩。提起自己主持的那些活动，A 老师可以如数家珍地说上一天一夜。例如，在“学军”期间，她带领学生们做了很多有益的活动，她还请到了炮兵学院的教授来学校做讲座。这位教授是从老山前线回来的，虽然当时不是亲自参战，是被派去支援后方，但也接受了老山前线炮火的洗礼。了解了教授的经历后，A 老师与其他教师驱车前往邀请，教授很爽快地同意了。这个过程虽然容易，能有这样的想法却实属不易。当时，歌曲《血染的风采》就在歌颂最可爱的战士，在这样的社会背景下，这场讲座十分轰动，甚至有很多初中教师也慕名前来听讲，现场异常火爆，学校的礼堂都容纳不下如此多的观众了。活动的时间虽短，产生的效果却是空前的，这更加增强了 A 老师在辅导员工作上的积极性和主动性。

A 老师带队参加了各种形式的比赛，如少年宫在龙年举办的九龙杯比赛、钢琴比赛、朗诵比赛等。每逢比赛，全区都要参加，每个学校都要派出代表队，最后会评出参赛学校的总成绩。A 老师所在的学校曾取得了第七名的成绩，能拿到这个成绩在整个区里是很不容易的。在一次全区举办的“祖国支持我成长”的知识竞赛中，A 老师带队在全区 48 所学校中取得了第一名的成绩，这一成绩的得来实属不易。赛后，年轻并富有活力的 A 老师被安排带领前 3 名学校的学生一起参加培训，然后从中选出 3 名代表区里参加比赛。A 老师整个假期都在陪选手们一起培训，皇天不负有心人，最终 A 老师带领的 3 名学生都拿到了××市的第一名，这是她参与活动和比赛中最为辉煌的时刻。在二十世纪八九十年代，这种竞赛特别多，A 老师辅导的学生中还有 3 人获得了××省知识竞赛的一等奖。

在所有这些活动中，A 老师印象最深、最难以忘怀的是 1996 年暑假的炮兵夏令营。1996 年是红军长征胜利 60 周年，A 老师在年初、寒假、暑假都组织举办了一系列庆祝活动。寒假时组织的是学军冬令营，带领学生举着大旗从学校步行去四台子，浩浩荡荡一百多人，通过这个活动去磨炼学生的意志。A 老师那时组织活动从来不包车，都是带领学生徒步走。每名学生除面包和香肠外不许带其他零食，沿路会捡些柴火棍，回来后在校园内挖个灶台，教师和学生一百多人一起生火做饭，这是锻炼学生意志的另一种方法。即使条件简陋，但学生们依然非常享受，对于 A 老师来说这就是非常有意义的事情。夏令营来到时，A 老师组织学生去炮兵学校学习 3 天。第一天是培训，邀请一位参加过 1984 年国庆大阅兵的家长给学生做报告，边放录像边给学生讲那时的故事。第二天，80 多名学生一起听教官讲解大炮的知识。晚上大家会一起玩“抓特务”等游戏，在草地上一会儿匍匐前进，一会儿又虚拟枪战。第三天举行联欢会，A 老师带着学生去东陵，大家爬了 108 级台阶后一起玩“寻宝”游戏。3 天时间里，A 老师带领学生们开展了非常多的活动，在活动的尾声，A 老师还带着学生参观了南湖妇女儿童宫。活动中，大家都穿一样的服装，实行军事化管理，这种集体生活也许大学里会有，对于孩子来说却是一次全新的体验。活动中，A老师每天都要求学生写日记，她认为组织这个活动并不是单纯地带着学生玩耍，是有一定的实践意义的。其后，××报的半版刊登的都是A老师和学生活动时的日记和照片。此次活动举办得非常成功，多年后，再回忆当时的场景，A老师仍然历历在目、记忆犹新。

A老师认为，无论从事什么工作，首先必须要热爱它。A老师十分热爱辅导员这份工作，她在电视或大队辅导员杂志上看到新颖的主题，就想在实际工作中进行实践。多年间，她一直认为，只有在活动中才能培养学生的各种能力，将素质教育作为一种口号是不切实际的，即使是成年人，也需要通过各种经历去成长。沈飞夏令营的构想就是A老师给自己的孩子喂饭时瞥见电视节目的一瞬间想到的。灵感迸发后，她用短短半小时的时间就把主题方案设计完毕了，然后立刻向校长汇报。整个过程非常顺利，大家分头行动，在短时间内高效地组织了一场大型活动，效率之高在全区史无前例。除此之外，A老师还组织了以包饺子等为主题的小型比赛活动。20世纪80年代，A老师特别针对学生的劳动能力和自我成长能力举办了一系列的活动。活动的主要目的是培养学生的自我能力，比赛只是一个形式，因此，A老师在活动设计中注重目的性。一个班能参加比赛的学生毕竟有限，只能优中选优，但学生们自己动手实践的意义非常重大。那时网络尚不发达，大部分的信息都来自于报纸、杂志，六年级学生穿戴小帽和围裙的照片被邮寄到×××报、××晚报等多家报社，使得A老师和她的学生备受关注。

正是热爱和钻研，才使A老师收获了如此多的成绩。现今，A老师时常感叹，如果自己仍然在做辅导员，一定会抓住各种契机举办活动，牢牢把握住各种机遇。当然，举办活动也有一定的困难，但学校及领导的大力支持化解了很多阻力，最后也都能够克服困难。A老师回忆，当时的校长和书记都很支持她的工作，组织活动需要和哪些部门协调，他们都会出面帮忙，学校的各个部门也都十分配合。经过和大家长时间地磨合，加之以前领导帮助沟通过，后来很多问题A老师都可以独立解决，学校氛围也很融洽、和谐。

1998年以后，A老师从教学管理转岗为教育主任，主要负责教学工作，其间还分管过两年的文艺和体育，教导处的相关职位她基本都经历过。那时候她身兼数职，还要给学生上课，虽然工作很忙碌，但A老师觉得能够回到讲台特别幸福。之前一直从事管理工作，她觉得比较空洞，再次回到讲台后，A老师将前些年的所听、所见、所感融合进课堂，上课效果大不一样。到了一定的年龄，有了一定的阅历后，A 老师的思想发生了很大转变，与刚参加工作时相比，此时对于班主任工作的认识完全是两个概念。A 老师认为，工作岗位的不断调换和经验的积累是她的能力提升的主要原因。不同的岗位给了她不同的空间，也提供了很多不同的平台，例如，辅导员的工作对个人素质的要求比较高，不是谁都可以胜任的。当时 A 老师与其他教师相比，性格更加开朗，更加适合这个岗位。正是这个岗位锻炼了 A 老师，使她不断走向成熟。但同时，辅导员的工作不受沟通、协调、思维、设计等限制，很多东西没有前人的经验可以借鉴，完全需要她自己去创新和构想，这也迫使 A 老师不断地学习。

A 老师认为自己的文笔一般，如果要把心路历程整理成书都不知从何写起，加之工作较忙，实际操作起来困难很大。但家人和朋友都非常鼓励她来实现这个梦想，因此 A 老师把它当成下一阶段的奋斗目标。A 老师说，一开始她并没有什么目标，想法也很单纯，主要的想法是作为一名教师，必须要教好课、带好学生。A 老师的母亲是一位好教师兼好班主任，她长期受母亲的影响，虽然不一定能成为像母亲那样出众的教师，但认为自己必须要教好课、带好学生。

刚毕业时，由于 A 老师年龄小，很多家长并不信任她，学校领导的期望又很高，这些都让 A 老师产生了心理压力。A 老师接的班和其他班相比，平均分要低 10 分左右，学校把这样一个班交给刚毕业的 A 老师，对她而言是一种莫大的信任。作为一个名管理者，A 老师现在也会想把同样情况的班交给新上任的教师，目的是观察他能否胜任，这对新教师来说是一种能力上的锻炼。A 老师心里想，校长已经把班级交给了我，为什么带了一段时间后还存在这么大的差距，这 10 分的差距该如何弥补呢？那时，A 老师浑身充满干劲，遇到不懂的地方就去仔细琢磨和讨教，同时也向自己的妈妈取经。妈妈让她去别的班级门口，观察其他教师管理学生的方法和窍门，慢慢地掌握了规律和技巧，自然会带领学生往好的方向发展。A 老师每天都到组长带的班门口，观察组长管理学生的做法，并一直不断地努力去缩小这其中的差距。

A 老师在课堂课上充满激情地教学，课下和学生共同玩耍，渐渐地学生身上的闪光点开始显现出来。毕业时，学校长绳队里的 10 个队员中有 6 个是 A 老师班上的。他们在小的时候还不会跳绳，A 老师就当排头，带着他们跳，学生们一个接一个地尝试，慢慢地就都学会了。对于年纪较小的孩子，帮助他们去模仿是一个很重要的学习方式。功夫不负有心人，A 老师的班级在期末全年组排名第一，全班的成绩都在 85 分以上，虽然成绩不可能一下子赶上去，但还是赶超了一个班。为了这一刻，A 老师花费了很多的工夫和心血。由于过度操劳，A 老师 7 月份开始工作，10 月份时就大病了一场。

因为刚走出校门，最初家长们并不相信年龄这么小的 A 老师能教好他们的孩子，但不出半年，家长们都对 A 老师很敬佩。A 老师也经常和家长沟通交流，询问开班会和家长会的建议。A 老师经常会在家长会上组织一些家长相互交流的活动，让尖子生的家长分享教育孩子的心得体会。在 A 老师的辛勤努力下，学生们都获得了很好的发展，有两个学生后来分别考上了北京大学和清华大学。A 老师认为，学校和家庭的教育与培养都很重要，这两名学生也很有天分。他们从小就喜爱读书，二年级就能写几百字的文章，语文阅读能力也特别强。了解到这些后，A 老师就让这两名学生分享如何养成读书的好习惯，这种同龄人之间的分享往往比教师的说教更有说服力。除语文外，这两名学生在数学方面也很出众。他们的计算速度特别快，A 老师刚写完题目他们就算完了，甚至有的时候 A 老师觉得自己可能都跟不上他们的速度。通过询问家长，A 老师得知，一名学生每天回家都要做 50 道题，另一名学生遇到不懂的地方就要问清楚来龙去脉，一直很自信的 A 老师也因此更加注重提高学科素质。

对于表现稍微差一点的学生，A 老师会在假期安排去家访，有时候会让母亲陪同自己去。孩子成绩不理想和家长的教育也有一定的关系，而这些家长通常没有时间到学校和教师交流孩子的情况。经过不懈地努力，这些成绩稍差的学生也取得了进步。现在那些家长看到 A 老师仍很热情，这也让 A 老师感到很自豪，特别是当初一个学习成绩较差的学生 28 岁时就当上了机长，让 A 老师尤感欣慰。

对那些想在今后成为教师的人，A 老师的主要建议是热爱。做一名好教师，要热爱教学、热爱学生、甘于奉献。一个人如果缺乏兴趣和热情，那么无论做什么都不能深入并持之以恒。对于 A 老师而言，能做好每项工作是因为她全身心地投入、任劳任怨，即使没有一分钱营利，她也毫无怨言。A 老师热爱本职工作，也舍得付出，不惜力。做教师这么多年，即使 A 老师再过几十年退休了，也觉得问心无愧。A 老师和学校之间的感情非常深厚，她把人生中最美好的时光奉献给了学校，把所有的热情都投入其中。学校要组织写一本往届毕业生的回忆录，找到那些往届毕业生回忆母校，A 老师曾经的学生对此表现得尤为热衷。

刚上班的时候，A 老师做的一个品德课被评为 S 市十佳课，这是对 A 老师极大的肯定。任教初期，学校教育处共有 6 个人，A 老师的课是一等课。品德课中德育为首，因此，公开课基本以品德课为主。A 老师因为年轻，所以必须参加。通过努力，A 老师获得了教育处的一等奖。那时，和 A 老师共同参赛的教师不是经验丰富的资深教师，就是校长，因此，获得一等奖让 A 老师觉得十分自豪。两年时间里，A 老师不仅是××小学班主任里年纪最小的，也是区大队辅导员中最年轻的。1993 年，A 老师在文化宫上了一堂省级公开课，虽然有很多不尽如人意的地方，但那也许是她一生中唯一一次上如此大规模的课。A 老师很感谢那时的领导给了她机会和平台，这也成为她人生中的转折点和职业生涯的一个巅峰，并且是在最好的年龄达到的一个巅峰。A 老师觉得，作为一名教师，有过这样一个展示自己的机会就没有什么遗憾了，但前提是自己必须去努力和付出，这样才能得到家长和学生的肯定。A 老师认为，学生能够受到自己的正面影响是一件幸福的事情。

农村优秀教师成长故事 5

脚踏实地，一切为了学生

G 老师今年 37 岁，是一名小学高级教师。1997 年自××师范学校毕业参加工作以来，G 老师一直在所在学校工作。

从刚毕业的青年教师成长为如今的教学骨干，G 老师的成长离不开学校领导和同事的帮助。任教伊始，由于年龄比较小，G 老师没有直接担任班主任的工作，而是教六年级的社会课。那时，因为年轻、亲和力强，G 老师特别受学生的欢迎。有的学生说："终于来了一个年轻的老师。"就是这样简单的一句话给 G 老师带来了极大的鼓励。G 老师感觉，年轻不仅是自己的资本，更是不断努力进取的动力。另外，一次教学比赛中的出色表现也给了 G 老师莫大的鼓舞，使其更加坚定了从事教师这个职业的信心和决心。当时，G 老师刚刚送完六年级的毕业班，再次承担了一年级的课程教学，改教自然课。学校派 G 老师作为学校的代表，去参加县教育局举办的说课大赛。由于当时刚参加工作，G 老师对于说课这种形式并不特别熟悉，并且需要自己制作幻灯片。在参赛之前，G 老师克服重重困难，做了充分的准备工作。比赛结束后，主管该次比赛的主任问 G 老师是否是刚毕业的，并对其评价说"素质挺高"，给予了 G 老师很高的评价。这让 G 老师觉得自己比较适合教师这一工作，而且具有一定的发展潜力。可以说，这次比赛是 G 老师教师生涯的一个重要转折。G 老师在该次说课比赛中获得了一等奖，此后又代表县里参加市级说课大赛。G 老师不负众望，拔得头筹，并被推荐到省里参加比赛，同样也获得了一等奖。通过一系列的比赛，G 老师对于能做好教师这份工作更加充满了信心，认为自己在以后会有更大的发展。受到比赛成绩的鼓舞，G 老师回到学校后申请当班主任，并一直从事这项工作至今，迄今为止已经有十多个年头了。

G 老师认为，自己的成长离不开学校领导和同事的帮助与鼓励。许多优秀教师给予了 G 老师很多指导，学校也给其较多展示的机会。省市领导和教研员来校听课时，学校一般都会选择让 G 老师进行课堂展示。当然，在得到较多机会的同时，G老师也较其他人付出了更多的辛劳。G老师在工作中遇到不懂或不明白的问题时，会及时向有经验的资深老师请教；其他教师对G老师提出的问题都会毫无保留地回答，教会了G老师许多东西，使其少走了很多弯路，并很快成长起来。但在成长过程中，G老师也遇到了瓶颈，一度让G老师觉得即使付出再多的努力，也依然会停滞不前。学校副校长及时发现了G老师的问题，给G老师提供了很多宝贵的指导意见，引导其不断成长与进步。在他的指导下，G老师克服了障碍，成功地跨过了职业生涯的瓶颈期。G老师认为，如果要更好地提升自己，平时就应多学习、多读书，多储备知识，不能只局限于自己已有的知识量，要与时俱进，不断进取。目前大学生接受的教育和学习的知识要比她多很多，她只有不断地学习新知识和丰富自己才能不被时代所淘汰。

G老师认为，想要成为一名合格的老师，实践经验必不可少。但实践经验不能仅依靠口口相传，需要真正与学生接触和相处才能得到。这需要教师逐渐去摸索，不断在实践中探索；同时也离不开资深教师的指导，悉心听取资深教师的经验总结可以使新教师的工作开展得更加顺利。

在教师职业生涯中，G老师偶尔也会产生迷茫等情绪，有时候觉得教师是非常考验耐心的工作，每一天做的都是重复性的劳动。从早上进入教室起，教师开始一天的工作。首先教师要检查学生的作业，然后讲授新课，最后进行总结。同时，教师还要进行班级管理，每天从早到晚，周而复始，需要时时刻刻不能停地工作，每一天的工作都很相似，因此，有的教师会觉得看不到未来。但当G老师看到自己的学生从一年级成长到四年级，看到他们与一年级时相比截然不同的状态和变化时，会感到非常欣慰。学生现在的知识量、知识储备以及其他方面的点滴变化，其实就是每一位教师为之奋斗的目标。

G老师非常重视学习，她认为不论做什么事都应做好充足的准备，不能打无准备之仗。一次，学校让G老师准备一堂非常重要的公开课，有许多优秀教师会前来听讲。接到任务后，G老师认真准备，对讲稿精雕细琢，反复修正，并融合了多方意见，最终授课非常成功。G老师对这件事情记忆犹新，她认为想要做一节成功的课，要攻克很多难关、经历千辛万苦才能最终成稿，而成功后收获到的喜悦之情是无以言表的。

近期，G老师在四年级上学期讲了《颐和园》这篇课文。学生都来自农村，上课之前G老师问是否有人去过颐和园，结果只有一名学生去过。那是一名特别善于表达自己、具有较高语言天赋的学生，在语言组织等方面较同龄孩子优秀很多。大部分同学没去过颐和园，因此 G 老师在网上查阅了很多资料，把颐和园中的美景图片做成幻灯片播放给学生看，同时为学生讲解课文中优美的语言文字和景物描写的方法。为使学生更为深入地了解课文所展现的移步换景写作顺序，以便学生在日后熟练应用，G 老师对这种写作手法做了重点介绍。G 老师不仅要求学生将文章中优美的词句摘抄下来，还通过这篇课文对一些好的学习方法做了细致的讲解。授课结束后，在与学校领导及其他教师进行交流时，G 老师的这种教学方法得到了很高的评价。

G 老师经常教导学生，学语文最重要的是掌握学习方法，不能教师把答案给学生了，可是学生再遇到同样的问题还不会。因此，G 老师非常重视给学生讲授学习方法。在课前准备阶段，G 老师会提前准备充足的资料。网络上的信息资源十分丰富，G 老师建议同事到网络上去查找相关的参考资料和教学资源。但在运用信息技术和资料时，教师应考虑学生的实际情况，使其适合学生的学情，不能直接、盲目地照抄照扒。例如，《颐和园》这篇课文里面有个词“横槛”，为了使学生们更好地理解“横槛”这个词，G 老师在网上截取了图片，并用箭头在“横槛”处表示出来。学生看到直观的图片后，马上就明白，“横槛”指房子上方走廊上横着的横梁。G 老师觉得，备课必须细致，哪些词语学生不懂，哪些词语需要其掌握，教师都应提前做好准备，甚至教学中的每一句话、学生会如何应对，教师都应该预设到。

G 老师刚开始担任班主任时还发生过小插曲。当时，G 老师是学校里最年轻的班主任，相较于 G 老师，其他教师经验都较为丰富。由于招生人数较少，每个班级大约有 40 个学生，而 G 老师所带的班级学生数相对于其他的班级要更少一些。由于是青年教师，学校领导和家长对 G 老师还不了解，信任度不高，这对 G 老师的打击非常大。G 老师带班大约 20 天后，她的嗓子就完全哑了，但 G 老师对学生付出了全部心血，来培养和指导学生。虽然只有短短的 20 天左右，G 老师觉得班级的纪律及其他各个方面都在逐步走上正轨，学生在学习、生活等方面都适应得特别好。但学校领导考虑到 G 老师班级的人数最少，并且是年轻教师，决定把 G 老师的这个班拆分。当时，G 老师心想，别的班都没分，凭什么把我的班级拆开分到其他班级？因为这件事情，G 老师非常想不开，经常为此落泪，事业也落入了低谷时期。但这对于 G 老师而言，既是压力，也是动力。一年后又可以报班的时候，G 老师接手了一个三年级的班。G 老师心里憋了一口气，决心要干出一番成绩来证明自己，给学校和学生家长看一看。在刚接手的一个月里，G 老师主要着手管理学生。开始时有的学生不写作业，新换了年轻教师，并且又是后接手的，学生可能有欺负新教师的心态。经过一个月的调整，G 老师终于把学生的不良习惯纠正过来。其间，G 老师最重要的任务就是跟学生“较真”。面对已经养成不良习惯的学生，教师必须要有一种跟他较真到底的心态和态度。当有的学生说“我作业写了，就是不小心落家里了”的时候，G 老师就会利用中午的时间亲自陪学生回家取。经过一个月的较真，没有一个学生再出现不写作业和不交作业的情况。同时，无论是课上课下、班主任课，还是其他课程，班级纪律都出类拔萃。每当上课铃声一响，G 老师班级的学生总是坐得最整齐、最迅速。其他班的教师对此难以置信，都问 G 老师是怎么管理的。因为是第一次报班的班级，所以 G 老师在他们身上倾注了全部的热情和心血。这一届学生无论是纪律还是成绩都特别优秀，是同年级中的佼佼者。之前带班失败的经历是 G 老师职业生涯中的一个小插曲，并成为其奋发图强的动力。

在最开始接手这个班级时，由于存在学生欺生的情况，G 老师对待学生非常严厉。但半年后，随着班级管理步入正轨，学生养成了良好习惯，G 老师也逐渐改变了教育方式。每当遇到一些事情，G 老师都会给学生讲道理，使学生明事理、晓对错，学生总会深刻地认识到错误所在。例如班级中有个叫××的学生十分淘气，总是无缘无故地惹出问题。在刚刚接手班级时，××十分叛逆，喜欢和 G 高老师唱对台戏，总是不完成作业。针对这种情况，G 老师抽出时间和××进行了一次语重心长的谈心。G 老师了解到，××的家庭条件不是很好，他的父母都是普通农民，父亲需要经常下煤洞，这是一项十分危险的工作；母亲则在火柴厂装火柴盒，装一盒火柴只赚很少的钱。在和××谈心的时候，G 老师着重突出了××父母工作的不易。通过耐心地沟通和不断地接触，××体会到了 G 老师的良苦用心，发生了很大的变化，学习水平等各方面有了很大的提高。事实证明，这种教育方式是非常有效的。因此，G 老师总在闲暇时光利用多种方式和同学们沟通。G 老师在课下经常与学生一起做游戏，如扔口袋、跳皮筋、踢毽等，学生都特别喜欢 G 老师。当和学生们融合在一起的时候，G 老师有一种深深的满足感和喜悦感。

刚接触教育事业的时候，G 老师给自己立下的目标是“做班主任当中的表率，做语文教师当中的佼佼者”。后来，G 老师觉得自己有了一些惰性，随着年龄的增长、阅历的丰富，争强好胜的想法已经逐渐地少了，对名利也格外看淡了，但现在依然不改初衷。她觉得，自己的过人之处在于口头表达能力强及肢体语言丰富，善于表达和表现。G 老师多次代表学校参加县级比赛，每一次都获得了比较靠前的名次；并在县古诗文朗诵大赛中获得了第一名，在各级各类演讲比赛也都取得了好成绩；经常代表学校做发言，等等。G 老师认为，良好的口语表达能力不仅是她的长处，也应是教师的必备技能，是每一名教师都应该掌握的。

对于想要成为一名教师的人，G 老师的建议是要多向有经验的老教师学习，遇到不懂的问题一定要主动去问。G 老师认为自己是很幸运的，遇到的教师都不藏私。刚参加工作时，G 老师有许多不懂的问题，如这节课要怎么讲、如何去引入、采用什么方法调动学生的积极性等，这些问题都需要其他教师的指导。G 老师会去向有经验的资深教师请教。G 老师认为，请教的时候找到对的人非常重要。有的个别教师不愿意给新教师做讲解，但 G 老师遇到的教师都很好，非常愿意向她传授知识。那时 G 老师会经常问这样的问题："您看这种类型的课文，我不太会讲这样的课文，一碰到就打怵，您帮我指导指导。"资深教师都会毫无保留地对 G 老师进行帮助、指导。G 老师认为，遇到自己不懂的问题，千万不要不好意思，一定要积极地去问问题。而且要勤于观察，通过观察从其他教师那里学习优秀的经验。例如，作为一名班主任，可以用心观察其他班级的管理方式，用眼睛多观察，用心多思考。

G 老师认为，为人师很重要的一点是要踏实，面对问题应勤奋钻研；面对不同的课程和课型应积极研究。有的时候，人可能会走很多弯路，但经过别人的指点会重新回归到正途上。新教师如果要加快成长的速度，不仅要有踏实肯干的研究精神，同时学校领导和优秀老教师的指点也必不可少。

农村优秀教师成长故事 6

关注学生，不断成长

A 老师是 1992 年从××市艺术幼儿师范学校毕业的，现在是小学高级教师。

A 老师从两方面谈起自己对于多年从事教育事业的感悟。一是业务方面。虽然她是学校的德育主任，但也一直在教音乐课。她的特长是跳舞，学校给了她展示自己的舞台。她最高兴的事就是跟学生在一起，这些年来，A 老师最引以为傲的是她教过的学生都非常喜欢她。20 多年来，A 老师坚持微笑地面对学生，作为一名教师，能够始终坚持这一点是不容易的。也许这与 A 老师从事的德育主任工作有关。A 老师很少严厉地批评学生，更不会挤兑、打骂学生，这是她最引以为傲的事。A 老师认为，当教师，尤其是当班主任，其实挺难的。A 老师认为，她的任教生涯可以分为两个阶段。在结婚之前，A 老师的想法是“上学时我喜欢什么样的教师，自己就做什么样的教师”；结婚有了孩子以后，她改变了想法，她把学生都当作自己的孩子，她希望自己孩子的教师是什么样的，她就做什么样的教师。以前学校归市里管的时候，她有很多外出的机会，例如去北京跟秋里教师学习合唱指挥等。秋里老师很有名气，A 老师和他的得意门生学习了半个多月的合唱指挥。A 老师一直是××舞蹈团的舞蹈队长。A 老师所在学校非常重视职工的文化艺术生活，所以聘请的都是各个歌舞团的专业特级舞蹈编导给她们排节目。同时，A 老师也经常有机会到北京、大连、俄罗斯等地学习，所以 A 老师的舞蹈业务水平比其他学校的教师提升得更快。

A 老师特别喜欢创编舞蹈，经常编一些大型组舞与单支舞蹈。她的文学功底比较好，会把文学灌注到舞蹈当中。有人说，看 A 老师的舞蹈能看出情节和表现的内容，这也是对 A 老师的一种肯定。学校对于教师参加比赛非常支持，在排练时间、道具和音乐等方面都全力保障。每届校长对 A 老师都很支持，认为既然 A 老师有这样的才能，学校就应该为其搭建舞台。20 多年来，A 老师每年都会出作品，共编排了几十个组舞、近 70 支单舞。那时年年都有比赛，联欢会、元旦等各种节日也要排节目，一个学校要至少出两个节目。A 老师在刚上班时就开始出作品了，而且作品呈阶梯式进步，从简单一点的到复杂的，再到有创意的。

在教学方面，有一位 G 老师给 A 老师留下了深刻的印象。这位 G 老师年龄很大，还有几年就要退休了。他每次来到学校都听 A 老师的课，每次听完课都会觉得 A 老师进步很大。他对 A 老师在课堂上每个环节应怎样去把握、如何调动学生的积极性等方面的指导特别到位。刚上班没多久，A 老师就已经开始上优秀课了。A 老师觉得自己是最幸福的人。谈及原因，A 老师说："工作这块只有你喜欢，才能干得更好，你要是觉得累，觉得是一种负担，那在你自己干的时候就觉得非常紧。"A 老师觉得，每一节优秀课、每一节舞蹈课都是自己的收获。

A 老师认为，从事德育主任的工作对自己的音乐教学很有帮助。以前，A 老师认为作为一名音乐教师，把乐理知识、节奏、乐感或一些肢体动作传授给学生就足够了。但成为德育主任后，A 老师的看法有了很大改变。例如，对于低年级学生，她认为不必一定让学生掌握乐理知识，只要让他们喜欢音乐、对音乐产生兴趣就可以，这是 A 老师的一个转变。对于高年级学生而言，她以前认为学生会唱歌曲、拍子准确、旋律准确就实现了教学目标，现在 A 老师不这样想了。现在她更多地是让学生体验作者当时写作的内景及所要表现的东西，仔细体会应以怎样的情绪去演绎该歌曲。这是从事德育工作后 A 老师产生的不同感受。A 老师担任德育主任后开展了很多国家级课题研究，主要侧重生活化的德育、学生情绪情感在课堂上的应用等方面。在 A 老师看来，在课题研究过程中，研究者不能空口无凭地说一个人课上得如何好，必须有其提升的数据和量化标准。作为学校的科研骨干，A 老师对于课题研究十分在行，并且也很有兴趣，这个工作使她充分感受到了幸福。

A 老师毕业之后一直在目前所在的学校工作，尽管期间她有很多选择其他职业的机会。A 老师擅长排练大型团体操，所以会有机会到共青团市委、教育局等单位工作。但 A 老师是居家型的人，怕离家远不方便照顾孩子，而真正及最重要的原因是 A 老师舍不得可爱的学生。她觉得自己所在的学校就像家一样，如果自己有能力、有成绩，在这个学校工作同样可以表现得很突出。所以，当很多人对 A 老师说"你在这太屈才了，从各方面来看都能走出去"时，A 老师却说："每个人的追求和人生观都不同，我觉得在这里工作很快乐、很幸福。同事之间非常和谐，我的孩子也是在这毕业的，觉得学校真像自己的家一样。”她的想法是要在学校一直工作下去，除非这个学校以后不存在或有什么其他变化，否则A老师是不会选择离开的。

A老师在教学中遇到过很多困难，例如，有一名学生B给她留下了特别深的印象。起初，这名学生让她很生气，但最后她们两人建立了很深厚的感情。学生B上六年级，当时A老师参加工作有四五个年头了。学生B在A老师上音乐课的时候特别闹，并且行为十分离奇、出格，有时上课中会从窗户跳出去，然后再从正门进来。A老师当时特别生气，但并未打骂过他，会通过表情对其进行警告。A老师的音乐课不像语文课、数学课那样要求学生规矩地坐在凳子上并把手背到后面，但她要求学生安静的时候希望学生能够特别安静。学生B有时候会说：“老师，你为什么有时候瞪我？”出现这种情况肯定是学生B在A老师弹琴的时候淘气了，因为A老师在弹琴，所以可能会瞪他一眼作为警告。A老师与他沟通结束后几天都未能缓过来劲儿，仍然觉得十分生气。A老师那时正年轻气盛，此后好多天都不理学生B。学生B仍然每堂课都制造小事件，不是咳嗽，就是不唱歌、出怪调。那时A老师一周上两节音乐课，每节课都很生气。A老师很要强，如果是别的科任教师，可能就跟班主任反映这个情况了，让班主任帮着管理，但A老师不跟班主任说，别人问到上课情况时，A老师就说都挺好。后来，班主任通过别的学生的反馈才知道这件事情。班主任是个年龄很大的女教师，她主动找A老师了解情况，A老师说没什么问题，班主任也比较民主，既然A老师不主动提出她就不管了。一个半月过后，距毕业还有一个月时，那个学生主动找A老师要求谈一谈，A老师觉得他可能又是来挑毛病的。但那位班主任对A老师说，有的时候教师可以换一种思维方式去思考问题，学生B是很有自己的想法的学生。学生B和A老师谈了半个多小时。通过交谈，A老师得知他来自一个单亲家庭，没有父亲，他从小就被人用异样的眼光看待。学生B让A老师印象最深的一句话是：“我不是故意给您捣蛋、调皮，我是想让您注意我。”当A老师问，他为什么不用一种好的方式让教师注意他时，学生B说：“我觉得好的方式您印象不深，只有淘气惹您生气，印象才更深。要是问这届您对谁印象最深，肯定是我。”听到学生B的回答，A老师当时就笑了，她说：“你这隐藏得也太深了，你把我气坏了，其实我特别喜欢这个行业，因为你我都开始怀疑我的选择了。”学生B表示特别喜欢A老师，很崇拜她，班里的同学也都很喜欢A老师。离毕业仅剩一个月的时间里，音乐课上学生B会协助A老师管理学生纪律。这件事让A老师深受触动，她开始重新审视自己对学生的态度，觉得自己确实做得不当。作为教师，可能有时不去关注某个学生，可学生却只关注教师一人，教师的一句话、一个动作、一个眼神，他都可能会记一辈子。

还有一件事也给 A 老师留下了深刻的印象。有一个单亲家庭的学生 C，平时不讲卫生，全班同学都不喜欢他。在一次上音乐课，别的学生还在交头接耳，只有他已经坐好了，A 老师表扬了他。这只是一个随意的表扬，可学生 C 以前从未被表扬过。毕业多年后，有一次学生 C 在 A 老师家门口等着她，对 A 老师说是 A 老师的学生。A 老师早已没有印象，无论他如何提醒，A 老师也没想起来他是谁。那时学生 C 已经是某公司东北三省的总营销策划，发展非常好。学生 C 对 A 老师说："小学时所有的人都瞧不起我，只有您表扬了我一句。当时学生们都很喜欢您，觉得被您表扬是很荣幸的事，所以好多同学都用羡慕的眼光看着我，这给了我极大的鼓励，觉得自己一定行。"经历了这件事情，A 老师更加关注那些所谓的"差生"。A 老师总想，谁又能预见一个学生的未来呢？

A 老师觉得，最幸福的事就是每天早上迎接学生的笑脸，他们每个人都会跟 A 老师问好。

A 老师认为工作是人生中重要的组成部分。幼师毕业的时候，A 老师本来应该被分配到幼儿园，当时只有艺术师范学校的毕业生才能被对口分配到小学，而 A 老师在她们学校是第一个被分配到小学的，可以说是非常幸运的。当时，A 老师暗下决心，决不能给母校丢脸，这是她工作的第一个转折点。而后，A 老师参加舞蹈比赛获得了第一个奖，编排的舞蹈在省、市工会评比中取得了很好的成绩，这些成绩使 A 老师认识到，工作必须得脚踏实地、不懈努力。A 老师的另一个重要转折点是担任德育主任。承担这项工作后，A 老师的工作性质发生了改变。以前 A 老师只是单纯地教学，面对的是学生，之后则要考虑方方面面的问题。对于 A 老师而言，担任德育主任纯属偶然。其中的原因有可能是作为科任教师，A 老师与其他教师接触的机会较多，再者也可能是校长比较欣赏 A 老师的才华。A 老师学艺术出身，之前会比较随意，担任德育主任后，从衣着打扮到心理状态都要做出改变。以前 A 老师比较喜欢一个人在房间里，听听音乐，弹弹琴。但做德育工作更强调交流，得和每一位教师、上级领导有交流，包括到教育局开会，另外也要和社会群体交流，这些都会磨砺一个人的棱角。以前，A 老师比较有个性，想做什么就做什么，但当了德育主任以后，面对的人群不一样，工作需要承上启下，必须和领导沟通好，其他教师的工作也要安排好，因此，A 老师的性格改变了很多，这是她人生中一个很大的变化。

总体而言，A 老师的工作进展得比较顺利。她在工作上比较投入，从不患得患失。即使工作做得很好但没评上先进，A 老师也不去计较。A 老师觉得她的心思很单纯，像个孩子，心态比较年轻，非常快乐。

A 老师认为骨干教师都有各自的优势和特点，而 A 老师的特点是无论做什么都全力以赴。无论领导、同事、学生怎样对她，她还是会坚持自己的个性。做主任都是很辛苦的，其他岗位的工作可能是各管一摊，而主任是一个人管好几摊工作，例如，A 老师既要管德育还要教艺术。

A 老师有两个计划：一是教好音乐课；二是编好舞蹈。一般 A 老师设置的目标都能够实现。她觉得自己最大、最幸福的目标就是让所有学生都喜欢自己，别的都无所谓。

前不久 A 老师带过几个实习生，那几名学生给 A 老师留下的印象是不太能吃苦，会“巧干”。虽然“巧干”是对的，但是踏踏实实地学到基础更重要，只有学到东西后才能“巧”。A 老师觉得，熟能生巧，不熟怎么能“巧”呢？大多教师上课从课件开始，一个一个环节做起；个别教师则为了省事，囫囵吞枣，A 老师认为这样肯定学不到真东西，工作要从基础开始，然后熟能生巧。

农村优秀教师成长故事7

在拼搏中奋发，在规划中成长

L老师今年31岁，教龄十年，目前是小学高级教师。

L老师的工作经历比较简单。毕业后首先在××县农村当教师，工作一年后当班主任，继而又工作了一年半。在当时的工作中，由于镇里组织的教学活动比较多，一位教师通过各种活动认识了她。L老师年纪比较小，给这位教师留下了干劲足、有活力的印象。同时，L老师也具备一定的工作能力，因此便得到了机会，被调到这位教师所在的学校——镇中心小学工作。结婚后，她又调到了现在任教的学校工作。L老师在目前这所学校已经工作了六年，其中四年是做班主任工作。生小孩后，L老师便不再担任班主任工作，改为教数学。

刚参加工作时L老师在对工作充满了激情。年龄渐渐增长，L老师的工作能力也越来越强。刚毕业时她在教学上会有一些困惑，例如，教学对象是小学生，L老师在与学生在沟通方面存在一定问题，她的说话方式、教学语言更接近于和成人沟通的方式，导致学生接受起来有些困难。后来通过经常上公开课，L老师接受了学校领导的指导，此外还参加了各种形式的比赛，就这样，在不断的磨炼中，L老师得到了快速成长，渐渐摸索出了一种适合小学生的教学风格。

对于自己的专业成长，L老师最想感谢的是身边的资深教师、学校的教学领导。××校长是当时在各地都比较有名的草根专家，在近两年的时间内，作为××校长的徒弟，L老师在他的帮助和指导之下成长得非常快。

此外，L老师也会跟着大家一起做科研工作。她认为，教师最后还得走上科研的道路，无论身边的课题大还是小，开展课题研究都能帮助教师成长。如果一名教师一直在一线工作不从事科研，这位教师可能只是经验型教师，但是若能把实践与理论相结合，在科研上有所发展，就有可能成为科研型教师，这对其个人的成长有最大的帮助。在这一点上L老师做得非常好，她现在主持县里一个大课题——“小学五步教学法自学”，目前正在研究之中。她前三年也在一线开展了一些小课题的研究。L老师所在的学校当时正全面铺开小课题研究。

在课题研究过程中，L老师关注的是每个班级中都有的交互式电子白板在数学教学中的应用。在这一系列的研究中，L老师的能力得到了很大的发展。当时县里普及了电子白板，但是各个学校的教师都不会使用，而L老师系统地研究过，能够熟练掌握，甚至可以给校长和其他教师做培训，真正做到了学以致用。

在工作当中，L老师认为最重要的是要有激情与爱心，对学生要有耐心，此外教师还要注重自身素质的提高。L老师是初中直接考上师范院校的，没有经历过高中阶段的学习，她认为自己的学历不够，在专业理论素质方面积累也不够，有些后悔自己书读得少。因此，毕业后L老师努力多读书，即便在成家有了孩子，烦琐的事情变多了，学习时间所剩无几的条件下，只要有时间，L老师就会提升自身修养，多学习和探究理论知识。L老师认为，一名教师有了理论知识的储备，就更可能会在教学上得出独到的见解，并达到一定理论高度。

最近几年，L老师每一天都过得特别充实。来到所在学校之后参加的各种比赛对她的成长有很大帮助，其中给她印象最深的是参加省里举办的教师技能大赛。L老师当时年轻，没有参加过大型比赛，因此经验不足，也有许多不懂的地方。赛前准备对于L老师来说是有一定困难的。但L老师有虚心学习的态度，为了向有经验的教师请教，她20多次奔波往返于市里和学校。通过上网，L老师主动和电教馆的教师沟通，咨询课件应该怎么写，每个环节要注意哪些问题。同事们都很佩服L老师的毅力。通过不懈努力，L老师在比赛中取得了第一名的好成绩。她认为，只要自己实实在在地付出，就一定会有收获，付出和收获是成正比的，不付出一定不会有收获。那次比赛后，L老师对各种比赛都能做到心中有数，从语言到讲课时的台风，甚至是评委的角度她都能有所了解。现在，刚参加工作的教师会经常向L老师咨询比赛的注意事项。由于都经历过，所以L老师能够熟练、耐心地进行指导，而她自己也在一次次的比赛中得到了磨砺和成长。

L老师自身的文化素质并不高，但她最大的长处就是有韧劲、认真。领导每交给她一个任务，哪怕是写一篇教案，L老师都会认真对待。如果是讲课任务，她甚至会细致到一个动作、一个字，反复斟酌每句话应该怎么说。尤其刚毕业的时候，她没有任何经验，更需要一点点地摸索。L老师认为，如果不认真，什么工作都做不好，做任何事情都不要怕苦。L老师是宁愿身受苦、不愿脸受热的人，宁愿晚上背一夜讲稿，也要在第二天展示出自己最好的一面。在L老师看来，做教师是一种良心活儿，趁年轻做什么事情都要追求完美，对自己要求严格一点。如果年轻时候糊弄自己，到了三四十岁一事无成时，一定会后悔。

L 老师在刚开始工作的几年里有过迷茫，例如，有的学生不够听话；一些学生需要教师反复地教，却还是无法掌握所学知识等。这时候保持健康的心态就显得很重要。此外就是教学方法的掌握，好的教学方法不仅要能教优等生和中等生，还要能教好学困生，而独特的教学风格需要教师自己不断去发掘和探索。L 老师认为，如果想要有自己的东西，仅仅依靠努力是不够的，还需要更多的磨炼，作为教师一定要明确这一点。

在谈到是否有困惑时，L 老师表示，自己是遇到事情不会埋在心里面的人，性格很开朗，工作上有师傅带着她，家里面没有后顾之忧，如果有不懂的事情就会去问，对于现在的学习、工作和生活自己还是比较满意的，没有什么困惑。

工作伊始，L 老师并没有系统性的发展计划。县里的名师工程启动时，L 老师是名师培养对象。三年前 L 老师才对自己的工作有了一个初步的规划，明确了自己想要达到的目标和层次，并且一直在不懈努力。或许别人的理想很高，对于 L 老师而言，那样的理想是很难达到的。L 老师觉得，只要心中有目标，前路还很漫长，一定有实现的可能。刚参加工作时，L 老师一心扑在教学上，并没有想过自己几年后的发展变化。那时 L 老师懂得很少，只知道和学生们进行简单的沟通，每一天的工作都是上课、备课和批改作业。L 老师意识到，如果没有名师工程，她可能至今也不会对自己的未来做出任何规划。关于未来的规划，L 老师想成为一位名副其实的名师，而不单单是有一个虚名。L 老师想在数学教学上形成独特的风格，有自己的教学模式，让别人一提起就知道她的课堂是什么样的，使她无愧于这个称号。

L 老师也有从大学生向教师转变这个阶段。在之前工作过的几个学校里，L 老师每次的工作时间都比较短，没有参加过多的活动，最大的转变是在来到中心小学之后。L 老师在中心小学是年纪最小的教师，因此获得了很多参加活动的机会，经历比较丰富。她曾经在两个星期内参加了四次比赛，口号都需要脱稿来说。当时的准备工作十分紧张，前几天还在着手准备上一个比赛，接下来要马上准备下一个比赛。即使现在也还是如此，除教学工作外，L 老师还负责少先队的工作，负责组织全校的德育活动，每天从早到晚就像陀螺一样不停地旋转。

对于年轻教师，L 老师给出的建议是要找一个领路人，就像当年 L 老师的师傅一样，可以帮助新教师找到捷径、少走弯路。如果新教师靠自己去摸索，会走很多 S 型弯路，会浪费很多时间。年轻的时光有限，新教师需要有一个领路人告诉他往哪个方向发展是正确的。另外，L 老师认为规划的作用也很重要。

新教师需要给自己制定一个方向，如果没有规划就会很迷茫，不知道自己未来的路怎么走。新教师如果有了规划和目标，那么一定要在规划中找到自身的优势和不足，扬长避短。如果没有规划，新教师就难以有一个很好的前途，只有制订好规划并长期坚持，一名教师才能迅速且有条理地发展。

L 老师认为，个人的性格与是否有压力、压力是否需要调节有关。遇到事情之后，L 老师总是对自己说："不要着急，还能怎么样呢？"L 老师也有不开心或烦躁的时候，也有哭的时候，她的观念是：高兴一天是过，愁苦一天也是过，释放完后人还是要每天乐呵呵地过，如果天天愁眉苦脸，还会给别人带来不悦，大家在一起工作，快乐很重要，和谐更加重要。

在访谈中，L 老师回忆了她九年来的历程，刚毕业时的种种过往仿佛就在眼前。许多年过去了，其间 L 老师付出了很多辛苦和努力，但 L 老师总记得一句话：付出和回报是成正比的，有舍才有得。L 老师舍去了休息的时间，得到的是非物质方面的嘉奖、精神上的愉悦以及更多人的夸奖，也得到很多实实在在的证书，每一个证书都饱含 L 老师付出的汗水与心血。

L 老师表示要感谢她目前工作的学校，如果没有学校这个大家庭和学校领导的关怀与照顾，没有学校同行教师的帮助，她不会有今天的成就。其次，L 老师还要感谢她的师傅，如果没有师傅的帮助和指导，她还会在原地踏步，止步不前。名师工程让她认识到自己的优势和不足，师傅为她指明了努力方向，教导她往哪种教学模式和教学风格上走。再次，L 老师要感谢她的家人。L 老师是两个孩子的妈妈，是家人的理解让她在工作时没有后顾之忧。最后，L 老师也对自己有所鼓励。她在所在学校工作了六年，能让领导把她放在心里，有什么事想着她，是她觉得最有成就感的地方。

农村优秀教师成长故事8

扎根基层，甘于奉献

H老师今年33岁，1999年从××市艺术师范学校毕业，之后一直从事教学工作，现为小学高级教师。

之前在工作中，H老师都是自己绘制投影片，教学条件比较艰苦。先前农村小学的教学条件比较落后，只有一块黑板和一盒粉笔，后来陆续配备了投影仪等设备。这几年条件变好了，县里给H老师所在的学校配备了电脑，教师们可以用课件教学。H老师上学的时候没有学过电脑，对电脑可谓一窍不通。后来，H老师到教师进修学校接受了计算机培训，自己利用课余时间学了一些技能。现在，H老师在电脑使用及课件制作方面有了一定的提高，这对她的教学有很大帮助。此外，H老师在教学方面也取得了一些成绩，如她的课被评为省、市、县级优秀课，并且在2017年被评选为市级名师。

工作至今，H老师觉得最难解决的问题就是电脑操作。出门听课时，H老师看到别的教师能够熟练地操作电脑，而且县里其他小学的条件配备都很好，再想到自己学校的状况，H老师心里很着急，也很担忧。当时，只要有培训的机会，H老师都特别愿意参加。

H老师说，她遇到了好领导，如果没有领导的重视，她自己不会取得如此多的成绩。H老师一直强调，领导的重视非常重要，这是其他事情无法相比的。一般的农村小学都以数学和语文为主科，小学科如果不被重视的话是很难开展工作的，对学生的影响也会很大。H老师之前的领导和教研员都非常好，给了H老师很大的帮助。在H老师看来，如果没有人发现、帮助她，再大的能力也无法发挥出来。

H老师所在学校的校长非常好。由于是农村小学，美术课缺少材料，学校的条件也很艰苦，但校长得知这一情况后，立即果断地表示，H老师需要用什么材料可以买。学校的其他教师也都认为那是一位尽职尽责的领导。此外，校长十分关心教师们的工作和生活。当时学校有五位教师需要自己做饭，校长会主动教H老师做饭。

刚开始，H老师在工作中遇到了困难，她在学校学到的知识都来自于书本，缺少实际有用的经验。后来，工作时间长了，随着慢慢地积累，H老师的工作经验逐渐丰富起来。例如，刚参加工作的时候，H老师在与学生沟通方面的经验很少，上课时出现了小问题H老师不知道应该怎样对待学生才能不伤害他们的自尊心以及应如何去教育他们，类似这些经验都是一点一滴积累起来的。H老师认为，在与学生沟通方面，教师要尝试跟学生交朋友，多跟学生谈心。如果有的学生不愿意上课，教师虽然可以很严厉地批评他，但这样学生很有可能产生强烈的逆反心理，因为学生们的个性都很强。这个时候，教师可以利用课下的时间找学生谈心，了解学生为什么不喜欢这个学科及这样做的理由。H老师回忆，在他们班里有一个小孩，开始上课的时候喜欢乱动，注意力无法集中，不喜欢听课。H老师便耐心地询问他为什么总乱动，这个学生表示自己没有上课要用的东西，因为没有钱买。H老师听后十分心疼，便对学生说："没事，下次老师给你买。"但其实H老师知道，这个学生并不是没有钱买，只是不喜欢学习，愿意玩。但在下一次上课的时候，H老师还是给他准备了上课所需的东西，并送给了他，还鼓励他好好听课、好好学习。从那以后，这个学生慢慢感觉到教师是关心他的，就不再吵闹了，并从此很少扰乱课堂纪律，也慢慢开始喜欢上课了。甚至到后期，这个学生会主动和H老师沟通，问他画得怎么样。H老师认为，以鼓励为主要手段会培养出好学生。

小学教师担任的课比较多，H老师目前教的是三年级美术课，同时承担其他科目的教学工作。关于如何开展好教学工作，H老师认为，第一，来到工作岗位，教师需要处理好教师和学生之间的关系，良好的师生关系是上好一堂课的基础。第二，教师需要在业务方面不断提高，教学所需的专业技能要过硬，上课所需的知识和教学方法要科学、严谨。现在，教学方法的更新速度很快，因此，教师需要不断地加强学习。以前人们提倡的理念是给学生一碗水，教师要有一桶水。但随着时代的发展，一桶水是远远不够的，教师要有源源不竭的水，水的源头就是不断地学习。第三，教师需要改变传统的教学模式，将整堂讲授转变为以教师为主导、以学生为主体的课堂。教师要给学生充足的时间，可以自学的部分由学生自主学习完成。H老师认为，对于知识和理论，学生自学的效果更好，记忆更加深刻，如此一来，课堂的效果就能够提高了。这个模式是充分肯定学生的主人翁地位、发挥自学的积极作用，教师则站在一个引导者的位置。随着这些教学理念的不断更新，教师也需要不断学习，这样才能跟上不断发展的教育节奏。H 老师平时会看许多教育类的材料、论文及其他优秀教师的经验，此外还会经常带着其他教师出去听优秀教师的讲课和讲座，学习别人先进的教育方法。现在，H 老师的学校搭建了远程教育平台，教师在学校可以用电脑直接下载资源，如全国优秀教师的讲课视频等资源。这种新的学习方式为教师们铺就了一条和优秀教师直接学习先进经验的路。

H 老师刚参加工作的时候，每名教师都有带班的机会，当时有五名教师，每人各带一个班，由于缺乏经验，H 老师会直接去和老教师学习经验。老教师们都很无私，有什么经验都会传授给新教师。例如在教育学生方面，老教师会直接给新教师一些经验：当学生犯错误时，不能因为自己刚参加工作，充满激情，就直接批评学生，这样学生很难接受。教师需要做的是多夸奖学生，多给学生鼓励，学生会有所进步，这样学生才能够从心底里服气和尊敬教师。另外，老教师告诉 H 老师，在课余时间学习时需要靠自己，要多钻研。例如，想上好一堂课，不能只照着别人去学习，那样只能学到皮毛和表面，很难学到人家的精髓。上课时的状态很多都是临场发挥出来的，所以，想把讲课上升到有自我特色的程度，还需要教师通过不断地钻研和探索，根据自身的特点形成独特的讲课风格。

在回忆自己印象最深的课时，H 老师表示印象最深的是三年级的《满族旗头服饰》一课。当时在选了这节课后，H 老师便思考如何才能把这节参评课讲出亮点、评上优秀课，没有亮点和出彩的地方，平平淡淡，不会给评委留下印象。所以，H 老师做了充分的准备、深入的思考和琢磨，力争在导入、新授和展示等部分都有精彩的地方，即使不能做到完美，也必须保证这节课要有一个亮点来吸引评委。课前，H 老师分析认为《满族旗头服饰》这节课离学生的生活太远了，虽然电视上会出现相关的东西，但日常生活中并不常见，尤其是头饰和服饰。H 老师想出了一个办法，她在网上找了一段学生们都喜欢看的《还珠格格》电视剧的视频，以激发学生的学习兴趣。她还演示了剧中的一段满族舞蹈，舞者穿戴着满族的旗袍和头饰，学生一下子就认出和电视剧里的服饰是相同的。因为当时在××市参评，师生之间都不认识，H 老师设计的导入环节是师生共同进行自我介绍。首先，H 老师介绍了一下自己的个人情况，然后请学生也都来介绍一下自己的名字和民族。学生大多数是汉族，也有少数民族的学生，H 老师就让学生讲一讲自己的民族有哪些特点和习俗。整个过程就像和学生在聊天一样，非常舒服，课堂氛围也很好。接下来 H 老师提问学生们：“你们了解满族吗？”H 老师让了解一些的同学做简单的介绍，而后直接引出之前准备的舞蹈视频，让学生了解具体的满族习俗。H 老师通过介绍满族能歌善舞，以及漂亮的头饰和服饰文化，自然引出当天要学习的课文《满族旗头服饰》。H 老师让学生观察旗头上的装饰花，一起探讨为什么要那样装饰，从而让学生学到相关知识。在课堂内容进行一部分后有一个展示阶段，H 老师选择的是服装表演的形式。当时上课的学生大部分都表现得很好，课程进行得比较顺利。整个过程，H 老师都让学生带着自己制作的旗头，学生都觉得很美，再配合音乐，学生便可以用自己的方式将服装展示出来。H 老师说，采取这一方式的初衷是要调动学生的学习兴趣，那次课堂的效果比较好，学生的兴趣很浓，课堂的整体气氛也很好。H 老师认为，教师在讲课时要想方设法地设计好导入、新授和展示环节的内容，找到学生喜欢的形式，不能让学生失去学习的热情和兴趣。

回忆起自己第一次上课的经历，H 老师表示，第一次登台讲课时内心很忐忑，十分紧张。H 老师非常重视那堂课，准备也很充分，她觉得第一堂课教师一定要好好地展示自己的实力和水平，给学生留下一个很好的印象。H 老师最初教美术的时候，条件有点艰苦，H 老师就自己准备教具。第一节课向学生展示教具时，学生都感到很新奇，好奇心十足，因为他们之前并没有上过专业的美术课。H 老师发现，学生对这种新形式十分感兴趣，上课的积极性也很高。下课后，一名学生走到 H 老师面前问："老师，下节课你还给我们上课吗？" H 老师很开心地给了她肯定的答案，学生非常高兴。这一幕给了 H 老师很大的触动，她明白了教师对待课堂的态度对学生有着非常大的影响，一个小细节或一句无心的话可能学生都会认为很重要。从那以后，H 老师经常自己动手做教具，带着各种新奇的教具给学生上课。H 老师认为，既然农村的学生喜欢、好奇这些东西，她就应该多给他们机会去接触，为他们展现一个更优质、更有吸引力的课堂，从而激发学生的学习兴趣。此外，H 老师认为学生对教师的第一印象特别重要。如果学生第一眼看见一名教师很喜欢，以后上课的时候都会跟她很亲，很配合；反之，以后的课就不好上了。

在 H 老师看来，学生是不能被小看的，他们知道的有些东西教师都不知道。H 老师在××市评课的时候，发现××市的学生的知识就很丰富，不像农村的学生多书读得少、视野比较狭窄。在准备一节和恐龙有关的课时，H 老师对恐龙的了解并不多，她在上课之前上网查阅了资料、做了很多准备才对恐龙有了初步了解。H 老师本来以为三年级的学生还是小孩子，对恐龙肯定了解得很少，很有可能都不能够明白，所以在设计导语的时候，H 老师便说："我准备了一段话，你们猜一猜老师说的是什么动物？”刚刚说完第一句“它是生活在 1500 多万年前的”，学生们就全举手了，纷纷回答是恐龙。H 老师当时哭笑不得，不知道怎么办才好，转念一想，学生既然已经了解了这些知识，不如就给学生一个机会，让学生自己讲出来。H 老师说：“既然你们知道这么多，那么请给老师讲一讲关于恐龙的知识。”当时有个学生讲得非常精彩，而且神情特别自豪，有一种自己也能够当教师的骄傲感，非常有趣。

H 老师表示，一名教师如果想要拉近和学生们的距离，就要让学生喜欢自己这个人，喜欢上自己的课。教师可以采取的第一种方法是夸奖学生，多给学生鼓励。如果这种方法作用不大，可以采用第二种方法，就是利用课下的时间多和学生接触，加深感情。以前 H 老师的班里有一个特别调皮的小男孩，不喜欢上课和学习。对于低年级学生来说，和同学交朋友至关重要，但这个学生因为太调皮，力气也很大，别的学生有些惧怕他，不愿意和他一起玩，所以他经常一个人单独行动，没有什么朋友。有一次 H 老师在操场上经过，看见这个学生独自在篮球场上投篮。H 老师想了解一下是怎么回事，便上前询问他：“怎么自己在这里玩，其他的同学呢？”这个学生回答：“别人都在玩别的呢，没有人和我玩。”H 老师当时提出要和这个学生一起玩，这个学生听后有些惊讶，但也答应了。H 老师便说：“咱俩来进行一次投篮比赛吧，每个人投 10 个，看谁投进得多。”这个学生很开心，还主动提出要给 H 老师捡球。结束之后，H 老师没有想太多就回了办公室。第二天，H 老师正在办公室批改作业，发现那个学生抱着篮球站在办公室门口向里面张望，不敢进去。H 老师问他想做什么，他小心翼翼地问：“老师，你还能和我玩篮球吗？”H 老师果断表示：“玩！”从那以后，这个男孩上课再也不闹了，和 H 老师的关系也变得很和谐，再没有出现过干扰课堂的行为，他开始慢慢地喜欢上了美术，态度开始转变，画画的水平也在不断地提高，并且，他的生活态度也在发生变化，开始和身边的同学打成一片，能注意处理好同学关系。H 老师从这件事中得出了感悟：要想学生和自己拉近距离，改变对自己的印象，首先要想办法改变学生的态度，让学生觉得自己不应该给教师找麻烦，然后再慢慢地改变。

关于如何处理好和家长的关系，H 老师表示教师必须要多和家长沟通。例如，在教育孩子方面，农村家长可能对学生的生活关心比较多，但是对学习方面相对重视程度较轻，很多时候家长甚至还会自己出去玩。在刚上班的时候，H 老师班里的学生的成绩并不理想，H 老师和家长的沟通也不多。H 老师那时刚毕业，对工作很有激情，在发现哪个学生出现问题后，会在家长接孩子的时候直接和家长进行沟通，了解情况，例如学生在家什么样、写作业的表现怎么样等。有时家长表示学生在家不写作业，即使督促他写也没有什么作用，而家长本身文化水平不高，对于辅导学生学习也是心有余而力不足，不得不说这是一件十分无奈的事情。这时，H 老师就会告诉家长应该怎么做才能收到更好的效果，直接和家长讲明白其中的道理和精髓。和家长接触的时间久了，家长们都觉得 H 老师非常关心学生，于是慢慢地开始重视起学生的作业问题，并经常询问 H 老师自己孩子作业的完成情况。如果出现一些比较严重的问题，H 老师会直接给家长打电话进行沟通，对于一些小问题，则会在和家长见面的时候进行沟通。例如，有的学生犯了错误，不能让学生知道教师和家长进行了沟通，否则学生会认为教师是在打小报告。有一次，一名学生上课带了一个玩具，一直爱不释手，H 老师就把玩具没收了。但是这个玩具对学生来说是很重要的东西，并且学生非常喜欢，因此，H 老师在没收之后心理上觉得特别愧疚。但是 H 老师明白，学生犯了错误教师必须及时批评，这样才能够使其更好地改正。H 老师想，这个玩具不能直接还给他，否则会给学生造成一种错觉，认为东西没收了教师也得还给他，下次会变得更加有恃无恐。H 老师利用家访的机会把玩具直接交给了家长，并和家长讲明这是在学生上课玩的时候没收的，而家长不能和学生说是教师给的，这样这件事就得到了完美的解决。通过这件事 H 老师领悟到，作为教师，有事情必须要及时和家长沟通，做好家长的工作，尤其是在学习方面。在农村，教师必须要和家长讲明学生学习的重要性，否则家长很难真正给予重视，这时教师和家长的及时沟通就显得格外重要。此外，教师在和家长沟通时也要有自己的技巧，不能直接地批评学生，毕竟家长都认为自己的孩子很优秀。教师首先要表扬一下学生好的方面，然后再含蓄地透露出学生最近出现的问题，这样家长才更愿意和教师沟通，也有助于教师更好地反映问题。

除了美术课，H 老师还教授科学和书法课。当时学校里的学生字写得都不太好，有的甚至提笔忘字，所以当地政府提出了一个书法进课堂的倡导，目的是提高学生的书写能力。恰好 H 老师的专业是美术，因此，这个任务就自然而然地落到了她的身上。如此一来，H 老师的工作任务就更繁重了。当时学校只有五名教师，承担了学校所有的教学工作，每名教师要讲很多不同的课。H 老师回忆，自己好像除了体育课以外，其他的课都讲过。科学课是 H 老师今年第一次接手，之前对此了解得非常少。H 老师找到了相关的参考书，每天翻看。此外，她刻苦地钻研教材，有不懂的地方就去请教其他有经验的教师。经过努力，H 老师对于科学课每节课的重点和难点都研究得很透彻。H 老师说，人只要接受了一个任务，就不要畏惧，要通过自己的努力去完成。

H 老师认为，教师之间的经验交流主要是教学方法的交流。教师之间共同讨论，授课时哪种教学手段是更易于学生接受的。对于更符合学生特点、对学生的学习更有帮助的手段，教师可以延续下去；反之，如果在一堂课中，有一段时间或某一环节学生的学习进行得不顺利，那么这个方法就可以放弃了。总而言之，教师在教学中要趋利避害、把握住优点、克服缺点。交流经验能够让教师不断学习其他教师的先进经验，提升自己的授课水平。

H 老师自己在课堂上没有遇到过意外的事件，因为在课前做教案时，H 老师会对整个课堂做一个预设，例如，学生会发生什么事要先想好。给 H 老师印象最深的还是前面提到的恐龙那堂课。那堂课 H 老师预设的是提问题，这就要求教师的反应一定要快，不能一发生突发状况就手足无措地站在讲台上，这种失误的影响是比较严重的。教师做了教案并不代表上课时必须完全按照教案的流程走，课堂上经常会出现一些不同的情况，教师务必学会根据不同状况适当地及时反应，做出最好的处理。

H 老师曾经给自己设定了一个目标，就是既然选择了教师这个职业，就一定要做到最好。在 H 老师看来，这不是一个很大的目标，它只是在要求自己把本职工作做到位，一步一步、脚踏实地地向前走。H 老师比较敬佩学校的一位首席教师，觉得她的教学理念非常成熟和科学，也很有个人的风格和特点，是很值得自己和新教师去学习的。同时，H 老师在言语中也透露出对机会更多的大学生及新教师的羡慕之情。H 老师说自己本科就读于××大学，但不是全日制学习的那种。有一次去大学，H 老师看见校园里的学习条件和生活环境觉得非常羡慕。H 老师本来是有进修机会的，但由于现实条件有限，未能如愿。目前 H 老师三十多岁了，想再考一次更好的学校的难度较大。H 老师也想去攻读一个硕士学位，但是考虑到自己的英语基础太差，就放弃了这个念头，这始终是她的一个遗憾。

很多人说 H 老师是名师，但 H 老师认为名师已经是过去的事情了，这只是一个荣誉，对自己来说更是一种动力。H 老师认为，作为名师，必须要把工作做得更好，不然就对不起名师这个荣誉。对于未来，H 老师表示工作时一定会做得更认真、更努力。H 老师想要成为首席教师，这需要她达到一些条件。H 老师想先做好自己的本职工作，再付出额外的努力去达到要求，让自己成为一名更优秀的人民教师。

对于想要成为教师的人，H 老师建议他们一定要特别珍惜实习的机会，因为学校分配带队的教师都是非常优秀的，实习时在上课的时候如果遇到问题，要趁这个机会马上向带队教师请教。学生在实习时会有上课的机会，带队教师也会给予一些点评和指导，例如在导入时用什么样的方法能收获更好的效果、新授时可以采用哪些方式等，这些东西积累起来对以后的教师生涯会有很大的帮助。

最开始上课的时候，H 老师对于手指玩偶、表演导入、视频导入等一些比较新奇的教学手段的掌握，都是通过不断实践和学习积累下来的。H 老师认为，想要学习到更多的方法和手段，就要在资深教师的指导和帮助下多学习、多咨询。该去听课的时候就多去，该参加教研的时候不要偷懒。不但要学会方法，还要了解这个方法和手段为什么这样使用，想要达到什么样的目的，实际又会产生什么样的作用和效果。例如，在语文教学时，一位教师使用视频进行导入，新教师就要去了解这位教师为什么选用这一段视频。大部分教师是为了激发学生的学习兴趣，当然也可能会有其他想法和目的，这些都要去了解。再如，一位教师在数学课上讲授脱式计算，两位数乘两位数这个难点教师是怎样解决的，怎样才能让学生更加明白，并且更容易地去接受？H 老师认为这些都是新教师在听课时必须琢磨的地方，不能单单知道这个教师讲得好，更要知道他的课好在哪里。好比夸奖学生，教师不能笼统地对学生说你真好，要具体地说出他好在哪儿，是语言组织得好，还是某一个知识点说得好，对于这些的评价都要到位。因此，新教师在听课的时候一定要把握好方法。

H 老师表示，在课堂上教师对学生应该以夸奖为主。对于学生的发言、回答问题，教师扮演一个评委的角色，要仔细听学生回答，认真思考回答好与不好的地方，这样的评价可以培养学生的许多能力，如口语表达能力、评价他人的能力等。如上面提到的《恐龙世界》一课，当时 H 老师在课堂上准备了一段视频，在让学生观看之前，H 老师先给学生布置一个任务：边看边思考你的体会是什么。在学生发表观点时，其他同学要认真倾听，然后对发表观点的学生给予评价，如觉得他说得怎么样、好在哪里、不好在哪里等。这时，有的学生就会做出自己的评价。最后，H 老师会对学生的评价给予评价。总而言之，教师在评价学生的时候，要让学生知道他们哪些方面做得好、了解自己的优点。再如，评价学生的绘画作品时，教师要讲究语言艺术，可以先夸奖学生好的方面，然后有一个转折，再提出不足的地方，这样就能收到很好的评价效果。

对于学生之间经常发生矛盾这个问题，H 老师发表了自己的看法。她认为，学生之间的矛盾不是不可调和的，如果只是很小的矛盾，教师的处理办法是找学生谈话，让学生自己分析错误是什么、哪里做得不够好，必须让学生认识到错误所在。当学生能发现自己的错误，如不应该互相推搡、不应该说不好听的话时，就能够做到互相道歉，下课后又可以手拉手一起去玩了。如果矛盾比较突出，教师一定要及时和家长沟通。例如，有一次，班级里有一名学生在玩的过程中拿着石头扔到了另一名学生的头上，把对方的头打破了。这种情况比较严重，家长都比较重视自己的孩子，教师必须把家长请到学校来解决，教师主要起到一个调和的作用。在家长来到学校后，教师要负责把整件事情的经过跟家长做交代。很幸运的是，当时两名学生的家长都比较通情达理，双方家长协调之后，H 老师建议先带学生医院进行治疗，再做出简单的补偿。后来这件事情得到了较好的解决。

农村优秀教师成长故事9

甘于平凡，乐于奉献

L 老师于 1995 年毕业于××大学。毕业任教伊始，由于对教学和学生没有过多的了解和喜爱，L 老师处于一种迷茫状态，只是把教学简单地当作一份工作。大学刚毕业能有一份属于自己的工作，L 老师的内心还是很兴奋的。就这样，L 老师开始了自己的教学生涯。

L 老师参加工作后第一次见到学生就被学生的善良和单纯所深深吸引，这也更加坚定了他从事教师这份工作的决心。步入岗位后，L 老师发现了自己的不足之处，他明白空有一腔热血是不能成为一名优秀教师的。于是，L 老师开始在教学能力提升上狠下功夫。L 老师回忆，在任教初期，学校要求教师讲一节课，以考查教师的教学技能，教师需要展现平常的读或写等基本素质，当时很多教师都感到非常紧张。有位教师是在六七月份上公开课，当时天气很炎热，这位教师讲课的时候满头大汗，于是就拿着手里的黑板擦去擦汗，弄了一脸的粉笔灰，台下的教师和同学都开始笑，他却并不知道大家在笑什么，越笑他越慌。还有一位教师担心忘词，就把想说的话全写下来照着念。还有的教师一节课 40 分钟，但是所讲的内容 20 分钟就处理完了，没有办法只能提前下课。以上这些都是不成功的例子。L 老师回忆第一次讲课时，自己对讲课的概念几乎一无所知。为了克服这个困难，L 老师就回想自己小学时的教师是怎样上课的：在讲语文课时，小学教师会将课文分几个自然段，分析完主要内容和中心思想授课也基本结束了，整个教学过程非常简单。于是，L 老师在给学生上课时也是将课文分段，让学生了解段意和全文内容。听课的教师听后都很疑惑：就讲这点内容吗？L 老师只能尴尬地笑笑。后来，L 老师经过对比发现，现在早已经不是这样了。课堂上，教师首先要带领学生读好文章，熟悉生词，同时还要让学生了解词语的意思及句子的含义，最后让学生谈感受。通过这堂课 L 老师感到，要想成为一名合格的教师，自己要去学习的东西还很多。课程知识只是一个方面，授课的技巧同样也很重要。为了解决这个问题，L 老师找到一些有经验的老教师，一有时间就和他们待在一起，与他们探讨如何管理学生等问题，有好几次甚至谈得忘记了吃饭。这样的学习与交流对L老师来说受益颇多，几番下来，L老师在教学能力上有了很大的提高。

在传统中国社会，人们长期有“学而优则仕”的思想，L老师将其解读为：当人在某一个领域内能力比较突出、干出好成绩之后，就有机会变成这一领域内的权威或领导者，获得这一领域的发言权，这也是L老师从教育第一线的岗位转变为班主任的重要原因，但L老师从不自诩教学能力有多高超。在教育一线工作了一段时间后，L老师的工作能力渐渐地体现了出来。L老师认为，这样的能力是需要时间和经验去积累的，当量变积累到一定程度时就会发生质变。在L老师看来，当组织看到一个人的能力以后，会考量让他从事更具挑战性的工作，所以，L老师后来从科任教师转为承担需要担负更多责任、做更多工作的班主任工作。L老师表示，如果自己的能力再有所提升，就会向上转为大队辅导员甚至更高的职位，这都是学校对于用人的考虑。对于教师而言，每个人都有积极向上的愿望和需求，同时，在工作的磨砺中教师也会不断成长、不断反思自己取得的成绩。从一门学科到另一门学科的转变，从科任教师到班主任的转变，这种工作岗位变动不仅是学校需要考虑的事情，更是教师在自我提升时需要认真思考的问题。当教师自认为能力不仅限于做好当下的工作，同时又有新的需求时，就可以主动提出申请，去做更多的工作、承担更多责任。

对L老师而言，不论是从事一线教学工作，还是从事行政工作，都有很多收获。教师从事一线教学工作能够最直接地和学生进行交流，这点是很宝贵的。教师在讲台上讲课时，下面听课的学生们两眼放光、小手常举；下课后，学生会围在教师身边提出各种问题；在走廊上师生相遇，会有学生热情地和教师打招呼，这种感觉是无比幸福的。而且不仅学生喜欢听L老师的课，其他教师也会经常到课堂上来向L老师学习讲课经验。当得到其他教师哪怕是一点点儿的表扬时，教师的虚荣心也会得到极大地满足；在行政岗位上，教师要考虑的不仅是教学上的问题，更多是要注重学生的全面发展，需要为学生做出合理的学习安排，让学生在科学的课程与教学的引领下受益、取得更好的发展；而负责班主任工作时，教师需要自己带领整个班级，努力让学生在学校里面表现得更加出色，班级形成特色，这又是另一种满足。

2002年恰逢课程改革。这次课程改革对L老师来说是一个很重要的自我提升机会。L老师表示，在自我提升过程中，学习与模仿是很重要的手段。一开始，L老师会去学习其他学校的教师是如何讲课的，研读他们的文章。通过学习和模仿，L老师把这些内容融入实际的课堂教学中。L教师在讲课的时候，也会有其他教师来评价、关注L老师的课堂，这时L老师就能发现课堂中缺少什么、哪些方面需要进一步补充和完善。L老师认为，教师也要通过研究卢福忠、窦桂梅等名师对课堂的设计，来引发自身的共鸣，并逐渐形成自己的教育理念和方法。因此，L老师经常说，模仿是最好的学习。学生在成长过程中可以通过模仿形成习惯或掌握知识技能。学生在模仿中会有体验和感悟，然后逐渐形成自己的东西。L老师在成长中也不断模仿名师，在模仿过程中构建了自己的课堂特色，这是外因促进内在需要、内在的需要提供学习方向、外在的因素让人去提炼、总结、提高的一个过程。

教师是一份光荣并带有责任感的工作。虽然L老师是被动选择这份工作的，但他现在由衷地喜爱教师工作，当然在这个过程中也有很多意料之中的困难。首先是职业选择存在困难。教师，从师字这个角度来说，就定性了个人所从事的职业对个人有一种精神上的要求。有的人会对自己社会地位有更高的要求，因此可能会去选择公务员职业，当然这种选择往往与物质挂钩。在刚毕业的时候，L老师每个月的工资都能得到保证，因为是县财政统一负责。但L老师表示，现在每个人对物质的追求不一样，需求也在逐渐增多，对如何才能更好地满足自身发展也有更多不同的考虑，所以，这种职位选择困难是第一重困难。其次就是教师的工作在很多情况下与想象中是不同的，在现实生活中会遇到很多阻碍。有时家长和学生未能理解教师的一些言语和做法，会产生很多矛盾和问题。如果教师自己认为这是个大困难，那么它就会给教师带来烦恼；如果教师觉得它不算什么，那就会变得乐观和从容。所以在面对困难时，还是要看教师是如何看待的，选择更积极、乐观的态度去面对和处理会好很多。

对于工作规划，L老师表示，他一开始只是单纯地想拥有一份工作，自食其力，不用靠父母，但随着年龄的增长和阅历的增加，L老师的人生目标在不断发生变化。现在，L老师认为，人必须得有明确、长远、积极的目标，然后制定一个长远的规划，要有一技在身，将来才会有所发展。为了今后的发展，视野不能太过狭窄，对于以后想要从事的工作，一定要做好充足的准备，并为自己设立一个目标，然后为之而努力奋斗。

农村优秀教师成长故事10

做最好的自己，做最好的教师

A 老师今年 40 岁，目前是小学高级教师。1996 年毕业于××师专，所学专业是体育教学，毕业后被改派到现在的学校从事体育教学，前不久转为后勤职员。

谈到工作中所遇到的困难和得到的帮助，A 老师说，相较于现在的师范生，自己当时并没碰到什么困难。那时候毕业生国家包分配，不用因为担心找不到工作而发愁。再者由于他的家乡在农村，他到工作岗位后一门心思从事教学。能从农村来到城市，并且有一份工作，他在心理上感觉挺满足的。工作中没有压力，A 老师这样认为，他教体育的心态也比较平稳。虽然后来因为学校管理的需要，A 老师被分配到后勤工作岗位上，同样他也没有遇到什么太大的困难，做好领导分配的工作就可以。真正的困难是工作中遇到问题需要 A 老师靠自己去摸索。从体育教学到后勤工作，很多东西都需要 A 老师摸索着去做。A 老师认为，他要勤于学习，向他人学习。A 老师对从事后勤工作虽然算不上轻车熟路，但多少也了解一点。A 老师认为，随着信息技术的普及，现在学校的办公资产都要录入电脑，所以，不断学习是一件很重要的事情。另外，A 老师认为教师要在工作中放正自己的心态，端正态度，把工作处理好。

A 老师提到，他在评小学高级教师职称时，当时的标准很高，如果有 10 名教师去参评小学高级教师，那么最终只会有两个人可以获得晋升，这意味着教师必须在各个方面都很优秀，各方面的表现都要很突出，业务能力要很强，要获得各种证书、奖状，这些都是评职称时评审优先考虑的因素。A 老师也提到，评职称时大家一起投票，群众的眼睛是雪亮的。例如，同样两名教师，都工作了 14 年，A 只是在做他的工作，而 B 是在想怎样更加努力地做好工作，那么群众在投票时肯定会倾向 B 这一边。职称晋升不需要教师具有一些特殊的才能，只是要求教师在平时做好自己的工作，这样不管是领导、同事，还是学生，都会对教师有一个好的印象，因此， A 老师认为很多事情都是水到渠成的。大家的起点虽然都一样，有同样的起步，但在专业发展中，每个人做工作的思想和态度是不一样的，最后的发展就可能不一样。

在多年的教学工作中，A 老师多少也会有一些困惑。近两年，A 老师感到些许迷茫。体育课的目的在于发展全民身体素质，但是 A 老师觉得现在体育课的教学方式有很多新的变化，对此他持保留意见。A 老师认为，目前的体育课更多让学生开展一些游戏，跑、跳、投等基本运动训练，并没有表现出一定的目的性。以前教师在上田径课的时候，如果要发展学生的下肢力量，提高其肺活量和耐力素质，就会安排 200 米跑、400 米跑等项目，而现在开展的项目变化了很多，很多内容要求通过游戏来体现，以提高课堂教学的趣味性。对此，A 老师未加以评论，但他认为也可以通过最原始的方式将学生的素质提升上去。现在，教师如果要求学生围着操场跑两圈，很多学生跑不下来。但 A 老师所带的刚毕业的班级的学生都能整堂课跟着他踢足球，学生的耐力非常好。现在有一些因素制约着体育教学，无论是对于小学生、初中生，还是高中生，体育达标中都有猝死的事件发生，这会让体育教师产生恐惧心理，有人不敢再用以前的方法训练学生。有的时候，上体育课成了大家在树荫底下做操、活动，只要学生安全、不出事就行。实际上，小学阶段学生的体育锻炼是必不可少的，学生长大成人后，到了三四十岁时再去锻炼，那时候已经得不到很好的效果了。因此，锻炼要从小开始，从正确的方式开始。

国家非常重视基础教育，A 老师认为，就体育课而言，还是专业一点的训练对学生来说意义更大。学生的身体素质要从小抓起，课堂上教师可以把学生分成几组打口袋。从事体育教学的教师都知道，这项运动不仅可以锻炼学生的灵活性和下肢力量，打口袋时扔口袋的动作还可以锻炼上肢力量。学生互相交换，这样一个简单的活动就可以使学生达到体育锻炼的目的。也许有人会说这堂课太过单一，应该让学生先跳舞，然后做游戏，放松放松。但是 A 老师认为，一节课如果设计过多的模块就会流于形式。在课堂上，体育教师必须思考游戏要如何安排，如何让学生锻炼上肢、下肢和协调性，这对教师提出了更高的要求。以前上体育课的时候，学生跑跑跳跳就可以了，然后对学生测脉搏、肺活量与密度。这种方式比较实用，虽然显得单一，但效果很好。以前大部分教师还不能熟练使用电脑，现在要求教师必须能够灵活使用电脑，把新的教育技术运用到工作中。白板和电脑的使用可以调动起学生的学习积极性，但同时对教师的业务能力也提出了更高的要求。

A 老师认为，对于体育教师来说，就是要求保证 20 分钟的课程内容。最简单的是跳绳，要让学生跳出各种花样来。还可以带领学生踢毽球，这样上下肢都练习到了，肺活量也上来了，心肺功能和协调性也得到了提高，同时学生也不用到太阳底下去跑圈。

体育课的宗旨是要把学生的身体素质提高上去。前几年教师设置跳绳、踢毽球活动就可以，但现在单一的课堂留不住学生，也体现不出教师的与时俱进，同时还有社会和家庭的原因，这些原因导致现在一个人想当一名体育教师比以前要难。家长希望学生不要跑、不要跳，教师如果让学生又跑又跳，就会有家长来找教师，甚至会有家长对教师发脾气、闹。所以，A 老师就只能让学生像前文说的那样，在树荫底下做操、简单活动一下，这样可以保证安全、不出事。A 老师觉得自己有一些懈怠了，认为现在的教育急需一批新鲜血液的注入。

对于以后发展的计划，A 老师目前没有大的目标，现在的想法就是把学校的固定资产管理好，把自己的生活过好。在 A 老师看来，自己到了一定年纪，想轰轰烈烈地做点儿事没有那么多精力了，能做的就是在学校现有的条件下按实际情况进行工作，做好本职工作。

谈及与同级教师相比，自己有哪些方面可以脱颖而出，A 老师提到，就教体育来说，他在业务方面没什么问题，包括组织比赛、训练队员、组织运动会等，这些工作能力大家都有目共睹。A 老师组织过七八百人参加的运动会，操场面积有限，但从编制比赛程序到会场的组织，A 老师都安排得井井有条，从没让学生出过安全事故。A 老师踏踏实实地做好本职工作，从不做投机取巧的事情，现在做后勤工作也是如此，会起表率作用。A 老师举例说，地上有片纸，可能学生看不见，但如果有的教师看见了也不捡，那么其他人就更不会捡了；如果 A 老师捡了，别的教师看见后也会去捡；如果学生看见 A 老师不捡，他们更不会去捡。只有教师从自己做起，把学校当成自己的家（就算不是第一个也是第二个家），把它想象成自己的家。如果这是在自己家里人们会怎么做？肯定不会无动于衷。所以，我们要让学生、教师都养成一个“家”的观念。

A 老师认为，有些事情领导没看见，A 老师看见后却不行动，等领导看见了再叫他去做就很被动。如果在一开始领导没看见的时候 A 老师就能把事情做好，虽然领导没直接看见，但其他人看见后有可能会跟领导说，这个效果与领导让他做是完全不同的。A 老师觉得，要脚踏实地地做事，不要怕领导看不见，时间长了，领导心里会有一个评价的。例如当班主任，虽然班级里的家长从没找过学校，也没去哪个部门反映，但可能有些家长会去感谢校长给他们的孩子分配了一个好教师，这从侧面反映出了一名教师的业绩。在 A 老师看来，这样做并不是要比谁表现得更突出，这是一种工作态度，工作业绩能否突出要靠实际工作做出来，这并不是在投机取巧。A 老师认为，教师应做好自己的本职工作，新教师刚到工作单位上班后，应该保持百分之百的工作激情，40%用来向前辈、老教师学习经验，将其余 60%的热情投入到其他学习中。不能原来有100%，现在用 60%去应付工作，而是已经有了 40%的经验，剩下的 60%精力用于总结自己的一套经验。

A 老师认为，作为教师，必须通过一定方法、途径来提高自己。刚参加工作时，A 老师不是一个循规蹈矩的人，甚至可以说有的时候很散漫，结果在一次期末评比中 A 老师的考核分数比较低。A 老师觉得自己工作很出色，不明白为什么得分会很低。如果换作其他教师可能就会心理不平衡，认为凭什么自己干得很出色分数却很低？但 A 老师摆正了心态，从自身去找原因，例如自己平时太不注意形象，表现得有点散漫；还要管好自己的“嘴”，守好自己的“道”等。A 老师的领导评价说，A 老师平时工作很好，但言谈举止有时不注意，需要 A 老师慢慢去看、去想。A 老师认为，自我提升的过程并没有什么捷径，工作就要提前做好，打好基础，不能存在侥幸心理。

提到对年轻教师的建议，A 老师首先说的是爱岗。教师必须热爱教育事业，否则就不要从事这份工作。A 老师常想，既然站在三尺讲台上，就应该把自己的知识和做人的准则教给学生，教师不仅是在教书，更是在育人。A 老师同时提出，新教师只有热爱是不够的，其次还得敬业，不要有当一天和尚撞一天钟的想法。教师这个群体有时是很清贫的，A 老师认为，如果一位教师可以固守清贫，那他一定是位好教师。A 老师年轻的时候就能做到这一点，他只挣仅有的一些工资。虽然现在按照国家规定，教师工资等于公务员或高于公务员，但以前和 A 老师同样的教师工资都较低。在 A 老师看来，热爱教师这个职业就要守好它，要对得起自己的良心和所教的学生。看到通过自己的付出学生获得了成长的喜悦之情，是任何事情都不能比拟的。虽然学生年龄小，但教师把他们从一年级一直带到六年级毕业，学生和家长都会非常感谢教师。学生们的行为习惯是在这六年中依靠教师帮助养成的。再次，A 老师提出新教师要做好随时与家长沟通的准备，有可能晚上八九点钟还有家长打来电话，说孩子不吃饭、不睡觉、表达在教导孩子时的一些负面情绪等。这时，作为教师要耐心地接电话，不能命令式地告诉家长应该怎么去做，而要先通过讲道理让家长平复心情，然后再告诉学生要好好睡觉，明天还有教师的课，教师希望他明天能在课堂上积极发言、给教师撑彩等。学生听了就会想：得赶紧睡觉，明天上课老师还等着我举手发言呢。A 老师说，他的爱人就是班主任，她教过的学生的家长很多比他们夫妻两个的年纪都大，但对她都很客气，学生表现很好，没有太多问题。A 老师认为，教师就是要通过自己的一言一行传递给学生正能量。有时候做学生管理工作处理的是小事，例如，学生犯了错，教师要把学生往正确的方向引导，不能采取打骂的方式，而应重视对学生的规则教育。最后，A 老师认为新教师要有奉献精神。教师可能在夜深的时候还要批改作业、备课，正在吃饭或很晚的时候家长打来的电话也要接听。家长们知道很晚打电话不方便，但既然能给教师打电话就是遇到了解决不了的问题，同时这也是对教师的一种信任。有时教师和家长通一次电话就要半个小时，打完电话可能时间很晚了，或者刚才吃的饭已经不想吃了，因此有时会身体不舒服，这些都需要新教师提前做好心理准备。

农村优秀教师成长故事 11

小科不易教，且行且珍惜

Z 老师今年 41 岁，于 1992 年毕业于××师专，又于 2003 通过自考的方式进入××师范大学深造，如今已经在教学岗位上奋斗了 20 多年，现在的职称是中级。

Z 老师为我们讲述了其任教以来的经历，可谓平凡中孕育着伟大。Z 老师上学期间所学的专业是思想政治教育，任教后所教授的科目也是政治。Z 老师略带忧愁地说，由于自己学的是思想政治教育专业，所以没有做班主任的机会，只能一直从事政治课的教学。这个学科并不被大众所重视，在学校也处于小学科的位置。说完 Z 老师无奈地笑了笑，又重新开始了刚才的话题，像是在强调，又仿佛是在排解怀才不遇的郁闷。但随后 Z 老师话锋一转，面带笑容地说，虽然政治在学校是小学科的位置，但自己一定会重视它。她认为，做人最重要的是不能忘本，在业务上必须一直保持钻研的态度。Z 老师毕业之后一直在所在学校工作，刚参加工作时她的孩子年龄小，她没有精力去考虑其他职业，等到时机成熟了，Z 老师年岁也大了，没有精力去重新学习别的专业。

Z 老师在职业生涯中遇到过很多困难，最大的困境就是学生不配合、课堂纪律乱以及考试成绩上不去。Z 老师教授的是小学科，这本身就是一个困难。如果是主干科目，会得到领导的重视，同时也能得到班主任的重视。如果学校对这科的要求较少，学生自然也就随意一些，结果就是一方面学生不在意成绩，另一方面课堂纪律较差。纪律不好是小学科教师的工作困难之一，教师组织教学、管理纪律十分困难，而这样的困难会一直持续到初三中考结束。B 市规定中考需要测评政治，但测评后不计成绩，及格不增加学生的总成绩，不及格从总成绩扣 5 分，而 5 分对于学生来说很少，学生都不是很在意，所以初三班级的课特别不好教。学校的要求是学生能考上基本公费线的就允许政治科目及格。作为教师，想要保证让学生们及格，可学生自身却不想及格，这是 Z 老师遇到的最大困难。Z 老师表示自己一个人的能力是有限的，困境的解决需要全年级组共同努力。如果学校、领导、班主任不予以支持，Z老师的压力会非常大。每周只有一节政治课，即使班主任表示支持，也不可能给政治课挤出时间。Z老师每天都睡不好觉，每晚都会思考：明天需要叮嘱哪个学生背这科，是考一考他，还是让他背呢？如果学生学不会，Z老师就要分析原因，是因为学生没时间，还是时间全部用在了主科学习上？一周只有一节政治课，时间非常有限，一般开始的时候学生并不着急，后来时间不够了，学生便更不愿意去学习了。

在排解压力方面，Z老师会选择倾诉的方式和同事进行沟通，同时还能借机会和同事交流经验和方法。如果这种方式不能够缓解压力，Z老师会去找校领导或班主任交流，和他们说一说。有了校领导和班主任教师的倾听，Z老师的心理压力会缓解很多。Z老师再次总结说，业务困难主要包括纪律和中考两个方面，除此之外也有个人方面的压力，最主要的是评职称的压力。由于没有当班主任的机会，教学科目又处在小学科的位置，所以Z老师认为无论怎样付出，都难以引起他人的关注。Z老师虽然在全市政治学科方面属于名师，每一次教学考试都能考取第一，但因为是小学科，即使成绩优异也未受到重视。Z老师因此认为在评职称上，自己处于劣势地位。说到这里，Z老师又无奈地笑了笑，从这样的笑容中笔者可以看到Z老师的苦楚和心酸。

Z老师讲述了对她工作影响较大的几个方面。Z老师认为，首先，教师在教学中最重要的是业务能力和业务水平过关，能力必须要强，主要表现为处理教材和驾驭教材的能力。教师要把教材吃透，并把知识点联系起来。其次，教师要有和学生和谐相处的能力。这对于刚参加工作的教师来讲是有优势的，而对于像Z教师这样年纪较大的教师就会困难一些。学生比较喜欢年纪轻、没有代沟的教师，年纪大的教师需要花精力去了解学生，找到和学生能说得来的共同话题，这些需要教师去亲身实践。最后，教师还要处理好工作中的人际关系。Z老师认为她的失败之处就是不善于人际交往，对于接受访谈也不擅长。Z老师认为她的表达能力不强，不善于交往，认为这是她工作失败的地方。但Z老师表示，年轻教师需要她在吸取人际关系这方面的经验，毕竟现在社会中和谐的人际关系很重要，但Z老师仍然强调这一方面她不擅长，从Z老师的话语和表情中笔者能够看出她喜欢淡如清水的人际交往方式。

Z老师在教学中有过迷茫，她简述了在学习、工作和生活中遇到的较大困惑。在教学方面，Z老师最大的遗憾是没当过班主任。在她看来，虽然学科教学工作做得出色，但未必能够得到别人的认可，如果没有做出特别大的成就，别人是看不到她的成绩的，这是Z老师遇到的最大困难。每当想起这些，Z老师就会感到十分的迷茫，甚至有过放弃政治这门学科，去从事其他学科教学的念头，但她也强调这样的想法只是偶尔出现。Z老师认为自己的学习能力不错，比较喜欢钻研，碰到难题非得把它解决不可，因此，她对完成工作还是比较有信心的。由于善于学习，Z老师工作起来比较得心应手，几乎没有处理不了的问题和困难。她认为自己人际关系不好的主要原因在于上班时几乎把时间都用在备课上，空闲的时间也会选择看书，周末会在家做课件、上网收集材料或学习别人如何讲课，不像其他同事会在一起交流，Z老师不愿意参与同事之间的交流。

从Z老师滔滔不绝的话语中可以感受到，她对工作的热爱是完全发自内心的。在谈到自己的计划时，Z老师表示，刚开始工作的时候她豪情满怀，但因为年轻，她对未来没有好好地计划，当时只是想提高能力，努力受到学校、教师、家长和学生的认可，以慢慢成长为优秀的教师。但现实和理想是有差距的，最大的差距来自于学科限制，直到现在Z老师的愿望也没有完全实现，抱负得不到施展。对于以后的计划与目标，Z老师表示，今后仍要任劳任怨地工作，既然选择了这份职业，就要发挥所有的优势和特长，持之以恒地做下去。如果有机会要向上闯一闯，没有机会也无怨无悔，抱定了既来之则安之的心态。Z老师认为这样的规划会对自己有促进作用，是一种向上的动力。Z老师认为锋芒毕露会招来他人的嫉妒，这样对个人的打击会很大，人际关系会更难以处理。

谈到是如何从众多教师中脱颖而出，成为一名骨干和优秀教师的，Z老师认为，她的过人之处就在于爱钻研、不放弃。其他人可能会为了名利去工作，但Z老师只为了良心和责任去工作，Z老师认为做工作不能抛开这两个“心”，Z老师也确实做到了这一点。Z老师举了一个例子，有些调皮的学生会很让教师很气恼，Z老师就遇到这样一名学生。前两天她就对班级的学生C感到非常气恼，但她还是弯下腰，柔声细语地劝导学生C。直到现在，Z老师只要一提到学生C，还是会感到伤心，但Z老师认为自己的做法对得起的良心。学生C不重视政治科目的学习，逆反心理特别强，家长平时对他也特别溺爱。他很聪明，成绩排在全年组的前20名，但就是不背政治课的内容，平时上课也不认真听讲，毫不在意政治这门学科。无论Z老师怎么讲道理，学生C都听不进去，抱着一副事不关己的态度。课堂上，Z老师顺着学生C，但期末考试学生C却一笔都不答交了白卷。本着对工作和学生负责的态度，Z老师反复和学生C讲道理：作为一名学生，不仅成绩要好，品德也要好，应该全面发展，政治这门学科不仅能让我们学到很多知识，也可以教给我们许多做人的道理。对于Z老师苦口婆心的劝说，学生 C 仍然无动于衷，他仍然认为政治等科目对他来说没有用。现在是最后冲刺的阶段，每名学生都要过关提问，可一提问到学生 C 他就是不会。Z 老师让学生 C 背一会儿，他就只在那睡觉。Z 老师对他说，再坚持坚持，你努力背一背就及格了，可学生 C 却说不行。当时 Z 老师非常生气，但仍耐心地继续劝说，后来学生 C 却摔卷子走了，那卷子是 Z 老师专门为学生们找出来的。讲这一番话的时候，Z 老师的眼里始终含着晶莹的泪花。可以看出，学生 C 真的伤了 Z 老师的心，但 Z 老师依然表示不会放弃，足以见得师者父母心啊！

最后，Z 老师为年轻教师提出了几条建议。第一，年轻教师要有激情，一定要有激情地对待工作。第二，年轻教师不能人云亦云，要有自己的方式，这样才能真正把业务钻研透。业务能力提升上来了，年轻人自然就能脱颖而出。现在竞争很激烈，除了认真钻研教材，还要多收集资料，形成自己独特的模式，这样领导会更加认可。Z 老师也提到，年轻教师要吸取她的经验，处理好人际关系。对于社会来说，人的能力很重要，人际关系同样也很重要，两者相辅相成、相互影响，如果把二者有机地结合在一起，人更有可能走向成功。

农村优秀教师成长故事12

丰富自身素质，平等对待学生

P老师于2000年毕业于××市师范学校，当时这所学校是五年制的大专，P老师的专业是小学教育。毕业之后，P老师直接参加工作，到目前为止已经从教十多年。

P老师刚毕业的时候没有直接从事班主任工作。因为P老师所在的学校是乡村小学，班主任大都是老教师，他们的经验都比较丰富。刚参加工作的时候，校长想让P老师多锻炼，于是最开始的两年让P老师担任科任教师，最初任教的科目是英语。在那个阶段，P老师要通过接触，先了解一下学生的性格和特点，然后才能带班。两年之后，P老师就正式成为班主任开始带班了。

P老师认为，作为一名有向上发展理想的教师，首先得自己努力，有进取精神；其次需要多自学，空闲的时候多看书、上网查资料等；然后对于教学工作中遇到的难题，教师要总结出一些解决办法。除了自学，新教师一定要找一位资深教师带领自己。学校有很多优秀、年长、经验丰富的教师，新教师要虚心向他们学习，从他们身上获取经验，多看、多学、多问，慢慢积累自己的经验。

在从教过程中，P老师经常遇到各种各样的困难和问题。P老师的解决方式是，能自己解决的就自己解决，有的时候自己先解决一部分，余下的实在解决不了，再请教领导或其他有经验的教师。P老师认为，新教师必须要有虚心向别人学习的精神。例如，在刚开始教英语的时候，对于P老师和学生来说都是第一次。农村学生对英语不感兴趣，也没有接受过英语启蒙教育。学生在刚开始学习英语的时候对英语比较感兴趣，但后来遇到一些困难就不爱学了，甚至连作业都不写。P老师认为，对于这种情况，教师需要跟学生多沟通，首先要解决学生个人的问题，通过做思想工作，使学生对英语产生兴趣。其次，英语教师在上课的时候要多采用游戏等方法，激发学生学习英语的热情。对于那些实在不爱学习英语的同学，教师可以找家长或班主任教师，让班主任协助解决。作为一名科任老师，P 老师认为自己的能力十分有限，所以学生在哪个班，P 老师就让哪个班的班主任去做学生工作。P 老师还会及时跟家长沟通，让家长知道学习英语的重要性。这些方法都用完之后，如果学生还是不认真学习，P 老师就会在网络上寻找其他方法。在 P 老师看来，网络上有很多意想不到的方法值得借鉴，肯定能有一个方法对学生有帮助。

在 P 老师看来，从科任教师转变为班主任后工作难度加大了。P 老师作科任教师的时候会有班主任帮助她。但是做科任教师跟自己带班级是完全不一样的，现在的很多学生个性较强，又大都是独生子女，所以会出现一些教师意想不到的问题，学生会做出出乎教师意料的事情。有时候，学生们很有主见，有他们自己的想法，所以，P 老师认为教师要跟学生交朋友，让学生觉得教师是关心、在乎他的。跟学生们做朋友之后，学生也会经常找教师，下课、课间或玩的时候，学生都会主动找教师，聊家里发生的事，跟教师分享遇到的问题。P 老师认为，教师和同学之间的距离拉近了有利于教师开展工作，教师要让学生们知道教师对他好，让学生感觉教师就像大朋友一样。只要学生喜欢、亲近教师，那么教师的工作就好开展了，在 P 老师看来这是做班主任的第一要务。其次，如果教师想要吸引学生的注意力，想让学生信服，教师自身的专业知识就必须过硬。例如，当教师讲解课文并提问一些问题的时候，如果有一些知识点教师自己都弄不明白，或者在传授知识的过程中教师出现一些小的错误被学生指出来了，这会很影响教师在学生心目中的权威地位。所以，P 老师认为教师在备课时必须要细心。

P 老师认为，教师如果想要在专业方面有所发展，那么在学校就得多锻炼自己，例如练习三笔字和简笔画等。现在有很多新型的现代化设备，教师要学会使用白板、多媒体等设备进行教学。学校会安排时间分段去培训教师，这些学习时间都是有限的。所以，P 老师认为教师要把握好有限的时间认真学习。例如，学校安排组织培训时，教师一定要积极参加并做好笔记。培训之后，教师还要认真学习、总结摸索。对于专业知识，教师需要自悟自学，自我提高。

在 P 老师十几年的教学生涯中，有一位资深教师对他的影响很大。P 老师是土生土长的本地人，在他上学的时候这位教师就在学校，回校任教的时候这位教师还没有退休，于是这位教师从 P 老师的老师变成了 P 老师的同事。这位教师十分优秀，专业知识非常过硬，在学校中也属于模范带头式的领军人物，所以 P 老师在教课的时候也刻意地模仿他。P 老师毕业自己当教师后，更是接近他并且认真向他学习，从他身上学习一些自己不擅长的东西。在 P 老师心中，这位教师一直以来都是一个榜样。小的时候被人问起理想是什么的时候，P老师说长大要当教师，这就是那位教师在潜移默化中渗透给P老师的想法。

P老师对于自己的职业规划一直十分明确。刚开始从教的时候，作为科任教师教英语，P老师希望三年之内能够当上班主任。在学生或P老师的心目中，认为做教师却没当上班主任就像没当过教师一样。那个时候，P老师就想三年之内要当班主任，后来他实现了这个目标。接下来P老师想，当班主任就要当最优秀的班主任，希望在班主任中崭露头角，希望别人一提到哪个班主任比较优秀，自己就会被想起，希望领导的心目中有自己的位置，因此，P老师不断向最优秀班主任的位置靠近。同时，P老师希望自己的工作能被其他学校的教师认可，希望自己不仅仅扎根于所在的学校，还可以有机会去别的学校上课，能够把自己的名气打出去。除了带好班级之外，P老师希望自己能够走得更远一些。在整个教师职业发展的过程中，P老师认为当班主任是最能锻炼人的，在这个阶段教师会接触到各种各样的学生，工作任务也比较烦琐。班主任不仅要完成学校的任务，还要处理学生出现的各种问题，这个时候是积累经验最多的时候，也是最磨炼人的时候。

教学中P老师遇到过这样一件事情。P老师的班级有一个男孩D，是降级生。没降级的时候，班级召开家长会，学生D的妈妈把班主任的包偷走了。在调查的时候，班主任问："同学们谁看到老师的包被拿走了？谁发现老师的包在哪？"那时班主任正在收学费，包里装有很多钱。学生D站起来说："老师，我妈妈给我一个包，让我放店里了。"然后班主任就报案了。经过调查，确实是学生D的妈妈拿走了包。学生D学习成绩不太好，他妈妈同时又觉得偷包的事不光彩，就让学生D降级了，正好降到了P老师的班级。学生D现在很内向，P老师认为那件事对学生D的心理影响非常大，伤害也很大，学生D又没办法去和别人说，毕竟那是他妈妈做的事情。学生D学习成绩不太好，他的妈妈和爸爸离婚了，妈妈杳无音讯，爸爸也联系不上妈妈，不管学生D出现什么问题，教师都没办法及时给他妈妈打电话。从学生D说出自己妈妈拿包这件事可以看出，学生D是比较单纯、诚实的。在学生D刚来到P老师班级的时候，其他教师都同情P老师。在学生D的妈妈还没离婚出走的时候，一次开家长会，跟P老师关系比较好的一名教师曾提醒她把包藏好，以免发生类似的事。有一次，学生D的妈妈给P老师打电话，电话中哭着说，希望老师不要歧视她的孩子，对孩子好点。P老师认为，首先得把这件事抹消掉，因为这不是学生D做的事情，教师必须摒弃歧视。学生D现在和爷爷奶奶一起生活，他的爸爸妈妈对孩子不负责任，而爷爷奶奶岁数大了，并不认识什么字。为了帮助学生 D，P 老师利用课余时间帮助他多学、多练。在农村类似这样的学生比较多，有的是父母离异了，有的是留守儿童，还有的是孤儿，P 老师认为教师对这类学生要多关注、多用心。

P 老师不断在教学过程中争取机会自我提升。有一次，市里举办白板课例比赛，P 老师主动报名参加。因为刚刚接触白板，大家都不太会用，对于各个功能的运用和实际教学操作大家都在摸索中。例如，关于某些教学内容需要用什么功能展现出来更能被学生接受，很少有人能够很透彻地明白。为了参加比赛，P 老师查资料、设计好课件，然后向其他学校对于白板使用比较有经验的教师学习。P 老师录像之后自己向上申报，通过市里的比赛后又开始准备参评国家级奖项。在国家级奖项评选的时候，通过重新整理，P 老师发现自己的整体思路更加清晰了，同时对教材的理解和白板的使用有了更丰富的经验。通过参加比赛，一路走来，P 老师感觉自己学到了很多知识。直到现在，其他教师在使用白板出现问题的时候，还是会请 P 老师帮忙。其他教师找到 P 老师请教问题时，P 老师会觉得很有成就感。P 老师从来不藏私，会分享很多经验给其他教师，他希望能够把自己学到的先进知识带给其他人。虽然不断参评的过程很辛苦，但是走过来之后回过头去，P 老师发现当时参赛的那个阶段是很充实的，P 老师也学到了很多知识。所以，P 老师认为参加比赛能够锻炼教师的能力。

农村优秀教师成长故事 13

注重反思，终身学习

J 老师毕业于××师范学校，她的原始学历是中师。刚开始从事教师工作 J 老师就任小学班主任，当时并没有任何工作经验。J 老师在学校学习的主要是理论知识，也包括实习和见习，并曾提前去学校感受与观摩。J 老师是从中学直接考取师范学校的，毕业后直接担任班主任，在这个岗位上一干就是 13 年。而后，J 老师成为一名教研员，一直工作至今。

J 老师做班主任期间提升自己的最主要方法是学习。理论知识的积累很重要，实践知识积累也同样重要。J 老师认为，参加工作以后，任何形式的学习都很重要，学习是终身性、无止境的。无论在哪个年龄段，学习都能够促进个人的提升。终身学习绝对不是一个空喊的口号，而是 J 老师在多年教育工作中感悟出的道理。有的人认为小学教师只是教小孩子，不需要太多的知识储备，也不需要学习很多东西，其实这是一个认识误区。J 老师清楚地记得，有一年她参加了由 S 市教育局组织的优秀教研员培训班学习，学习地点位于 D 市。她来到 D 市后遇到了 D 市某个教研部的主任。当时这位教研部主任的话让 J 老师感触很深，主任说："咱们作为一名小学教师，如果是从高中研究初中，再研究小学，有这样一个起点的话，对小学的教育也是一种促进。例如小学的 1+1=2，如果你就仅仅懂得 1+1=2，就会无法在这个学科里了解更多。只有站得高，才能望得远，懂得多，教得好。"因此，J 老师认为终身学习对于教师的发展尤为重要。

J 老师认为，做班主任有两件事情必须做好：一个是课本知识，另一个是和学生打交道。而作为一名好的教研员，不仅要有专业知识，要有和教师打交道的经验，同时还必须有在基层工作的经验，这些对于教研员的工作都很重要。只有真正做过一段时间基层工作，教研员才会换位思考，会考虑自己是教师时，期待的是怎样的一名教研员，这是 J 老师努力的目标。J 老师做了教研员后才了解，一名普通教师期待的是怎样的教研员。因此，在命题和沟通时，J 老师更能体谅基层教师的心情，工作也更有时效性。J 老师认为，教研员的威信不是冰冷地拒人于千里之外，也不是需要基层教师热情地接待，而是在于多个方面，既包括人格方面，也包括学科知识方面。首先，教研员要放平心态，和基层教师做朋友，要多体谅教师，善解人意，不能有高高在上、高人一等的心理。只有这样，基层教师才会对教研员有认同感。教研员在提出指导建议时，要提出真诚、有建设性的建议，对基层教师的工作有真正指导价值。当基层教师从内心、从感情上真正和教研员拉近了距离，就会自然而然地认同教研员的观点，这样他才能接受教研员的指导，并且积极落实到实处。

J 老师出生于农村，小时候接触的主要是农民，只有在上学时能接触到教师。每当这个时候，J 老师就会觉得当教师真好。虽还有医生、工人等职业群体，但是作为学生，受教师的影响更大一些。在学生时代，如果遇到了一名负责任的好教师，J 老师就会告诉自己："长大以后，我要像他一样，成为一名优秀的教师。"能够教书育人是J老师儿时的愿望。

促使 J 老师走上教师行业的另一个原因是其自幼学习成绩优异。上小学五级时，有的教师请假没办法上课，会让当时还很小的 J 老师代替上几节课。当时这些经历对J老师触动很大，也使J老师产生了成为一名教师的想法。当然也有家庭的原因，当时 J 老师的家中比较贫困，她的教师对她说读高中需要花钱，而在师范学校，3 年中读书都是免费的，毕业就有工作，J 老师就选择了就读师范学校。

选择读免费师范生是一种朴素的想法。J 老师的父母是面朝黄土背朝天的农民，不能就 J 老师的未来提供建议，选择成为一名教师完全是 J 老师自己的想法。J 老师认为，人生的一切都要靠自己的不断努力，去达到理想的目标。当一个人没有任何背景时，一定要珍惜眼前，在没有更好的选择时，一定要牢牢把握住已有的东西，热爱自己拥有的这份工作。

人非圣贤，不能时刻都控制好自己的情绪，在面对班里调皮的学生时，J 老师有时也会发火。J 老师认为，教师的工作是烦琐、复杂的，尤其是班主任工作。对于没有真正接触教师行业的人来说，他们知道的大多是别人描绘的理想状态。但是当真正深入进去，人们就会发现远远不是那样。虽然 J 老师，包括每一位教师，希望能天天对每一名学生都笑脸相迎，不发火，不生气，可是根本做不到完全不发火。J 老师认为教师要注意调控情绪，体罚是坚决不可以的。首先，教师要保持冷静，想出一种合理的解决办法。即使教师真的控制不住要发火，也不能够打学生，遇到这类问题时，教师要找一个出口排解情绪。其次，要认识到学生的认知水平、知识及能力是有差异的。虽然有人认为“没有学不会的学生，只有教不好的教师”，但J老师对此持保留建议。她认为，这世界上没有绝对的东西，社会是立体、丰富的，有各种各样的人，教师也会遇到各种不同的学生，学生之间的个体差异是客观存在的。作为教师，一定要根据每名学生的特点进行有针对性的教学，因材施教。例如，有的学生腼腆、自尊心特别强，而教师突然在所有学生面前让这名学生没有面子，这时就要看这位教师是无意的还是有意的，教师不同的态度会对学生产生不同的影响。另外，同样的教学方式，不同学生的接受效果是不一样的。教师总是和风细雨是不行的，有的时候需要给学生施加一些压力，督促学生奋发图强，这样反而效果会更好。

J老师认为自己最大的特点是善于思考，善于向别人学习。同时，J老师对自己有一个十分清晰的认知，了解自己的优点和缺点。J老师发现，想要把这些缺点完全改正是不可能的，但是可以去完善它。J老师的优点就是善于自我反思，清楚地认识到自己的问题后，就通过学习努力改正。

J老师认为自己不是一个努力到极致的人。有些人对于读书有很多规划，虽然她也爱读书，但并不会读书“成瘾”。但是对于工作，J老师仍然尽力追求完美。每当有事情做得不好，J老师就会想：“同样是人，为什么这个事我就做不好呢？难道我真的做不好吗？还是我没有用心做？”J老师发现，当自己真正努力去做的时候，结果还是能令人满意的。这说明并非自己做不好，而是缺一个努力的过程。当然，自己在做工作的同时别人也在做，要勤于思考：别人与自己的有何不同？别人比自己好在哪里？如果不如别人，是不是自己没有努力到，抑或学识上不如别人？J老师认为教师在遇到事情时一定要善于总结。

J老师一直有写日记的习惯，日记虽不是笼统的教学笔记，但是J老师认为仍十分有用。J老师认为，记教学笔记十分有用，教学笔记更重要的是给自己看，例如一节课中如果哪个环节处理得不好，一定要在自己的笔记中有所体现、有所反思、有所改进。J老师不提倡把教学笔记上交学校，她认为把没有认真思考过的笔记上交反而会造成不好的影响，这份资料应该留下给自己看。教师在上完课后再次回顾，会形成自己的东西，再经过二次加工与反思，教师就会知道自己的不足之处。教师也可以在笔记中记录上课重点和优点，以及在以后的教学过程中需要避免或丰富的地方，这种学习是有层次性的。当隔一段时间再来看，教师的认知就会发生变化，这时也许会颠覆曾经的东西。因此，学习一定要不断深入、不断完善、与时俱进。

J 老师一直是一个听话的孩子。年轻的时候 J 老师没有自己的想法，别人让做什么就做什么，只会闷头做事，从不主动争取。J 老师认为，如果那时候有明确的目标，取得的成绩应该会更好。经历了很多后，现在的 J 老师对自己的未来有了更长远的规划。

1994—1995 年，J 老师凭借课讲得好经逐渐有了名气。每次领导来听 J 老师讲课，都会评价她课讲得很好。J 老师 20 岁左右参加工作，经过许多年依然没有人发现 J 老师这匹“黑马”。在二十五六岁的时候，J 老师讲过县级优秀课。当时学校开展选拔，J 老师并没有报名，但学校通知所有教师都要准备一节课，然后从中选拔。后来，听过 J 老师课的人都一致认为 J 老师讲得很好，J 老师因此获得了那次机会。如果 Z 校长不这样选拔人才，J 老师估计仍然默默无闻。J 老师认为，人不管遇到任何事情都要积极争取，同样人际关系融洽也很重要，要和比自己强的人交朋友，时刻以他们为榜样，从他们身上学到东西。J 老师多年的经验告诉她，一味地钻营是不对的，脚踏实地最重要。

对于想考博士的人，J 老师的建议是：只有掌握了更多知识，才能更好、更容易地找到好工作；只有站得高、看得远，才能俯视下面；准备考博士的过程很枯燥，一定要静下心看书，并事先规划自己的理想生活。J 老师认为自己不是一个善于学习的人，选择读师范学校而不是读高中的原因也是如此。J 老师虽然追求完美，但她自认为没有十分坚强的毅力，所以选择读师范学校。

有的人不考研就有好工作，有的人研究生毕业还找不到好工作，因此，J 老师认为，无论做出怎样的职业选择，个人都要学会认可职业和生活。J 老师选择了教师这份职业，就有了现在这样的生活，她自己对此是认可的。如果现实没有达到个人的要求，那么就要学会改变。每一个人的职业规划不是一成不变的，会随着人的生活和要求而不断改变和修正。试想一下，如果考研考不上怎么办？找工作还是复读一年接着考？这些都是需要考虑的问题。J 老师辅导过很多这样迷茫的学生，几乎对每一名学生 J 老师都是只给出方向，其他需要学生自己努力去做。J 老师认为，一定要经过深思熟虑地思考，再去确定选择什么样的生活、做什么样的决定。

J 老师认为，人在做事之前一定要了解自己的毅力和恒心有多大。自己必须要了解自己，别人用过的办法适用于他人，但不一定适合自己。J 老师一直重申自己没有没确立远大的目标，如果有的话，也许以自己的能力可以做得更好。这些建议都是 J 老师根据多年经历切身感悟而来的。

J 老师认为，在成长过程中，态度尤为重要。人们对生活一定要少抱怨，出现错误后低头改正就行，不要太纠结。思考是对的，是不可或缺的，但不如行动直接，光想不做是不行的。J 老师很喜欢思考，习惯三思而后行。另外，她强调眼界很重要。教师如果能够经常到外面看看的话，会对同一节课的教育目标有不一样的理解。同时，别人首创了一种方法是创新，但如果要用到自己身上，就要学会举一反三，不能照抄照搬。例如，对于其他教师用的朗读方法，教师要先思考其优点是什么，自己在使用的时候一定要因材施教，形成最适合自己的方法。J 老师认为，教师要学会批判地对待其他教师的观点和方法，关于小学语文课如何举例子有很多流派，如刘远征、薛发根、魏书生、窦桂梅等，他们能有自己的见解，是因为他们的研究达到了一定的高度。但是，对于这些大家的观点，教师能够灵活运用才是关键。

农村优秀教师成长故事 14

坚持不懈，终炼真金

教育是崇高、光荣、种满了爱的鲜花的伟大事业。教育领域中有很多优秀的教育者，他们的事迹可能没有大江大河般波澜壮阔，也没有高山雄峰一样伟岸磅礴，但是他们的努力和表现却足以让人们看到他们对教育事业的无限热爱。Y 老师就是这样一位教师。

Y 老师于 1998 年毕业于××学院，在学校主修的不是师范类专业，而是普通的英语专业。当时还处于国家分配工作的时代，毕业以后 Y 老师被分配到县里的学校教英语，就这样，他开始了教师生涯。

回忆起自己的成长经历，Y 老师很有感触。他在小时候是一个非常听话的孩子，教师和家长让做什么，就会去做什么，不会提出质疑，也很少去主动思考一些东西。他表示，自己如果在小的时候就能有一个明确的目标，对未来有一个合理的规划，现在可能会有更好的成绩。Y 老师在大学时没有学过师范类课程，对于一个转专业的人而言，想要做好教师工作定会存在很多困难。当时跟他一样的人有很多，因此，分配工作后，县教育局把 Y 老师等一批人组织在一起集中讲授教育学、心理学知识以及一些必备的教师技能。这种集体组织的学习对 Y 老师的帮助很大。虽然起初 Y 老师没想过会走上做教师这条路，并且上大学时学的也不是师范类专业，但教育局组织的统一培训使得他在工作上有了一个良好的开端，他对于教育不再是“门外汉”了。渐渐地，Y 老师的工作有了起色，他也对当好一名教师有了自信。

在县里的学校上班时，学校领导没有让 Y 老师直接给学生上课，而是让他先跟着各个教师学习，熟悉学校环境及教学内容、教学方法。本着对学生负责、促进教师成长的原则，学校给 Y 老师安排了一位特别优秀的老教师做师傅。Y 老师跟着师傅学习了半年，每天都定时定点、坚持不懈地去教室听师傅的课，有什么不懂的地方都会认真地记在小本上，一有时间就向师傅请教，每一个问题都想方设法地弄清楚、学明白。正是这种坚持不懈的努力，使得 Y 老师在英语教学的各个方面都逐渐成熟起来。当他能够驾驭课堂的时候，学校才允许他接触学生，并开始正式给学生上课。

工作几年后，Y 老师被调到农村的一所高中教英语。由于前期积累了许多教育经验，他在当地的口碑也不错，新学校便安排 Y 老师做了班主任。Y 老师表示，无论在哪所学校，做什么工作，他都有很大的收获；一线教师，尤其是班主任，务必要时时刻刻关心学生，把心思放在学生身上。说起两个学校的区别，Y 老师表示差别还是有的，尤其是农村的学生与县城的学生差别很大。县城的学生受家庭环境影响，往往更加重视学习，对就业和将来的事业规划等都有一定的想法，有为之奋斗的目标。对于这样的学生，教师稍加引导，给予正确的导向，他们就能够更加上进、努力学习、积极进取。但是农村的学生则不同，大部分农村学生在学校的表现更随意一些，如果学生不想学习，有些家长不会很在意，会告诉学生以后可以在家务农或出门打工，不是一定要靠读书才能生活下去。这是二者最大的不同之处，也是需要教师区别应对之处。

Y 老师认为，只有不断学习才能成功，无论做什么工作，人们必须不断努力，追求上进，终身学习，才能在工作领域有所作为。对于一名一线人民教师来说，丰富的实践经验很重要，但不停地学习更为重要。教师不断进步的源泉在于理论知识的积累和自身知识的不断更新与充实。在参加工作以后，教师应该把终身学习这一理念深深地刻在心里。在不同的年龄阶段，教师都要坚持不懈，通过各种学习方式提升自己，决不能仅把终身学习当作一个口号。此外，经过几年勤勤恳恳的工作，Y 老师对于教书育人也有了自己独特的感悟：教书不单单是教给学生知识和做人的道理，还需要更多、更丰富的东西去支撑。因此，Y 老师严格要求自己，不停地充实自己。Y 老师自修了本科学位，参加各种教师培训，去多个学校学习新的知识和技能。在不断学习的过程中，Y 老师学到了许多不同的东西，每次都觉得耳目一新。通过学习别人的创新之处，Y 老师有了一定的积累。

回顾班主任工作经历，Y 老师有自己的心得：想要做一名优秀的班主任，最主要的是要对学生有责任心。在教学过程中，Y 老师的班级里有许多调皮的学生。例如，第一届学生里有个女生性格十分古怪，并且脾气特别急躁，常为一些小事和同学发生争执，其他学生的家长经常来找他反映情况。在和同学发生冲突发生后，这名女生不是号啕大哭，就是追着同学打，处理起来十分棘手，让 Y 老师十分头疼。面对这样的学生，Y 老师绞尽脑汁地想对策，她想到了自己的师傅，便去请教她。师傅告诉 Y 老师，Y 老师是学生的班主任，对学生的教育问题有着不可推卸的责任，要给予学生更多的关爱。Y 老师得到了启发，于是决定用爱和热情来感化这名学生。Y 老师开始主动和她交朋友，经常把她叫到办公室促膝谈心。Y 老师总是尽量先表扬她的优点，给予她鼓励和支持，然后再指出她的不足之处。慢慢地，这个办法开始显现出效果。这名女生的脾气柔和了很多，在和同学发生不可避免的矛盾时总会先告诉教师，因此，她和同学的关系也有了很大的改善，同学们开始慢慢喜欢她，愿意和她做朋友。通过这件事可以看出，不同的教师可能在知识水平上有差距，但是对学生来说，对学生成长影响更大的是教师的态度、责任心以及爱心。Y 老师年轻时做班主任，对于学生来说就像一个大姐姐，愿意做学生的朋友。后来，Y 老师做了母亲，能从另外的角度看待学生，会像妈妈一样去关爱学生。无论面对的是一个怎样的学生，Y 老师都愿意陪着他学习，帮助他学好，用自己的爱和关心去感化学生，引导学生成为热爱学习和生活的人，这就是爱心和责任心的巨大作用。

当被问到在农村工作遇到的最大困难时，Y 老师表示，在农村工作存在的最大问题是，由于家长文化程度较低、所处文化环境不同，教师的一些工作经常得不到家长的配合，这让她很苦恼。众所周知，在教育过程中，家长的态度十分关键，因为学校有很多工作都需要家长和教师相互配合才能完成，例如，作业可能需要家长去帮学生听写或简单批阅；为了丰富学生的课外知识，有时需要家长给孩子买课外读物等。但许多农村家长常常意识不到这些事情的重要性，会忽略学校和教师安排的任务，未能配合学校工作，导致许多工作都是学校和教师单方面完成的，这是一个很难解决的问题，让 Y 老师十分头疼。

Y 老师回忆起一件事。有一次学校主张丰富学生的知识结构，鼓励教师带领学生阅读课外读物，提升学生的综合能力。Y 老师便通知家长给孩子买一本课外阅读书以便上课使用，并且向家长道明了其中的原因和好处。可 Y 老师得到的支持并不多，有的家长甚至告诉 Y 老师他们不想买，因为觉得自己的孩子并不需要，这让 Y 老师感到很无奈。为了解决这个问题，学校做了一些努力，例如组织开家长会把家长召集起来进行讨论，但每次的效果都只能维持几天，几天过后又会变回原来的样子，遇到这种事情学校和教师不能强求家长，最后只好顺应家长的想法。因此，Y 老师常说，农村教师的压力很大，虽然有一颗希望带领学生进步的心，却总是心有余而力不足，大多数教师要靠自己去努力，却较少能得到家长的支持，这是最辛苦的地方。

当然，Y 老师经历了课程改革，她对课改有自己独特的体会和见解。Y 老师表示，在课改刚开始的时候，大部分教师都不能很好地适应，觉得换一种教法教材变得很难。教师们特别迷茫，无从下手，不知道怎样做才能把一些新东西向学生讲清楚。教师打开教材，不知道什么是应该去讲的，什么是可以忽略的，因此，教师们只能根据以往的经验摸索。结果常常是到需要学生解决实际问题的时候，学生不会解决。后来，教师进修学校了解到教师们面临的困境，采取了一系列措施，开始对教师进行辅导。Y 老师和其他教师一起展开讨论，探讨到底应该是教教材还是用教材教，这个问题务必要弄清楚。在进修了一段时间之后，教师们熟悉和了解了教材，学生对新教材的熟悉程度和接受能力也有所提高。就这样，一点一点地，Y 老师适应了课改，学生的综合能力也得到了提升。Y 老师认为，在这个过程中最重要的仍然是自我学习，无论面对何种变化，教师都要通过学习去迎接和面对挑战。

对于新教师如何成长这一问题，Y 老师发表了自己的看法。每一位新教师都想成为领导放心、家长承认、学生喜爱的好教师，想要做到这一点，不难但也不简单。首先，新教师要苦练教学基本功，讲一口标准的普通话，写一手漂亮的字，具有良好的语言表达能力及敏捷的反应能力。其次，新教师要努力学习新知识和新技能，主动接触新事物，掌握现代教育技术，提高自己的现代化教育意识，发展现代化教育教学能力。第三，新教师应积极应对新课程，努力创新，根据自身特点进行特色教学，创设有特色的新课堂，努力让自己的课堂成为学生喜爱的知识乐园。第四，新教师要树立勇于实践的观念，培养积极反思的习惯，利用空余时间进行专业创作，提升自己的专业技能，并努力在各项教学比赛中取得好成绩。如此一来，新教师就可以在成长道路上绕过许多障碍，加快专业提升的速度。最后，拓宽眼界也很重要。新教师要经常走出去看一看外面的世界，见得多了，接触得多了，对课程的理解也会变得不一样。新教师在学习了别人的方法之后，不能拿来直接就用，要能够举一反三，既要带着批判的眼光去看待这些方法，又要将其转化为自己的东西。

从 Y 老师的成长经历中我们可以看出，起至关重要作用的两个字是——态度。Y 老师是一个坚持不懈的人，无论对于学习还是工作，都是如此。无论在工作还是生活中，Y 老师都认为首先要将自己的心情处理好，然后再去处理事情，保持积极乐观的状态，这样才能把工作做好。同时，教师要能抵制住一些诱惑或享乐的想法，特别是青年教师，他们的教育生命还很长，一定要趁着年轻，多花时间学习各种知识，不断学习和充电；多花时间努力工作，积累更多的经验，不断充实、提高自己，“活到老，学到老”。即使享受生活的时间少了，但这就是教师这一特殊职业群体的生活，教师要乐观地面对和接受。

学海无涯，教师只有坚持不懈地学习才能炼成“真金”！

参 考 文 献

Ralph Fessler，Judith C.Christensen. 教师职业生涯周期：教师专业发展指导. 董丽敏，高耀明等译. 北京：中国轻工业出版社，2005.

艾弗・F. 古德森.专业知识与教师职业生涯. 刘丽丽译. 北京：北京师范大学出版社，2007.

白莹莹. 延边地区朝、汉初中教师成就目标、工作满意度与心理幸福感的比较研究. 延吉：延边大学，2010.

鲍伟. 德国职业教育探索与研究. 北京劳动保障职业学院学报，2012，6（2）：28-31.

北京市教育委员会组织写. 名师谈教学・方法篇. 北京：人民出版社，2014.

北京市教育委员会组织写. 名师谈教学・理念篇. 北京：人民出版社，2014.

北京市教育委员会组织写. 名师谈教学・专业篇. 北京：人民出版社，2014.

常虎温. 我的未来我做主・教师职业生涯发展规划设计. 长春：吉林大学出版社，2008.

陈朝新，陈一铭，马勇琼. 教师教育应用发展文库自我效能感与教师专业发展. 桂林：广西师范大学出版社，2016.

陈桂生. 略论“教育”概念演变的轨迹.杭州师范学院学报（社会科学版），2005（1）：87-91.

陈汉文. 促进见习教师成长的校本培训研究. 现代教育论丛，2008（11）：77-80.

陈惠津. 当代教师职业成熟的探索与追寻. 福州：福建师范大学，2001.

陈军. 中职学校“服务育人”学生管理模式的新探索. 职业教育研究，2014（11）：56-59.

陈上仁. 农村教师成长的理论与实践模式. 南昌：江西高校出版社，2014.

陈守红. 珠海市幼儿教师专业发展现状调查与分析. 武汉：华中师范大学，2007.

陈玮. 医学生职业素养教育的问题与对策. 上海：华东师范大学，2010.

陈永明. 国际师范教育改革比较研究. 北京：人民教育出版社，1999.

陈向明. 教师如何作质的研究. 北京：教育科学出版社，2002.

陈征. 教育智慧与教师研究. 教育评论，2008（6）：42-44.

程俊红. 教师职业生涯发展的研究. 才智，2013（32）：116.

程振响. 教师职业生涯规划与发展设计. 南京：南京师范大学出版社，2006.

崔继红，李梦哲. 教师的职业生涯与规划. 长春：吉林文史出版社，2012.

单中惠. 教师专业发展的国际比较. 北京：教育科学出版社，2010.

党玮玺，罗睿. 对农村青年体育教师职业生涯规划的研究. 卫生职业教育，2012，30（2）：46-48.

道靖. 中师转型期教师专业成长影响因素的质性研究. 继续教育研究，2010（3）：92-93.

丁洁. 新任小学教师专业成长的影响因素和对策研究访谈. 无锡：江南大学，2012.

杜绍义. 美国中小学新教师入职培训政策与实践的新动向——兼论我国中小学新教师培训. 中小学教师培训，2016（4）：76-78.

杜秀芳. 教师职业生涯规划与发展. 上海：华东师范大学出版社，2015.

段冰，施春阳. 新教师成长研究综述. 天津师范大学学报（基础教育版），2007（4）：13-16+64.

方建华. 解读名师成功的人生轨迹. 江苏教育学院学报（社会科学版），2004（5）：1-7.

费孝通. 乡土中国. 北京：生活·读书·新知三联书店，1985.

费孝通. 乡土中国. 北京：北京出版社，2013.

付立金. 教育智慧何处来一位特级教师的思考手记. 南京：江苏教育出版社，2015.

高爱晟. 中等职业技术学校学生自主管理模式初探. 福州：福建师范大学，2003.

高湘萍，朱敏，徐欣颖. 教师专业发展的自我心理研究. 苏州：苏州大学出版社，2016.

郭子其. 读书——教师专业成长的必由之路. 中小学教师培训，2012（8）：27-30.

郝俊英. 一位农村语文教师的生命叙事. 西安：陕西师范大学，2006.

郝林晓，折延东. 教师专业能力结构及其成长模式探析. 教育理论与实践，2004（7）：30-33.

何明洁. 大学生职业生涯教育探析. 成都：西南财经大学，2011.

贺晓敏. 自我更新：新教师专业成长的有效途径. 教育实践与研究，2011（1）：12-14+17.

洪仙瑜. 教师职业生涯设计与发展. 杭州：浙江大学出版社，2011.

胡乐乐. 美国人心中最好的老师：2005—2014 年美国国家年度教师透视. 北京：中国人民大学出版社，2015.

胡石其. 教师教育与教师专业发展. 武汉：华中科技大学出版社，2014.

黄广芳. 现象学视角下高校英语新教师教学生活研究. 武汉：华中师范大学，2011.

黄艳芳. 教师职业生涯发展与管理. 桂林：广西师范大学出版社，2010.

蒋湘祁. 地方高校青年教师的成长趋势初探. 经济与社会发展，2008（6）：151-153+176.

教育时报社. 谁是最具成长力教师. 北京：教育科学出版社，2011.

金韩英. 从优秀走向卓越农村初中青年教师新成长模式探析. 北京：现代教育出版社，

2015.

金红梅，赫秀辉，李海丽. 区域教研与教师专业发展. 北京：中国青年出版社，2015.

经柏龙. 教师专业素质形成与发展. 北京：中国社会科学出版社，2012.

克利福特·吉尔兹. 地方性知识：阐释人类学论文集. 王海龙，张家瑄译. 北京：中央编译出版社，2004.

李琛. 关于美国教师专业化发展的初步研究. 福州：福建师范大学，2003.

李方，钟祖荣. 教师培训研究与评论，第1辑. 北京：北京师范大学出版社，2010.

李海芬. 教师职业生涯规划与设计. 重庆：重庆大学出版社，2014.

李慧敏. 独立学院大学生职业生涯规划课程体系构建研究. 秦皇岛：燕山大学，2014.

李赛乔. 小学熟手型教师自主发展的现状、问题及对策研究. 成都：四川师范大学，2016.

李森，崔友兴. 新型城镇化进程中乡村教师专业发展现状调查研究——基于对川、滇、黔、渝四省市的实证分析. 教育研究，2015，36（7）：98-107.

李绍才. 区域助力教师成长的上城模式. 杭州：浙江教育出版社，2014.

李秀华. 小学教师专业化成长的实践探索. 重庆：西南大学，2008.

李颖辉. 论育人为本的教育理念. 长春：东北师范大学，2012.

李宇佳. 基于职业生涯发展的高校教师入职计划研究. 成都：四川师范大学，2009.

李长吉. 农村教师：改造乡村生活的灵魂——兼论农村教师的知识分子身份. 教师教育研究，2011（1）：30-34.

李支其. 免费师范生教师职业生涯规划教育研究. 西安：陕西师范大学，2010.

连榕. 教师职业生涯发展. 北京：中国轻工业出版社，2008.

梁漱溟. 乡村建设理论. 邹平：邹平乡村书店，1937.

梁漱溟. 中国文化要义. 上海：上海人民出版社，1949.

梁宇学. 教师专业发展不能与教师内心疏离. 中国教育报，2006-02-16（008）.

林李楠. "平台模式"还是"经验模式"?——一项对城乡骨干教师职业生涯的比较研究. 教师教育研究，2015，27（4）：68-73.

林宁. 高职院校青年教师"1+4+X"培养模式的研究. 高教论坛，2014（3）：85-87.

琳达·达林-哈蒙德，琼·巴拉茨-斯诺顿. 优秀教师是这样炼成的. 葛雪蕾，王军译. 北京：中国青年出版社，2007.

刘华菁. 对做好高职生职业生涯规划工作的思考. 黑河学刊，2015（6）：130-131.

刘绍华，刘正荣. 整体课堂管理 理论与实务. 北京：知识产权出版社，2011.

刘素梅. 教师的职业生涯与规划. 长春：东北师范大学出版社，2010.

刘远胜，许泽能. 寻求成长突破 农村中小学骨干教师培训模式研究. 成都：四川教育出版社，2010.

刘秩含. 南疆高校思想政治教育与职业生涯规划的契合研究. 喀什：喀什大学，2015.

卢健. 教师队伍专业成长若干问题研究. 厦门：厦门大学出版社，2013.

卢正芝. 校长视域下的教师专业发展. 杭州：浙江大学出版社，2010.

吕晓云. 中等职业学校全程化职业指导模式实践探索. 石家庄：河北师范大学，2010.

马莹. 学校管理对农村教师专业发展的影响研究. 兰州：西北师范大学，2008.

茅卫东. 教师职业生涯十大误区. 北京：中国轻工业出版社，2014.

孟彩云. 教师成长论. 北京：红旗出版社，2008.

潘贤权. 新手—熟手—专家型教师主观幸福感与教学动机的研究. 福州：福建师范大学，2004.

彭正军. 教师实践知识的叙事研究. 华东师范大学，2008.

亓秀梅，朱念琼. 护理教师能力要求及培训模式的研究现状. 解放军护理杂志，2006（3）：36-38+45.

齐健，李秀伟. 第三次成长优秀教师培养模式探索. 桂林：广西师范大学出版社，2013.

强静雨，邱坤元. 大学生职业生涯规划课程教学模式思考. 南方论刊，2015（6）：109-110+80.

曲学利，闫宏，李娟娟. 关注职业化发展促进专业化成长——高校中青年教师职业现状的分析与思考.北京联合大学学报（自然科学版），2011，25（4）：79-82.

如何成为骨干教师编写组. 如何成为骨干教师. 广州：广东世界图书出版公司，2011.

任学印. 教师入职教育理论与实践比较研究. 长春：东北师范大学，2004.

任中普，蔡淑琴，刘飚. 基于生命周期的高职高专教师培训模式研究. 河南师范大学学报（哲学社会科学版），2006（5）：212-214.

尚艳. 小组工作介入大学生职业生涯规划的实务探索. 武汉：华中师范大学，2016.

邵雅利. 新手—熟手—专家教师职业承诺与职业倦怠的研究. 福州：福建师范大学，2003.

申燕，吴琳娜，张景焕. 优秀教师成长历程的质性研究. 当代教育科学，2009（6）：25-29.

沈玉梅，张枝尚. 广东高校体育教师职业生涯现状分析. 当代体育科技，2012，2（12）：92-93.

舒志定. 文化传统与教师专业化的实现. 教育研究，2002（12）：60-64.

帅荣梅. 生命周期视野下的教师职业青春研究. 漳州：漳州师范学院，2009.

宋会君. 体育教师专业化之研究. 北京：北京体育大学，2005.

孙二军. 自我认同视域下的教师专业发展. 北京：社会科学文献出版社，2016.

谭小宏. 创造教育学导论. 北京：北京师范大学出版社，2012.

汤艳清. 中师毕业生生涯发展研究. 上海：华东师范大学，2007.

唐松林. 重新发现教师. 长沙：中南大学出版社，2013.

滕秀芹，刘文华. 中小学教师专业发展历程的质性研究. 山东教育学院学报，2010（6）：92-95.

滕瑶. 幼儿园新教师差异性入职教育研究. 济南：山东师范大学，2011.

滕宇. 教师职业发展理论综述及对英语教学的意义. 重庆：西南师范大学，2001.

田瑛. 九年一贯制学校教师职业倦怠问题研究. 成都：四川师范大学，2012.

童成寿. 外语教师心理学. 北京：对外经济贸易大学出版社，2016.

汪文贤. 教师教育概论. 杭州：浙江大学出版社，2008.

王峰. 从教学新手到优秀教师. 济南：山东师范大学，2007.

王文举. 突破创新教学模式改革与探索. 北京：首都经济贸易大学出版社，2013.

王艳. 农村优秀教师专业发展的叙事研究. 长春：东北师范大学，2009.

王玉洋，黄吟. 高校外语教师职业发展网络模式研究. 现代交际，2014（1）：206+205.

王玉芝. 像树一样成长 80 后青年教师成长故事. 天津：南开大学出版社，2014.

王运宏. 论高职“双师型”教师成长的困境与对策. 厦门城市职业学院学报，2014，16（3）：62-65.

王中华. 当代教师专业发展研究. 中国财富出版社，2015.

魏晓华. 中国人的报恩心理研究. 南京：南京师范大学，2008.

吴民祥，刘继萍. 中师学历背景教师的身份认同与专业发展——以安徽省池州市中师学历背景教师为例. 教育理论与实践，2015，35（5）：37-39.

伍雪辉. 教育家型教师研究. 武汉：华中师范大学，2013.

伍叶琴. 基于 SECI 理论模型的分层校本培训研究. 重庆：西南大学，2008.

先巴吉. 浅谈班主任管理. 亚太教育，2014（2）：44.

肖丽萍. 国内外教师专业发展研究述评. 中国教育学刊，2002（5）：61-64.

萧承慎. 师道征故. 台北：师大书苑有限公司，2000.

小原国芳. 小原国芳教育论著选. 刘剑乔，由其民，吴光威译. 北京：人民教育出版社，1993.

谢先国. 乘着教育的翅膀中小学名优教师成长写真. 北京：北京大学出版社，2016.

谢小芹.“辉煌”与“彷徨”：20 世纪八、九十年代中师毕业生成长状况调查研究. 杭州：浙江师范大学，2011.

徐改. 成功职业女性的生涯发展与性别建构. 上海：华东师范大学，2007.

徐国梁等. 伙伴合作教师群体专业发展的脉动. 上海：上海教育出版社，2010.

徐丽玲. 幼儿教师成长探究. 教育与教学研究，2010，24（12）：6-7+59.

徐文峰. 教师专业发展实践导论. 北京：人民日报出版社，2015.

许昌良，黄冕. 教师专业发展惯习形成的路径与方式探索. 天津市教科院学报，2014

（4）：47-48.

许寒梅.“教育的本真意义”视野下高校青年教师专业成长路径分析. 黑龙江教育（高教研究与评估），2013（11）：89-90.

严志华. 职业学校教师专业发展的有效路径研究——以无锡机电高等职业技术学校为例. 江苏科技信息，2015（32）：27-28.

杨明全. 教师专业发展新动向新启示. 中国教育报，2006-05-09（007）.

杨雅丽. 独立学院专职教师职业生涯规划问题研究. 桂林：广西师范大学，2014.

叶纯亮. 刍议大学新生成长教育模式. 白城师范学院学报，2012，26（2）：86-89.

叶玲娟，邱容机，吴冬青，郭鹰. 高校教师立体模式构建之职业发展路径探索. 集美大学学报（教育科学版），2016，17（3）：14-18.

易文华. 构建学习共同体：121 课堂师生学习共同体教学研究. 重庆：西南师范大学出版社，2015.

于胜刚. 教师专业发展导论. 北京：北京大学出版社，2015.

张波，陈会忠，龙琪. 学校文化建设与教师专业发展. 长春：东北师范大学出版社，2014.

张超. 教师专业发展学校铺就“四赢”之路. 天津教育报，2009-11-13（003）.

张超. 职前教师与在职教师数学教学知识的对比研究. 长春：东北师范大学，2013.

张冬霞. 中等职业学校《职业生涯规划》教师专业成长叙事研究. 开封：河南大学，2016.

张吉珣. 桂林市中学美术青年骨干教师教学实践叙事研究. 桂林：广西师范大学，2015.

张继华，滕明兰. 中小学教师职业生涯规划与管理研究. 苏州：苏州大学出版社，2015.

张君. 新农村文化建设视域下乡村教师的文化责任与教师成长. 杭州：浙江师范大学，2013.

张琳. 基于专业发展的高校外语教师继续教育研究. 大庆：东北石油大学，2015.

张艳玲. 中学教师自主发展调查研究. 武汉：中南民族大学，2007.

张越. 研究型农业大学青年教师职业生涯管理研究. 武汉：华中农业大学，2012.

张云鹰. 教师专业发展的三个“三”. 中国教育报，2005-02-22.

赵昌木. 教师成长研究. 兰州：西北师范大学，2003.

赵昌木. 教师成长论. 兰州：甘肃教育出版社，2004.

钟秉林. 教师专业发展理论研究. 北京：北京师范大学出版社，2011.

周春燕. 复杂性视阈中的高校教师绩效评价研究. 镇江：江苏大学，2009.

周珂. 中学体育教师职业认同研究. 开封：河南大学，2010.

朱括，余明海.“三力提升”的教师成长故事. 重庆：西南师范大学出版社，2015.

朱倢. 公费师范生职业道德教育研究. 上海：华东师范大学，2012.

朱晓闻. 加强高校学风建设的探索与实践. 佳木斯职业学院学报，2015（6）：108.

朱新卓. 教师专业化的现代性困境. 高等教育研究，2005（1）：47-52.

朱政. 幼儿教师职业适应性的阶段发展研究. 济南：山东师范大学，2011.

邹敏. 西部新建高师院校青年教师专业发展研究. 重庆：西南大学，2008.

左群英. 教师专业发展. 西安：西安交通大学出版社，2016.

Berliner D C. The near impossibility of testing for teacher quality. Journal of Teacher Education，2005（3）：205-213.

Dzintra Iliško，Svetlana Ignatjeva，Ilona Mičule. Teacher-carried research as a tool for teachers' professional growth . Journal of Teacher Education for Sustainability，2011（2）：87-103.

Shizha E. Indigenous? What indigenous knowledge? Belief sand attitudes of rural primary school teachers towards indigenous knowledge in the science curriculum in Zimbabwe. The Australian Journal of Indigenous Education，2008（37）：80.